ZHONGGUO JINXIANDAISHI GANGYAO

中国近现代史纲要

JIAOXUE ANLIXUAN

教学案例选

孙家荣　王　衡　主编

西北工业大学出版社

【内容简介】 "中国近现代史纲要"是高校学生必修的一门政治理论课。本书是为贯彻党的创新理论成果,特别是习近平主席重要指示和讲话精神,帮助大学生深刻领会"历史和人民是怎样选择了马克思主义、选择了中国共产党、选择了社会主义、选择了改革开放"这"四个选择"而编写的辅助教材。教材以"非革命无以救中国""只有马克思主义才是中国革命胜利的指导理论""只有中国共产党才是中国革命和建设的领导力量""只有中国特色社会主义才是中华民族复兴的正确道路""改革开放是决定当代中国命运的关键抉择"5个理论专题为纲,为大学生提供了9个历史案例,使学生在聆听历史中获得深远的智慧,更让历史的光辉照亮未来的行程;使学生透过历史事实和发展轨迹深刻认识"四个选择"的必然性,从而坚定对马克思主义的信仰,坚信中国共产党领导,坚持社会主义道路,坚持改革开放。

本书不仅适合作为学生课后参考阅读和作业用书,帮助学生更好地把握教材的基本精神,并扩展历史视野,而且对于"中国近现代史纲要"课教学改革具有重要的借鉴和参考作用,是一部适用于高校政治理论课教师、研究生和相关人员教育教学的参考用书。

图书在版编目(CIP)数据

中国近现代史纲要教学案例选/孙家荣,王衡主编 . —西安:西北工业大学出版社,2016.7
ISBN 978-7-5612-4943-7

Ⅰ.①中… Ⅱ.①孙… ②王… Ⅲ.①中国历史—近现代—教案(教育)—高等学校 Ⅳ.①K25

中国版本图书馆 CIP 数据核字(2016)第 173137 号

出版发行:	西北工业大学出版社
通信地址:	西安市友谊西路 127 号 邮编:710072
电　　话:	(029)88493844　88491757
网　　址:	www.nwpup.com
印　　刷:	陕西省富平县万象印务有限公司
开　　本:	787 mm×1 092 mm　1/16
印　　张:	10.75
字　　数:	256 千字
版　　次:	2016 年 7 月第 1 版　2016 年 7 月第 1 次印刷
定　　价:	33.00 元

前　言

"中国近现代史纲要"是为普通高校大学本科生和军校生长干部学员开设的一门政治理论必修课程。该课程对生培养学生民族自尊心和自信心，弘扬爱国主义精神，树立科学的历史观和社会发展观，造就政治合格的高素质新型人才具有重要作用。

"中国近现代史纲要"课包括3个综述、10个专题的教学内容，介绍了中国近现代历史发展基本进程，引导学员认识中国近现代历史发展的本质和主流，使学员深刻领会历史和人民是怎样选择了马克思主义、选择了中国共产党、选择了社会主义、选择了改革开放，深刻认识"4个选择"的必然性，从而坚定对马克思主义的信仰，坚信中国共产党的领导，坚持社会主义道路，坚持改革开放。

本书作为"中国近现代史纲要"课的例证式辅助教材，编写思路如下：紧密结合教学要求和教学重点、难点问题以及课程标准设置的课堂讨论主题，教学案例从历史事实及其发展、世界范围内的横向比较，专题性地提供历史例证，帮助学员拓展历史知识、分析历史事实、认识历史现象、把握历史趋向和规律，尤其是帮助学员在自主学习中认识四个选择的历史必然。

根据课程特点和教学目的，本书的案例分为5个部分，共9个，来源于中国近现代历史和世界近现代历史中的重要事件。本书的编写任务由火箭军工程大学理学院孙家荣、王衡承担，孙家荣负责拟制写作大纲，孙家荣、王衡共同主编。

本书在编写中参阅了许多专家、学者的相关研究成果和文献资料，在此一并表示感谢。

由于水平有限，书中难免有不妥之处，恳请广大读者批评指正。

编　者

2015 年 8 月

目 录

第一部分　非革命无以救中国

日本明治维新 3

　　教学目的 3
　　教学用途 3
　　内容提要 3
　　案例正文 4
　　参考资料 18
　　思考讨论题 19
　　分析思路和要点 19
　　教学建议 20

晚清改革 22

　　教学目的 22
　　教学用途 22
　　内容提要 22
　　案例正文 23
　　参考资料 33
　　思考讨论题 33
　　分析思路和要点 33
　　教学建议 35

第二部分　只有马克思主义才是中国革命胜利的指导理论

"问题与主义"的论战 39

　　教学目的 39
　　教学用途 39
　　内容提要 39

— I —

案例正文	39
参考资料	52
思考讨论题	52
分析思路和要点	52
教学建议	53

形形色色的改造中国社会的方案和理论 ... 54

教学目的	54
教学用途	54
内容提要	54
案例正文	54
参考资料	69
思考讨论题	69
分析思路和要点	69
教学建议	69

第三部分 只有中国共产党才是中国革命和建设的领导力量

民国初年政党林立与社会政局 ... 73

教学目的	73
教学用途	73
内容提要	73
案例正文	74
参考资料	87
思考讨论题	88
分析思路和要点	88
教学建议	88

民国乡村建设运动 ... 89

教学目的	89
教学用途	89
内容提要	89
案例正文	90
参考资料	106
思考讨论题	106
分析思路和要点	106
教学建议	107

第四部分　只有中国特色社会主义才是中华民族复兴的正确道路

资本主义及其在中国的发展 111
教学目的 111
教学用途 111
内容提要 111
案例正文 112
参考资料 127
思考讨论题 127
分析思路和要点 128
教学建议 128

苏联模式 129
教学目的 129
教学用途 129
内容提要 129
案例正文 129
参考资料 145
思考讨论题 145
分析思路和要点 145
教学建议 145

第五部分　改革开放是决定当代中国命运的关键抉择

戈尔巴乔夫改革与苏联解体 149
教学目的 149
教学用途 149
内容提要 149
案例正文 150
参考资料 162
思考讨论题 162
分析思路和要点 162
教学建议 164

第一部分　非革命无以救中国

日本明治维新

教学目的

本案例叙述了19世纪日本明治维新的一段曲折历史，客观真实地展示了日本明治维新时期，日本如何处理各种复杂的内外部关系，消除国内外矛盾，扫平改革发展障碍，最终使日本成为资本帝国主义强国的改革过程。希望通过本案例学习，学生可以能动地运用所学历史知识、历史唯物主义的分析方法，在分析和对比中，了解中日两国国情的差异，从而深刻理解近代中国不可能通过类似日本的改良道路解决亡国灭种的危机这一历史结论。同时学习日本改革的成功之处，为实现中华民族伟大复兴的中国梦而努力奋斗。

教学用途

主要用于本科生"中国近现代史纲要"课程教学，也适用于马克思主义理论专业硕士研究生了解更加真实的地缘政治、邻国国情及更加丰富的世界历史。可用于学生课下拓展学习。

内容提要

明治维新是指19世纪60年代，日本在受到西方资本主义工业文明冲击的背景下，所进行的由上而下、具有资本主义性质的全面西化与现代化改革运动。这次改革始于1868年明治天皇建立新政府。明治维新期间，新政权在戊辰战争中消灭德川幕府和反抗者，推行版籍奉还，结束了长达600多年的武士封建制度，建立了日本近世第一个统一的中央集权政府。政治上，他们通过推行天皇亲政和推行议会政治（合议）的精神，力图建立仿效西方三权分立的新式政府，以求挤入西方列强之林；经济上，则推动财政统一，稳定幕府后期严重负债的国家财政，并推行殖产兴业，学习欧美技术，进行工业化浪潮；社会上，提倡"文明开化"，大力发展教育等措施；对外关系上，除了推动废除与列强之间的不平等条约外，也积极开发虾夷地和入侵琉球，展现出强硬的姿态，并为日后吞并朝鲜积极铺路。

明治维新在日本近代史中扮演关键的角色，它建立起稳固的中央政府和新的社会体系，以藩阀和大资本家取代过去武士统治的阶级政治，打下不可逆的现代化基础，使日本快速发展，是日本近代化的起航。这次改革使日本跻身于世界强国之列，但是也使日本走上了对外侵略扩张的军国主义道路，对亚洲邻国乃至全世界造成了深重的灾难。

日本明治维新的背景、改革的经过和步骤,以及取得的成就和埋下的隐患构成了本案例的主体内容。研究分析这些历史问题,学员可以更加深刻地理解为何近代中国不能走改良道路,而必须通过革命解决亡国灭种危机。同时有助于学员吸取他国经验,牢记教训,更为深刻理解当代中国改革开放道路的复杂性、长期性,增强对改革开放的信心。本案例真实具体的情境、内涵深刻的矛盾冲突,把教学人员置于真实的历史场景中,案例分析的思维空间广阔,分析问题的办法和对策的可选择性多重。在"中国近现代史纲要"课程教学中运用本案例,无疑会激发学员创新思维,提高分析和解决现实问题的能力。

案例正文

从15,16世纪起,人类历史进入了一个新的转折时期,世界上开始发生由资本主义兴起而带来的日新月异的变化,而日本却孤立、落后于这个变动之外。直到19世纪中叶,日本仍然停留在传统的封建社会阶段,比欧美国家落后了一两个世纪。而且,在漫长岁月里,日本偏安东亚一隅,处于几乎与世界隔绝的孤立状态。

可是,在19世纪中叶的明治维新之后,日本的面貌和地位迅速改变了。日本成为以天皇为首的新帝国,其发展变化之快速,简直是一日千里,令人眼花缭乱。日本只用了三四十年的时间,就走完了欧美国家一两个世纪的行程,并跻身世界强国的行列。那么,日本是如何打开国门,兴利除弊,走上改革之路,并取得巨大成功的呢?

一、闭关锁国

1492年哥伦布发现新大陆,1566年尼德兰爆发了世界上第一次资产阶级革命。日本却从1467年起陷入室町幕府后期的战国时期,群雄割据,争夺霸权,战乱不止,蔓延了100多年。织田信长和丰臣秀吉通过东征西战,终于在1590年实现了统一。但是,丰臣秀吉两年后就野心勃勃地发动了侵朝战争,历时7年,以失败告终,他也因此忧郁而死。接着,原从属于丰臣秀吉的两派势力又展开了武力争斗。

1600年9月中,德川家康率领的10万东军与追随石田三成的8万西军在地势险要的关原会战,激战后东军大胜。关原之战一举奠定了德川氏的霸业。1603年德川家康任征夷大将军,在江户(今东京)建立幕府。日本从此进入德川时代,也称江户时代。

德川氏建立了封建主义的幕藩体制,由幕府和260多个藩进行统治。为了保持幕藩体制的稳固,主要凭借两个支柱:在内实行森严的身份等级制度,对外建立严厉的锁国体制。想以前者把统治秩序凝固起来,想以后者把可能扰乱国内秩序的外部因素阻挡在国门之外。值得注意的是,1640年英国开始了资产阶级革命,而日本却在前一年由幕府发布第五道锁国令,完成了锁国体制,与世界的大变动几乎完全隔绝。日本人被禁出国,日本只同中国、荷兰在长崎进行有限制的通商,与朝鲜、琉球有外交往来。

在这样的幕藩体制之下,持续的和平环境加快了发展步伐,在元禄年代(1688—1703年)前后出现了经济、文化的繁荣。但是,幕藩体制的封建性,特别是它所设置的种种束缚,不可能不带来重重矛盾、腐朽和停滞,这在德川后期已日趋明显。多年以来,尤其是进入19世纪之后,面对欧美殖民者的威胁日渐迫近,国内问题堆积如山,农民、市民暴动频频发生的局面,有识之士不断发出改革的呼声,但均因"祖法不可破"而被漠视、压制。

这种拘泥于"祖法"的僵死局面,终于在1853年被闯入的"黑船"打破了。随后,欧美列强把不平等条约强加于日本。于是,不仅幕藩体制,而且日本国家和民族都陷入了深重的危机。不过,与其他亚洲国家不同,日本没有继续堕落下去,而是做出了成功的应对,实现了明治维新,扭转了历史发展的方向。明治维新的第一步是推翻幕府,建立以天皇为首的新政权。这一步从酝酿、准备到成功,历时15年。

二、黑船事件

早在19世纪初期,英、俄、美等国就开始不断派使节到日本,要求开港通商,均遭到德川幕府的拒绝。1842年,幕府发布了《薪水令》,显示其锁国政策略有松动。但在1844年,一直与日本有贸易往来的荷兰敦促日本开放门户时,依然遭到幕府的拒绝。1846年,美国东印度舰队司令比德尔率舰队抵达日本浦贺,递交了波尔克总统致幕府将军的亲笔信,要求日本开国通商,同样被拒绝了。

1852年3月,为了打开日本国门,美国调来美墨战争中的英雄马修·卡尔伯莱斯·佩里出任东印度舰队司令。1853年7月8日,两艘蒸汽军舰冒着滚滚黑烟,以蒸汽机带动两侧的外轮逆风行驶,后面跟着两艘风帆军舰,一起闯进了浦贺海面。浦贺位于江户湾的入口处,是守卫江户的门户。闯入的是美国东印度舰队司令佩里率领的舰队,美国军舰很大,如旗舰"萨斯奎汉那"号排水量2 450吨,4艘军舰都涂成黑色,并有大炮63门。因为幕府禁造大船,日本最大的船只排水量仅约百吨。在日本人的眼中,"黑船"真是像山一样的庞然怪物,舰体乌黑,让人感到阴森可怖。这场面把守浦贺、江户湾的官员和士卒惊慌了,沿岸彻夜燃着火把,一批武装帆船进行警戒。

7月14日,佩里与300多名美国官兵全副武装登陆。离登陆地点不远处,4艘军舰一字排开,炮口在阳光的照射下发出寒光。在军乐队的伴奏下,美军官兵队列整齐地行进着,59岁的佩里昂首挺胸走在最前面。这是日本锁国以来,外国军人首次踏上日本国土。佩里再次递交了美国总统要求日本开国的亲笔信。离开时,佩里与幕府官员约定,第二年春天来听答复。

美国的武力叩关引起幕府上下一片哗然,持攘夷论和开国论的两派展开辩论。攘夷论主张日本国体的尊贵,如遇外族入侵必须回击。开国论认为,同外国通商是大势所趋,若不自量力地贸然攘夷,就是盲目排外。不如开国后通过贸易生产,输入近代科技文明,以谋国家开化、富强。

主张维护国体、反对美国威吓的意见一时占了上风。临朝听政的孝明天皇(1846—1867年在位)等皇室公卿是攘夷论的支持者。越前藩、佐贺藩、长州藩、土佐藩等各藩主也主张以武力驱逐外夷,并积极备战,希望借此充实国力、振奋士气。

开国论者,也不是都同意立刻接受美国的通商要求。萨摩藩大名岛津齐彬主张求和避战,以缓兵之计,争取加强防备的时间;筑前藩大名黑田长傅主张"以夷制夷",即给美、俄两国像荷兰那样的贸易待遇,抵制英、法等国的通商要求。

各方意见不一,幕府老中阿部正弘也是心中无数,最后决定等美国使者再来时不予明确答复,采取稳妥措施。

1854年2月,佩里率7艘舰船、500多名官兵再次兵临城下。这次,还特邀中文翻译威廉斯及其秘书中国人罗森同行。经过一个多月的谈判,幕府被迫屈服。

1854年3月31日,双方在神奈川签订了用英、日、汉、荷兰4种语言写成的《日美亲善条约》,规定:日本对美国开放下田、箱馆两港,日本保证向途经开放口岸的美国船舰提供煤炭、淡水、食品及其他所需物资,日本有义务援救遭遇海难的美国船只及人员,美国可在两个港口设领事馆,日本给美国最惠国待遇等。日本国门从此洞开。

随后,英国、俄国和荷兰也同日本签订了类似的条约。在日俄条约中,还增加了治外法权以及长崎为开港城市的条款,并划定了日俄在千岛群岛的边界。

1856年8月21日,首届美国驻日总领事顿赛德·哈里斯乘"圣加辛特"号军舰驶入下田港。在得到领事裁判权和在开港地的久居权之后,又于1858年6月迫使日本签订《日美修好通商条约》。规定日本向美国增加开放神奈川、长崎、新潟、兵库等5个港口及江户、大阪2个城市;承认美国人在开港地的居住权和公使领事驻在权;尊重自由贸易的原则,双方的民间贸易不受任何限制,日本官员不得干涉;外国货币可在日本国内自由流通,内外货币自由交换,铸币和当地金银可免税输出入;美国驻日使节拥有领事裁判权;日本与欧洲国家发生争端时,美国可应日本请求作为委托人居中斡旋、调停;条约有效期为14年,届时可改订新约等。

随后,荷、俄、英、法等国也先后与日本订立了《通商条约》,取得自由贸易权、关税协议权、领事裁判权等一系列殖民特权。1858年时值"安政"五年,因而上述条约亦称"安政五国条约"。

这些条约给日本带来了巨大变化。尤其是《日美修好通商条约》规定金银可免税输出、输入,导致日本黄金大量外流,仅1859年下半年就高达100万两。市场陷入混乱,物价持续上涨,米、面、盐等生活必需品的价格高涨不落,贫民和下级武士的生活举步维艰,反抗幕府、抵抗外来势力的运动频频发生,社会动荡不安,日本进入危机四伏、前途未卜的动荡时期。

三、改革派武士的形成

幕府末年,在城市,居于士、农、工商等级秩序末位的商人腰缠万贯,令人侧目。在农村,豪农豪商也是乡里显赫人物。但是,城乡豪农豪商尚未形成独立的政治力量,还未能领导反幕倒幕斗争。但此时一批武士从封建统治阶级中分化出来,转变为资本主义改革派,挺身而出,奔走呼号,领导了这一斗争。他们不是少数几个人,而是足以构成重要政治力量的一批人。在当时的东方,只有日本有这种情况,这是为什么呢?

条件之一是商品经济的活跃,促使武士与豪农豪商接近、融合起来。商人的实际地位高了,武士乐意接受商人的儿子为养子。早在18世纪上半期,幕府就斥责继嗣"惟论财货",可见那时这类过继已为数不少,幕末就更不用说了。有些武士干脆去经商,而有些商人则买了"士"的身份,也佩上了腰刀。在藩政改革中,发展商品经济是头等大事,武士与豪农豪商广泛而密切地接近起来。通过这些途径的接近、融合,部分武士与豪农豪商有了共同的追求、愿望,有可能转化为改革派武士。

更为重要的,应归因于体制特点和一般武士的经济地位。在德川时期,武士内部也分等级,讲究门阀。武士通常分为上、中、下三等。由于兵农分离,一般武士并不直接掌握基本生产资料——土地,而靠领取禄米为生。一些能干的下级武士,可以参与藩政,但掌握大权的是上级武士。因此,一般武士与主君之间、与幕藩体制之间的共同利害关系不太牢固。当他们可以从主君那里获得足够的效忠回报时,自然对主君忠心耿耿。可是,幕末年代这种情景已不多见。

各藩因财政危机而一再克扣禄米。下级武士的禄米原本就不多,几经克扣所剩无几,而城市浮华生活又要增加开支。不少人债台高筑,两袖空空。有些武士竟然把礼服和祖传的刀剑都典当出卖了,一旦主君派遣当差,只好去当铺借出,穿挂上路,办完差再送回当铺。

当时人指出,"忠心耿耿为主效力的家臣几稀矣!"一些下级武士到了"恨主如恨敌"的地步,可以说他们与主君、幕藩体制之间已经不存在无法割舍的共同利害。有的武士目睹如此之景,不免寒心,对旧体制心生不满。因此,一部分武士,既面临外压的危机,又看到一种新体制可以给国家、民族和自己带来美好的前景,就可能从体制中分化出来。

不过,一部分武士要真正分化出来,必须进行思想观念上的转变,这是他们转变为资本主义改革派的关键。仅仅依靠日本自身的思想文化土壤,依靠武士与豪农豪商的接近、融合,尚不能实现这一转变。兰学、洋学则为部分武士寻求资本主义改革思想架设了桥梁。但即使如此,也并非能一步登天,而要经历一个过程。

幕末,思想文化上的冲突和转变异常激烈。许多人都在探索中逐步摆脱某些束缚,突破某些旧框,部分地或全部地完成了从儒学到洋学,从锁国到开国,从保守到改革的转变。幕末思想交流非常活跃,某种思想、主张一提出来,就被人们接受过去,流传开来。改革派有的思想、主张,甚至来自保守派,如"尊皇攘夷",不过他们按自己的理解做了改造。

改革派武士的思想成长、转变途径之一是师承关系。幕末出藩访师求学之风很盛,如改革派武士佐久间象山与吉田松荫之间的师承关系,是这方面的典型。

佐久间象山是信浓(大致相当今长野县)松代藩武士,他是幕末从朱子学转向兰学的武士知识分子的代表。1839 年在江户开设私塾"象山书院",未到而立之年已是闻名遐迩的朱子学家;鸦片战争后转向兰学,其造诣公认一流。他精通数学,重视实践,从大炮、火药到照相机、电疗器和电讯都进行过操作、制作或实验,曾任幕府海防顾问。

在象山身上,乐于吸收外来先进文化的传统得到充分体现。针对儒学者中仍然存在耻于学习西方的偏见,他指出,要尽快向欧美派遣留学生或从欧美招聘教师,"其事早一日有一日之功"。他还主张开国通商,学习西方,大兴器械之学,开设工厂,多造大船,实现富国强兵。象山是开明派,他试图改革、强化,而不是动摇、推翻幕府。不过,他的出发点不仅仅是幕府的存亡,而是"天下"(日本)的安危。他明确指出,外寇之事"不独有关德川家之荣辱,乃神州(日本)阖国休戚与共"。

他的这些开明思想和主张不仅对开明派,也对改革派深有影响,不仅传之于门生,也流传于下级武士之中。以象山书院来看,门下有吉田松荫、坂本龙马、胜海舟等著名改革派、开明派人士,有加藤弘之、西村茂树、津田真道等明治初年的启蒙思想家。

吉田松荫是象山最亲近的门生之一。但他与老师不同,他激烈地倡导尊皇反幕,要求实现"航海万国""富国强兵"的远谋雄略,以维护"三千年独立不羁之日本"。松荫的这些主张提出于 19 世纪 50 年代后期,在当时是颇为激进的。

在松下村塾门下,有一批明治维新中功勋卓著的人物,如高杉晋作、久坂玄瑞、伊藤博文、山县有朋、井上馨、品川弥二郎、前原一诚等。

熊本藩(现为日本熊本县)藩士横井小楠(1809—1869)与佐久间象山齐名,人称"东有象山,西有小楠"。他曾任越前藩主松平庆永的顾问,19 世纪 60 年代初庆永参与幕政。小楠也去了江户,提出《国是七策》。其中之一是"大开言路,与天下共行公共之政"。他反对幕府只顾一己私利,要求幕府与朝廷、诸藩联合一致,实现"日本国中共和一致"。这里的"共和"为"共同""公共"之意,"共和一致""公共之政"即政治必须打破幕府和各藩的界限,必须从整个国家利益出发。这一重要思想,通过交流切磋,在开明派、改革派中传播开去。与小楠交往的人很广泛,其中有吉田松荫、高杉晋作、久坂玄瑞、木户孝允、大久保利通(维新三杰之一)、后藤象二郎等改革派武士,小楠深受他们的敬佩。小楠在江户时,胜海舟为幕府官吏,两人来往密切。他们都是开明派,有着共同的主张。在后面将会看到,1864年西乡隆盛(维新三杰之一)会见胜海舟,后者关于"公共之政"的思想对西乡产生了重大影响。

在幕末志士的成长、转变中,中国魏源的《海国图志》有着不可忽视的作用。这部书除介绍各国的地理、人文知识外,还有关于海防的"筹海篇"等内容。1854年该书传入日本,热销不止,供不应求,价格大涨。三年间在日本出版的翻印本、翻译本、各种选本达21种之多。佐久间象山、横井小楠、吉田松荫、高杉晋作等幕末志士,都从中获得教益。象山兴奋地说:"予与魏氏,各生异地,未能相见。观察时势,同于此年著书。但所见暗合,何等奇哉。可称海外之同志也。"据说,横井小楠读《海国图志》都忘了吃饭。徐继畬的《瀛环志略》陈逢衡的《英吉利纪略》,在日本也很受欢迎。

通过上述途径,改革派武士逐步成长起来。他们主要来自下级武士,也有中、上级武士。在他们的领导下,下级武士充当推翻幕府的重要动力。但他们领导倒幕维新,并不代表下级武士的利益,而是为了国家、民族的未来。

1862年,高杉晋作到上海,听说《海国图志》竟然绝版,不禁感慨地说:清国"徒然提倡僻见,因循苟且,空渡岁月……故由此而至衰微也"。日本改革派武士的成长除了上述途径外,还需经历斗争实践的磨炼。从尊皇攘夷转向倒幕维新,是他们成长过程中跨出的关键一步。

四、倒幕运动

幕府时代,日本同时存在着天皇、朝廷和将军、幕府,互相的关系颇为微妙而又事关重大。天皇被认为是大照大神的后裔,是现身人间的神。将军的统治借助天皇的权威,是天皇把统治权委托给将军。同时,天皇在京都保持着自己的朝廷,朝臣称为"公卿",幕末有130多家。但是,实际上将军和幕府操纵一切,甚至对天皇、朝廷做出种种苛刻规定。天皇、公卿自然不满意这种状况,总想加以改变,外压的危机使他们得到了机会。

在开国之前,日本天皇长期被放置一旁,国家政事已经与之无关。然而,在佩里叩关之时,以老中阿部正弘为首的幕府当权者,不仅宽容地对待佩里,还破例向皇室和诸侯们征询意见。如此一来,不仅提高了天皇的地位,也为天皇、公卿贵族以及强藩大名们的参政议政开辟了道路。

天皇的复出,使得以天皇为旗号的"尊王论"再度泛起。而天皇反对开国的主张又与攘夷派不谋而合,致使"尊王"和"攘夷"结合为"尊王攘夷"论。这种忠君排外的封建思想,很快成为各藩下级武士网罗社会势力、否定幕藩领主制度、反对侵略、维护民族独立的政治发动机。

1858年,幕府大老井伊直弼在未取得孝明天皇同意的情况下,自作主张与美国签订了《日美修好通商条约》,这一决定惹怒了天皇和一些强藩,导致朝廷和幕府的对立。随后,幕藩对立两派都派人到朝廷争取支持。各藩武士、浪人也聚集京都,要求朝廷抑制幕府的独断专行。井伊直弼残酷地镇压了反对派,桥本左内、吉田松荫等数名藩士被处死,涉案大名被抓,皇室公卿、家臣、武士、儒者、藩士等近百人被流放或判刑,史称"安政大狱"。

1860年3月,"安政大狱"的制造者井伊直弼被水户藩的志士刺杀而死。随后,天皇朝廷和幕府迫于形势转向联合,采行所谓"公武合体",撮合孝明天皇之妹和宫与幕府将军德川家茂联姻。此事得到了大多藩主和上层武士的支持。但是，以下级武士为主的尊王攘夷派却坚决反对。于是，形成了公武合体派与尊攘派对立的局势。

在长州藩，尊攘派把公武合体派逐出藩政府，成为尊攘派的基地。长州藩与朝廷中激进的公卿大臣联合起来，迫使幕府下令各藩实施攘夷行动。1863年5月10日，长州藩炮击了外国船只，实践"攘夷"行动。尊攘派的行动遭到掌权的各大藩主的反感，同年8月18日，在"公武合体派"的操纵下发动政变，铲除长州藩在京都的军队以及尊王攘夷派势力，史称"八一八政变"。

长州藩此前炮击外国商船和军舰、封锁下关海峡的"攘夷"行动激怒了欧洲列强。1864年9月，英、美、法、荷四国联合舰队进攻下关，攻陷了所有炮台，长州藩被迫求和。

此外，萨摩藩也是一个"攘夷"重镇。1862年9月，因行路纠纷，萨摩藩武士在神奈川县的生麦村杀死英国商人。次年7月，7艘英国军舰开进鹿儿岛，炮击萨摩藩，炮台被炸毁，市区一片火海，萨摩藩被迫接受"赔偿""惩凶"等停战条件。

在"下关战争"和"萨英战争"的打击下，尊王攘夷派明白了实力的差距，转而认为要想抵御西方势力、保障国家安全，首先必须打倒腐败无能的幕府。因此，尊王"攘夷"的矛头转向尊王"倒幕"。

1865年5月，长州藩的倒幕势力再度兴起。幕府也开始筹划第二次"讨长之役"。同年9月，长州藩从英国商人格拉沃手中购得大批军火备战。1866年3月，经过土佐藩的坂本龙马、中冈慎太郎的斡旋，西南两大强藩长州藩和萨摩藩秘密建立"萨长同盟"。7月14日，幕府下令20余藩进军长州藩，但由于萨摩藩拒绝出兵，加之长州藩有备而战，幕府军屡战屡败。同时，全国性的农民和贫民暴动空前高涨，又逢幕府将军德川家茂去世，幕府便草草结束了战争。

1867年1月，主张公武合体的孝明天皇去世，年仅15岁的太子睦仁即位。皇室公卿三条实美、岩仓具视等立即与倒幕强藩密切合作。同时，见风使舵的英、法列强也从辅幕政策转向倒幕政策。倒幕的内外条件日臻成熟。

1867年12月9日，经倒幕派的策划，天皇颁布了《王政复古大号令》，宣布废除幕府，剥夺将军的内政和外交大权，一切权力重新归于天皇。同时，倒幕派组成新政府，由栖川宫炽仁亲王任新政府总裁，向国内外宣布，唯以天皇为中心的日本政府才是合法政府。

1868年1月，在幕府将军德川庆喜的号召下，幕府军从大阪向京都进军，发起反击。在京都附近的鸟羽、伏见地区，与以萨摩藩和长州藩为主的新政府军激战了3天。结果幕府军大败，德川庆喜从海路退回江户。得胜的新政府组派东征军，反攻关东地区，兵临江户城下。幕府军兵无斗志，献城投降。5月，东征大军占领江户。

德川庆喜投降后，一批顽固的幕臣流窜在东北地区，以会津藩为中心组成"奥羽越列藩同盟"，与新政府继续对抗。9月下旬，新政府军依靠农民的支持，攻下会津的若松城，结束了本州的内战。11月，东北地区的叛乱被平定。12月末，欧美各国取消"局外中立"的声明，承认新政府是合法政府。

这时，幕府海军将领夏本武扬率8艘军舰和幕府残兵逃至北海道，于1869年1月建立"虾夷共和国"。同年6月，在新政府军的进攻下，夏本武扬投降。6月27日，这场内战性质的讨幕运动彻底结束。因为战争发生在农历戊辰年，因此也称为"戊辰战争"。

王政复古，推翻幕府，基本结束了明治维新的倒幕阶段。经过戊辰战争，不仅在军事上、政治上摧毁了幕府势力，也使新政府得以没收幕府和反政府各藩的大批领地，从而在财政上初步站住脚。而且,经过戊辰战争,改革派武士在新政府中的领导地位得到巩固、加强。新政府的建立和巩固,改革派武士领导地位的强化,为改革阶段创立了决定性的前提条件。

五、确立改革目标

1868年1月3日王政复古后,10月改年号为"明治"。次年春,迁都东京,此前江户已改名为东京。"明治"二字取自中国古代经典《易经》中的一句:"圣人南面听大下,向明而治。""向明而治"是指黎明就临朝听政,奋发有为。一个新帝国开始出现在世界历史舞台上。

改革派武士、公卿成为明治新政府的官员,掌握着军政大权。他们对于治理一个国家还是经验不足的,也带有封建武士、公卿所留下的弱点。然而,他们却积极进取,勤奋好学,急于尽快使国家富强起来。他们年岁也不大,如"王政复古"时的维新三杰,西乡隆盛40岁,大久保37岁,木户34岁。

他们为新建立的帝国确定了未来发展和改革的目标和基本方针,这关系到国家的长期战略和各项施政,关系到日本的盛衰兴亡。按照立国目标和基本方针,贯彻"富国强兵""殖产兴业""文明开化"三大政策,进行了破旧立新的变革。到1877年,体制方面的破旧宣告结束,同时在各方面进行了立新。全部维新变革以1889年颁布宪法为标志基本完成。推翻幕府花了10年左右时间,而维新变革历时20多年,显得更为艰巨困难。

1969年4月6日,天皇率公卿、诸侯、群臣百官在京都紫定殿祭罢大地神祇,天皇"拜神"后,三条实美向神奉读誓文,然后各公卿、诸侯一一依次拜神、拜天皇,并在誓文上署名,完全按神道的方式进行。

誓文主要内容五条:

一、广兴会议,万机决于公论;
二、上下一心,大展经纶;
三、公卿与武家同心,以至于庶民,须使各遂其志,人心不倦;
四、破历来之陋习,立基于大地之公道;
五、求知识于世界,大振皇基。

"五条誓文"是新政府的施政纲领。它依然笼统抽象,可以有不同的理解和解释。它的内容具有局限性,如把"大振皇基"作为施政的根本和目的,"广兴会议"并非近代议会,实际上是由参加新政府的公卿、藩主和藩士组成的会议。但是,它把上下一心、破除陋习、提倡公论、学习欧美、实现国家富强作为大政方针,为日本逐步走向近代资本主义强国开辟了道路。

同一天,天皇向国内发布了亲笔谕示,宣示了新国家的抱负和目标。其中说道,在诸国争雄竞长、飞跃前进之时,必须结束以往"偷一日之安,忘百年之忧"的弊政,并且宣称:"朕与百官诸侯相誓,意欲继承列祖伟业,不问一身艰难,亲营四方,安抚汝等亿兆,开拓万里波涛,布国威于四方。"

同年新政权在《对外友好谕告》中表示,要保持与缔约各国的友好,同时声称,"当令急务,在于顺应时势,开启锐眼,脱从前之弊习,使圣德光耀万国,置天下于富岳之安"。"富岳"是指富士山。在当年的官方文件和官员言论中,类似的言辞屡见不鲜,出现的频度很高,诸如"在海外发扬国威""与万国对峙""与万国并驰""经略进取万国""宇内经略之远图""在东洋大放光辉",等等。每每把国内施政与这一立国目标联系起来。迁都东京,也是为了"耀皇威于海外,与万国对峙",至于兵制改革就更不必说了。"与万国对峙"是官方的座右铭,是统领一切的立国目标。

明治初年这种强权政治的表现,与其说来自资本主义的侵略性,还不如说更多的是继承了封建武士军国主义的传统。这种传统在日本延续了上千年,其流毒极为深广。日本自古就有神国思想,以后这种神国优越感成为军国主义对外扩张的依据,认为日本有权君临于其他国家之上。丰臣秀吉集封建军国主义之大成,提出了狂妄的扩张计划:先夺取朝鲜,再占领中国,然后征服印度和东南亚地区,定都北京,建立一个以中国为中心地的庞大帝国。丰臣秀吉之后,日本的军国主义扩张思潮并未因为侵朝的失败而有所收敛。

江户时代,鼓吹对外扩张的有国学、儒学、洋学等不同学派的思想家和幕末志士。这时的扩张论调又糅进了从西方传入的殖民主义思想,以及把对欧美的损失转嫁给邻国的民族利己思想。长州改革派的先师吉田松荫,同时也是这样一种扩张论的典型。他在1855年的一封信中作为"同志一致之意见"写道:"与俄美靖和一定,吾方决不毁约,失信于夷狄。宜严守章程,加深信义,其间培养国力,割易取之朝鲜、满洲、中国,将与俄美交易之损失,以鲜(朝鲜)满(指中国东北)之地补偿之。"他还曾写道:"开拓虾夷(北海道),夺取满洲,占领朝鲜,合并南地(指东南亚),然后挫美折欧,则事无不克。"一方面不得不暂时屈从欧美,另一方面则向邻国扩张,以便实现与欧美列强并立、对峙。吉田松荫的后辈、明治政府领导层正是这样做的。

六、强化天皇政权和废藩置县

强化天皇政权,废除封建分立,真正实现国家统一,本身就是最大的体制破立、维新变革,同时也是推进其他体制破立、维新变革的前提和保证。

初建的天皇新政府,具有朝廷与强藩联合政权的形态,改革派公卿、武士在政府中或有要职,或有实权,但一大批藩主也占有政府要职。封建分立依旧,不少藩主据藩自重,对新政府并不诚心遵从,或者各自为己,不关心国家、政府的命运。木户说,他们"比旧幕府时代更为骄纵",出现"小权侵犯大权之弊"。

政府收入主要靠没收来的部分领地的赋税,财政极度困难。只能靠多发纸币来弥补财政缺口,各藩更是滥发纸币,于是引发急剧的通货膨胀。幕府时的沉重赋税非但未减,反而还增加新税,一般民众十分不满,参加倒幕的民间人士也满腹怨言。明治前十年间,万人以上的农民起义达25次。大久保说:"天下人心,对政府不信,嗟怨之声,盈耳道旁,以致羡慕武家(指幕府)之旧政。"三条实美说:"朝廷威信扫地,皇风不振,危如累卵","难保不土崩瓦解"。

致力于改革图强的官员们,人人忧心忡忡。然而,他们不改初衷,迎难而进。他们认识到,当前的"一大目标",是加强天皇政权,"使朝廷成为朝廷"。对此,主要从三方面着手。

第一,广为宣扬天皇权威,使之深入民心。在明治以前几百年间,天皇退出政坛,深居宫中,与民间隔绝。朝廷也自认为无比尊贵,不同凡人,高高在上。正如大久保所说:镰仓幕府以来,"民间习俗只知有将军而不知有天皇"。即使建立了天皇政权,启蒙思想家福泽谕吉说,若论感情的亲疏,人民"对于封建的故主要比对王室更加亲密"。

为了改变这种状况,明治政府一再发出告谕,不厌其烦地说:"天子乃天照大神之子孙,自从开天辟地即为日本之生";"一尺地,一个人民,皆为天皇之所有",你们出生洗浴用的是天皇的水,吃的是天皇土地上长出的谷子;"正一位神虽各地均有,然而这都是天皇恩准的";等等。"正一位神"指掌管五谷的稻荷大明神,稻荷神无处不在,与民众的生产生活息息相关,借此来说明天皇恩泽无边,权威至上。

此外,天皇还走出深宫,巡幸各地,宣示皇恩,收揽人心。迁都东京之前,1868年11月,天皇巡幸东部地区,随从3 300多人,前呼后拥着天皇的凤辇,历时20多天,驾临东京。沿途褒赏孝子、节妇52人,赈恤高龄者和受灾者22 000多人,还向东京市民赏赐酒肴,以示天皇的仁惠恩德。以后,又有六大巡幸,北到北海道,南至九州,一次几十天,长的达70天。

还有就是推行神道国教化,提倡国学,以教化国民。日本古书《古事记》《日本书纪》记述了古代神话传说,说大神伊邪那歧和伊邪那美生出了"大八洲"(日本诸岛),然后再生诸神。一次伊邪那歧在海边洗除污秽、不祥,洗左眼时化生出天照大神(太阳女神),就命她治理"高大原"。以后,天照大神发布神敕,命她的孙子琼琼杵尊去治理日本。天孙降临日本,经过很漫长的年代后,其玄孙神武天皇进行东征,实现统一,奠都建国。

一个民族远古时代美好的神话传说,一般都作为文化遗产予以理解和珍视,但是在日本却成为政治神话、国家神话,神话传说成为国家产生和存在的基本依据。大神不必说,就是神武天皇和以后的十几代天皇都是根本不存在的。神道和国学却把这套神话传说奉为经典,认为天照大神是日本的国祖,天皇是天照大神的后裔,是现人神。政府用国家的权力、财力来扶持神道,大小神社遍布各地,向人们宣扬尊神敬祖,忠君爱国。

总之,日本展开了一场大规模的人为造神运动。明治初年的政权具有神权专制的性质,由政府官员凭借天皇的神权权威进行专制统治。

第二,改组政府,加强改革派的地位。政府多次改组,从三职七科、三职八局到太政官,后者又有三次不同的机构设置。太政官不是官职,而是中央政府机构。1871年9月实行第三次太政官,维持了十多年,其最高官员是太政大臣三条实美。经过一次次的政府改组,藩主被逐步取代、淘汰。在第三次太政官中,除了岛津久光担任没有实权的左大臣外,已没有任何一名藩主任职,改革派牢牢地掌握了政府权力。

在改组过程中,政府团结、吸纳了一大批各藩藩士和幕府官吏,其中有才干的改革派、开明派人士得到重用。如佐贺藩的大隈重信主持财政工作,是政府的主要领导人之一;如原幕吏胜海舟任海军大辅、海军卿。团结、容纳各方人士,加强了改革派在政府中的地位,扩大了支持新政府的基础。

第三,实行版籍奉还和废藩置县,这是最具关键性、实质性的改革。改革派官员清醒地看到,不废除封建分立,"置天下于富岳之安""与万国对峙"都将是空话。但是,要实现并不容易,藩主们不会轻易放弃自己的领地和权力。萨、长、土(土佐)、贺(佐贺)的大久保、木户、板垣退助和大隈重信经过商议,决定先做四藩藩主的工作。1869年3月,四藩藩主向天皇奏请奉还版籍,上奏文写道:"臣等所居,即天子之土,臣等所牧,即天子之民,安敢私有。"接着又写道:"令谨收集版籍奉上,愿朝廷相宜处置,其当予者予之,其当夺者夺之。月列藩之封土,更宜下诏改定之。"原来并非真的奉还,而是希望天皇把领地重新分封给他们。接着,200 乡藩主纷纷奏请奉还版籍,他们许多人是因为看到"其当予者予之,其当夺者夺之",生怕不表示一下,将被认为对朝廷不忠,领地被剥夺。7月朝廷宣告"听从"奉江版籍的奏请,并命令尚未表态的14个藩照此办理。此后,各藩藩主成为中央政府任命的藩知事,不得再擅自行事,其施政必须遵从中央政府的方针政策。

朝廷既然收回了版籍,改革派官员趁热打铁,实行第二步:废藩置县。大久保、西乡、木户、板垣等商议达成一致,1871年4月,政府下令萨、长、土三藩提供步、骑、炮兵约1万人,进京组成天皇的亲兵。政府开始有了自己的常备军,以此为后盾,1871年8月底突然把在京的56名旧藩主藩知事召至宫中,宣读了废藩置县的诏书。旧藩主对此毫无思想准备,恰如"骤然雷霆下击,人人相顾无言",遵令而行。就这样一举消除了封建分立,实现了全国的真正统一。旧藩主不再任藩知事,一律迁居东京,向政府领取禄米。

刚废藩置县时,设3府(东京、京都、大阪)302县,同年年底重划为3府72县。后一再调整,到1888年12月,除北海道外,确定为3府43县。北海道后来被宣布为与府县同级的行政区。

版籍奉还、废藩置县的实现,首先是由于改革派的决心和努力。特别应该指出,虽然藩主对他们也是恩重如山,但他们在施政实践中,进一步摆脱了藩的狭隘观念,以国家全局利益为重。当然,他们也耍了手腕,连哄带压地让藩主就范。如岛津久光是想让朝廷重新把领地分给藩主的,他对另一藩主说:"曾将此意示知大久保与西乡,他们诚恳地表示遵行,因此放心。"结果却"与我的希望相反,但是没有办法,至今还觉遗憾"。其次,也可看到天皇权威、"王土王民"意识的巨大作用。既然藩主承认"王土王民",那么天皇为了振兴国家而使国家真正统一,藩主再不乐意也不得不接受,只能发发牢骚而已。还有,许多藩的财政危机已让藩主焦头烂额,而政府答应承担他的债务,保障他们的地位和生活,他们又何乐而不为呢?版籍奉还、废藩置县消除了封建分立,是仅次于"王政复古"的重大变革,对于加强天皇政权、实现政令统一,推进各方面改革、贯彻三大政策,具有决定性的意义。

此后,日本政府于1872年强行吞并了琉球。1875年5月,日、俄订约,掸太岛(库页岛)全归俄国所有,千岛群岛属于日本。至此,基本确定了日本本土的疆域。

继废藩置县后,又进行了两大改革:地税改革和废除武士家禄。

七、地税与家禄改革

农民和武士是封建幕藩时代两个对立的基本阶级。封建领主土地所有制与武士的家禄制度,是国家积贫的根源。

1869年,地税改革问题就已开始酝酿。废藩置县,使政府可以把地税改革提上日程。1873年7月,颁布《地税改革条例》等法令,规定向土地所有者颁发地券(土地执照);由地券持有人以货币缴纳地税;税率为地价的3%,另加约1%的地方附加税。

地税较重,与旧年贡差不多。在丈量土地面积、确定收获量和地价时,经常发生争执。农民甚至拿起竹枪起义,反对地税改革,1876年起义达19次之多。同时,自由民权运动在全国兴起,"降低地税"是主要要求之一。政府不得不让步,1877年1月地税率从3%降为2.5%,地方税从地税的1/3减为1/5。两税相加,并减25%,幅度相当大。这显示了民众对自上而下改革的制约、推动作用,农民高兴地说:"竹枪挑出个二厘五。"1876年,30%左右的府县完成了地税改革。减税后不久爆发了西南战争,巨额军费支出加剧通货膨胀,米价大涨,地税相对明显下降。地税改革随之进展顺利,1881年基本完成。无主的土地和山林全部收归国有,其中不少拨给了皇室。地税改革废除了幕藩体制的经济基础——封建领主土地所有制。

地税改革为天皇政府在农村确立了牢固的基础。地税改革中,得益最大的是幕府末年的新兴地主。幕府末年,农民的分化已相当显著,不少农民的全部或部分土地已归新兴地主所有,只是禁止土地买卖,在法律上并未予以承认。地税改革承认了地主的土地私有权,改革时佃耕地占全部耕地的29%,地主还有相当数量的自耕地。改革时占农户总数约4/5的自耕农、半自耕农,他们的土地所有权也得到承认。地主和自耕农、半自耕农是天皇政府的有力支持者，他们拥有了土地，从心底里感激天皇和政府。

从1873年7月颁布《地税改革条例》，至1879年逐渐完成地税改革，地税成为日本政府财政收入的主要来源。据统计，1875年，土地税收入为5 034万日元，而当时日本全国税收的总额为5 072万日元。在之后长达30多年的时间，依靠地税，日本政府投资新式企业、支持私人资本。同时，地主也把地租收入用来投资企业。地税改革还部分地解放了农村生产力，提高了有地农民和自营地主的生产积极性。1878—1890年，因扩大种植面积和改良土壤品种，稻米产量几乎增长一倍。同时进一步促使农业卷入市场经济，产品的商品化和经济作物有较大发展。农业的这种进展，配合、支持了城市工商业的发展。

明治政府还实行家禄改革，毅然把幕藩体制的阶级支柱——武士——废除了。对于武士出身的政府领导层来说，这是非常难能可贵的。

明治政府成立后，就着手改革封建身份制。首先宣布士、农、工、商四民平等，职业自由。奉还版籍时，公卿、大名改称华族，一般武士改称士族，农、工、商以及贱民一律称为平民。后来，又允许华、士族与平民通婚，宣布无官职的华、士族可以经营农、工、商业，平民可以称姓并有选择职业和迁徙的自由。1873年1月颁布征兵令，宣布服兵役是四民的权利与义务，武士丧失了垄断军事的特权。1876年3月，颁布废刀令，废除了武士可以佩带刀剑的特权。

对于封建身份制的关键改革是处理武士家禄。明治初年，武士约40多万户，武士及其家属189万余人，武士家禄的支付占了政府财政支出的30%，政府财政捉襟见肘。武士家禄是沉重的财政负担，必须加以改革。特别是征兵令颁布后，武士已经完全失去了存在的意义。报纸上对华士族的家禄进行了激烈的抨击，称他们是"食客"，是"平民的累赘"，指责他们"不劳筋骨""坐享俸禄""比乞丐更恶劣"。舆论普遍要求废除家禄。

明治政府几次采取措施，削减、废除了一部分武士的家禄，并改禄米为货币发放的金禄。主要措施是1876年8月颁布金禄公债发行条例，规定对31万华、士族一次性发放相当于5～14年金禄的公债，此后不再发放家禄。金禄公债从第6年起还本，30年内还清。

高额公债领取者519人，其中多数为旧藩主，他们所得公债的每年利息比之原有家禄减少了近3/5到近2/3，但他们仍能靠利息维持上层社会的生活。其中所得公债超过10万元的，不仅能靠利息维持好生活，还能使公债转化为资本，成为大资本家，因为政府允许银行的大部分资本可用公债充当。这一类近67人，几乎都是原领地在10万石以上的旧藩主。原萨摩藩主领得公债132万余元，长州藩主为110万余元，均为年利5厘。

家禄改革虽说是一种赎买，实际上这只适用于华族及上、中层士族，主要适用于华族。对于广大下级士族来说，虽有一点补偿，但近乎废除家禄。当时民间下层的生活费，每年每人25元，一家100～120元。占华、士族绝大多数的下级士族，平均每人仅得公债415元，每年利息不过29元，根本无法维持最低的生活。即使上、中层士族，每人平均的公债1 628元，每年利息97元，只能勉强维持下层生活。

政府号召士族"把刀剑换成算盘"，鼓励大家从事工商业。有些士族即使有可能，也不过做点小本买卖，可是又不会经营，很快亏本、破产。"武士商法"（武士经营）成为流行语，用来取笑那些资金少又不懂经营的人。但政府尽可能为士族安排出路，让他们当政府官吏、学校教师、警察，帮他们兴办实业。很多武士不得不放下架子，以出卖劳力为生，融入平民中去。虽然有少数利益受损的武士发动叛乱战争，但明治政府迅速平叛，稳定了局势。

经过十年努力，日本大体上完成了体制方面的旧改革，封建幕藩体制基本上被摧毁。破旧并不彻底,保留了浓厚的封建因素,但是,走向资本主义富强道路的各种障碍基本消除或部分消除。

八、殖产兴业,富国强兵

从地税改革中获取的庞大资金,为明治政府发展资本主义经济准备了必要的财政基础。1870年12月,总管工业建设的工部省成立。引进西方的技术设备,对废藩置县时接管的藩营军事工厂进行改造,建立了日本近代军事工业。如在东京、大阪开办炮兵工厂,横须贺、长崎建立造船厂等。1873年10月,又设立内部省,主管农业、产品加工、海运等产业。

明治维新初期,政府对官营工厂投入大量资金,输入先进设备,在铁路、矿山、造船、机械、水泥、玻璃、纺织、制丝等产业建立了数十家近代工厂。同时,鼓励民间资本仿效政府投资近代工业、兴办工厂。

1880年起,明治政府颁布《出售官营工厂条例》,将许多官营企业低价处理给予政府关系密切的特权商人。此外,政府还进一步扶植私营企业,并以多种形式贷款给民间企业和个人。据统计,自1873至1881年发放的贷款总额达5300万日元,贷款对象主要是特权商人、新兴财阀,以及与军事有关的企业。

与此同时,明治政府废除各藩设立的关卡,撤销工商业行会制度和垄断组织,奖励贸易,统一货币,创办银行,发行纸币,设立邮政通信机构,促进铁路及海运的发展,为新型经济的出现创造条件。在农业及畜牧业方面,设立育种场、种畜场。

此外,明治政府还大力发展教育,培养本国人才,发展自主科技。在国家派出的留学生队伍中,还出现了皇族、僧人以及高级官员的身影。同时,明治政府还引进、招聘外国专家来日任教。1872年到1898年间,日本官方聘用的外国专家总数达6193人,民间聘用的外国专家人数达12540人。多数外国专家是教授、工程师和技术人员。为了聘用这些外国专家,明治政府不惜重金。当时太政大臣三条实美的月薪为800日元,而一位英国专家的月薪却高达2000日元。

富国强兵是明治维新的最终目标,因此,明治政府刻意加强国防力量。1871年9月,政府改组兵部省,设立陆军部和海军部。1873年颁布《征兵令》,规定年满20岁的男性均有兵役义务,并仿照欧美组建了一支常备军。

征兵制把陆军分为常备军(服役3年)、后备军(第一、第二后备各2年)和国民三军。为了确保常备军的实力,明治政府大力改进军事装备,引进新式武器。设立军事院校,培养军事人才。此外,明治政府还建立了近代警察制度。

九、文明开化、启蒙思想

所谓文明开化,是学习欧美,在思想观念、文化教育、生活方式、社会风尚等方面破旧立新的变革。文明开化的目的,既是为了开发民智,以适应富国强兵国策的推行,也是为了显示日本在努力与欧美国家并驰。

文明开化首先是启蒙思想的传播和思想观念的变革。明治初年,活跃着一批启蒙思想家,1873年(明治六年)启蒙思想团体明六社成立,其成员为森有礼、福泽谕吉、中村正直、加藤弘之、西村茂树、西周、津田真道、神田孝平等人,他们都是第一流的洋学家、思想教育界的名流。一年后,明六社拥有会员约30人,网罗了当时日本所有高级知识分子。1874年发行《明六杂志》,文章的内容新颖,涉及范围极为广泛,很受欢迎。

明治启蒙思想家们通过著作、译著、发行刊物、举行演讲、从事教学等方式,传播西方的自由、平等、民主思想、功利主义以及自立、自强观念。福泽的《劝学篇》和《文明论之概略》,中村正直的译著《西国立志篇》(即斯迈尔著《自助论》)和《自由之理》(即穆勒著《自由论》),加藤弘之的《真政大意》和《国体新论》都起过很大的启蒙作用。启蒙思想家的主要代表是福泽谕吉,无论从批判封建意识的深刻性,或从立论见解的卓越性,以及思想影响的深广度来说,他在启蒙思想家中都首屈一指。福泽谕吉说:"所谓文明,归根结底是人的智德的进步。"在人的智德方面,传播很广、影响很大的,是自立、自强思想。这同明治政府的奋发图强精神是基本一致的。中村正直翻译的《西国立志篇》是传播最广的启蒙书之一,加藤弘之在向明治天皇进讲时,也以它为教材。这本书特别强调"自助",其格言是"天助自助者"。所谓自助,就是能够自主自立,自强不息,不依赖他人。这种自助精神是人们获得智慧、克服困难、成就事业的基础。因此,"当大多数国民'自助'时,国家便充满了生机和旺盛的精神"。

在文明开化中,除出版书籍之外,传播媒体报纸、杂志起着重大作用。幕府末年仅有不定期的报纸。明治初年,各种日报和其他报纸纷纷问世,到 1877 年共有一百四五十种,各种杂志也相继发行。众多报章杂志的发行,既是文明开化的表现,也促进了文明开化与各项改革,使破旧立新的新思想、新事物得到广泛的传播与认同。

为了移风易俗,天皇和政府官员带头示范,甚至用法令加以推行,把文明开化的风气导入日常生活,诸如使用阳历(1878年元旦开始),允许武士剪去发髻,提倡穿西装,普及肉食,禁止华族染黑齿,不许男女混浴,禁止复仇,非军警人员不许带刀,不要随地便溺,等等。在大都市,建造了洋式砖房,装上了煤气街灯,开起了西餐馆,奔驰着公共马车。因为公共马车一时未能普及,也不完全适应需要,有人想出了人力车,很快普及全国,车夫成为新职业,一些破落士族也加入车夫行列。中国的"黄包车"就是从日本传来的。19世纪80年代,东京等大都市有了更快速平稳的铁道马车。东京的日本桥、银座、筑地一带出现了从来没有的繁华。一些人把文明开化简单、片面地理解为在生活方式上刮洋风、赶时髦,男人西装革履戴着怀表,妇女打着阳伞挟着书本,就以为很文明开化了,把怀表和阳伞看作文明的标志,有的人甚至进了屋还照样打着伞。有的人认为,不像西方人一样吃牛肉就不算文明,西装革履吃牛肉火锅被一些人视为头等文明开化的表现。当年佩里来日时,美国船舰向日本人分发食品,凡分到牛肉的人都随手把它倒进海里,真是彼一时此一时。虽说是赶时髦,也折射出文明开化带来的巨大变化。

十、富强和隐忧

明治年代从 1868 年到 1912 年,共 44 年。主要是在此期间,日本迅速地兴盛起来。

在甲午战争之前和之后,日本两次兴起投资兴办企业的热潮,日俄战后企业投资继续扩大。1885 年,会社 2 382 家,实缴资本 5 070 万日元;1914 年,会社 16 858 家,实缴资本 20.6878 亿日元。1885 年的国民生产总值是 38.52 亿日元,1913 年是 80.01 亿日元,翻了一番多。1874—1913 年,进出口贸易额扩大了近 30 倍。

发展较快的工业部门,除了军事工业,主要是棉纺织业和缫丝业。日本纱厂大都从荷兰引入最先进设备,总体技术水平高于英国及其殖民地印度的纱厂,而且日本的劳动力更低廉。1894 年政府废除棉纱输出关税,1896 年又废除棉花输入关税。在中国市场上,日本棉纱的输入量于 1914 年开始凌驾印度棉纱之上。缫丝业是日本主要的传统产业,创造、推广了价廉简便、半机械化的"器械缫丝"。日俄战争后,生丝输出量占世界第一位,主要出口美国。同时,制茶、造纸、酿造、制糖、制药等轻工业,都有长足发展。

明治政府还特别重视发展海运业,1880年以后的产业补助金重点流向海运业。在沿海和内河航线上,西洋式帆船逐步取代了旧式船只,1888年开始引入蒸汽轮船。继1875年开辟上海航线后,1896—1914年,由三井、三菱为主组成的日本邮船,江有大匠商船,东洋汽船,日清汽船,南洋汽船等会社,开辟了通往欧洲、北美、南美、澳洲、印度、东南亚的航路,以及至华北、长江流域的航路。除非洲以外,各大洲都可见到日本轮船的踪影。

明治初年,政府着手建设铁道。从19世纪80年代初开始,以私营为生的铁道热久盛不衰。1901年,完成了从本州北部的青森,经东京、神户、大匠到下关的纵贯运输大动脉。1906年开始实行铁道国有化,加快了铁道的建设。1909—1919年,鹿儿岛干线、中央西线、山阴西线、北陆干线、北海道干线等铁道全线通车。1913年东海道线路铺设双轨。

重工业方面,原来除了军事工业、矿业以及规模不大的造船业外,其他部门都很薄弱。大规模的官营八幅钢铁厂于1901年投产,生要依靠廉价优质的中国大冶铁矿石和本溪、开滦的煤维持生产。1911—1916年,其钢材年产量从18万吨扩大到30万吨,钢铁产量占了国内产量的绝大部分。1894—1895年,机械工业持续增长。1905年能制作完整的车床,1912年能造高转速车床。造船、车辆和军事工业的发展尤为显著。

1901年国内造的轮船吨数超过输入的吨数,特别是大型新造船泊停止输入。1908年三菱长崎造船所建造了蒸汽涡轮的"大洋"号客轮(13 444吨,最高时速20.6海里/时),是当时世界上有数几艘之一,造船技术达到世界水平。1893年国铁神户工场试制机车,1913年、1914年制成货运、客运机车,以后有了一定的批量生产。

陆军军工厂大扩充,制造能力成倍增长,原来钢炮需进口,明治末年枪炮完全自给。1905—1907海军建成巡洋舰"筑波"号(13 750吨),1905—1910年横须贺工厂建成战列舰"萨摩"号(19 350吨),达到世界技术水平。1911年向英国定购最先进的超级无畏巡洋舰"金刚"号(27 500吨),然后由横须贺工厂和长崎、川崎造船所模仿建造同类型军舰3艘,于1914年、1915年竣工,此后不再向国外订购大型军舰。至此,除军工厂相当部分的机械设备和原材料尚需进口外,已确立武器生产的自给体制。

幕府末年之前的3个世纪中,人口停滞在2 600万人前后,明治国家建立后半个世纪,增加到5 000万人以上。旧时被冻结的身份等级、职业限制不再存在,社会呈现流动性。人口不断向六大都市(东京、大匠、京都、横滨、神户、名古屋)和其他城市集中,因交通、产业的发展、变动,既有新兴的、兴盛的城镇,也有陷于衰落的城镇。1895年以京都电铁为开端,明治三十年代在大都市普及了电车,四十年代大都市的近郊电车相继开通。1870—1885年,形成了收发电报的电信干线。1890年电话事业起步,1912年电话网遍布大小城市。

明治年代,在社会经济方面取得如此巨大的成就,在当年可以称得上是奇迹。而且,不仅改变了幕藩封建制造成的贫弱落后,还使日本在东方成为唯一摆脱了半殖民地化危机的国家,并跻身资本-帝国主义列强的行列,让全世界瞩目。

当然,改革并不彻底,也不平衡,由于资本主义的固有矛盾和其他条件的限制,明治年代的富强之中有隐忧,有阴影。

尤其是在经济、金融方面不健全、不平衡,特别是重工业存在严重缺陷,1913年钢铁自给率仅33.9%,造船的钢铁3/4靠输入,钢轨的过半靠输入,车床仍需大量进口,尤其是高级车床全靠输入。这就导致对欧洲,主要是对英国贸易的巨额入超。同时纺织业须从印度输入棉花也造成巨额入超,而对东亚以棉纱出口为生的出超和对美国以输出生丝为生的出超,远不足以抵消前两项入超,于是几乎连年出现国际收支赤字。

为了填补国际收支赤字,以保持国内金融的稳定,维持经济的运转,日本经常依靠向欧美举借外债度日。日俄战争后到第一次世界大战(简称一战)前,政府外债、政府企业(多为殖民企业)外债、地方外债共28笔,1913年外债余额19.6亿多日元,占国民生产总值的一半。日本在金融上不独立,严重依赖欧美。

国内市场狭小,资源贫乏,严重依赖国外市场和资源,是另一大问题。明治末年,佃农、半自耕农超过农户的2/3以上,在半封建地租的剥削之下,占农户27%以上的佃农终年在生死线上挣扎,许多半自耕农也只能勉强维生。资本家还尽力压低工人的工资,占日本工人多数的纺织女工的工资,竟比殖民地印度工人的工资还低,为数不少的矿工也处境悲惨。不仅广大工农的购买力有限,长年不断增税也使国内消费能力整体相对下降。1885—1915年,人均国民生产总值增长了59%,而人均消费额仅增长49%。上述情况显露了日本经济的脆弱性。

国内市场狭小和资源贫乏,决定了日本资本-帝国主义特别富于侵略性,军国主义传统和这种资本-帝国主义特性相结合,使日本的扩张欲望不断膨胀。这样一方面势必使日本与英、美的矛盾上升,一向有利于日本的远东国际局势将转向反面,日俄战争后已有征兆。另一方面必将激化与被侵略民族的矛盾。1905年日本威逼朝鲜沦为保护国,次年在朝鲜设立统监府,1910年吞并了朝鲜。朝鲜人民掀起广泛的反日义兵运动,1909年10月在哈尔滨车站,朝鲜爱国志士安重根击毙了日本前首相伊藤博文。

明治后期国内矛盾也终于表面化,资本主义固有的弊病开始出现,工人罢工、租佃争议、经济危机均已发生,并兴起了早期社会主义运动和工会运动。

明治天皇患有糖尿病,伊藤博文之死使他遭受沉重打击,病情恶化。1912年7月并发尿毒症,深受病痛折磨,他经常念叨说:"我如果死了,世上将会变成什么样子呢?我已经想死了"。他讲这些话,不仅是病痛之故,显然也是出于对未来风云莫测的担忧。明治天皇于7月底病逝,明治年代宣告结束。

一战给日本带来"大佑良机",使日本的经济、国力和对外扩张再次得到大发展。但是,明治年代积累起来的内外矛盾经过一战之后,全面地激化了。日本虽然仍在发展,但不断受到危机、动荡、不稳定的困扰,发展并不顺利。

为了寻找以后的发展道路和对策,日本朝野做了探索和尝试。虽然不乏新思路、新措施、新进展,但是已经不见明治初年那样的改革进取精神,没有突破性的革新成果,危机、战争和法西斯的威胁却与日俱增,最终日本走上了军国主义的不归路。直到第二次世界大战(简称二战)结束,日本战败,才重新走上了和平发展的道路。

参考资料

[1] 吉田茂. 激荡的百年史. 北京:世界知识出版社,2010.
[2] 王小兰. 论日本现代化启动的历史条件. 山东大学学报,1999(3).
[3] 吕万和. 简明日本近代史. 天津:天津人民出版社,2004.
[4] 井上清. 日本现代史(第1卷:明治维新). 吕明,译. 北京:生活. 读书. 新知三联

书店,1956.

　　[5]　苏静.知日:明治维新.北京:中信出版社,2013.

思考讨论题

　　1. 作为一个新生的统治集团,明治政府如何做到有能力将改革的政令颁布于全国?首先就要握有实权,每一场改革都会涉及广泛的利益重新分配,只有握有实权才有足够的马力开启推土机,破除旧制。明治天皇等人是如何做到这一点的呢?

　　2. "什么是资本主义,怎样建设资本主义",这是摆在明治政府官员面前的头等大事。为了让日本迅速完成向近代化的转变,为了能够更具体地借鉴西方各国最先进的文明,明治政府采取了何种举措?

　　3. 19世纪60年代的欧洲各国,大多都已经完成了第一次工业革命,美国和德国已经开始了第二次工业革命,相比而言,日本的资本主义经济远远落后于欧美各国,日本明治政府如何以最快的速度赶上欧美列强?

　　4. "富国"与"强兵"是明治政府的两大梦想,日本是如何走上一条军事强国之路的?

　　5. 日本明治维新,与同一时期晚清的洋务运动、戊戌维新等改良运动有什么异同?

分析思路和要点

　　19世纪60年代,日本以明治维新为发端,通过维新改革成长为资本主义工业强国。日本的改革也为其他东方国家的改革或改良道路提供了一个成功的榜样。而同一时期的中国,处于清朝末期,与日本同样面临着内忧外患,特别是西方资本—帝国主义国家的侵略,也尝试着走改良的道路,但无论是洋务运动,还是戊戌维新,直到最后的清末新政,最后都以失败告终。是什么原因导致两国一个改革成功,一个却最终失败呢?

　　通过《中国近现代史纲要》第二章的学习,我们可以比较清楚地了解和掌握近代中国洋务运动、戊戌维新这类改良运动的背景、经过、结果和失败原因。同时,通过本案例的认识学习和研究,也可以比较全面地掌握日本明治维新的相关历史。经过认真思考和对比,可以得出两国相似改革和改良路径,却有着不同结局的内在原因,从而更加深刻地理解近代中国必须抛弃改良,走革命之路的深刻根源。

　　我们以中国戊戌维新为例,与日本明治维新进行对比分析。仔细分析明治维新和戊戌变法一成一败的原因,会发现其实有着诸多不同。

　　首先,两国所处国际环境不同。明治维新前夕的国际环境对日本极为有利。英国忙于镇压太平天国运动,美国处于南北战争期间,法国处于普法战争前夕,沙俄则因克里米亚战争败北,元气大伤。19世纪六七十年代,它在远东的侵略对象主要是中国,对日本较为放松。而在戊戌变法时期,19世纪末,世界资本主义列强向帝国主义阶段过渡,通过争夺殖民地的高潮已经基本把世界瓜分完毕,中国成了列强在东方争夺的"惟一富源"。列强纷纷在中国强租租借地、划分势力范围,出现了瓜分中国的狂潮,这时帝国主义列强绝不愿意中国成为一个独立强大的资本主义国家。

　　其次,两国封建统治势力与维新派实力的强弱不同。在日本明治维新前夕,幕府统治的基础——武士阶层,不仅在上层存在着尖锐复杂的矛盾,而且广大下级武士也因自身经济状况的日趋恶化,对幕府统治越来越不满,甚至发展到"恨主如仇"的严重程度,一部分武士开始向资产阶级转化,这就使幕府陷入极端孤立的地位。此外,强藩的离心倾向也越来越大。1864 年、1865 年幕府两次发兵征讨长州藩,标志着幕府与强藩的矛盾也已公开化。维新势力以中下级武士为核心,抬出天皇为旗帜,与反幕府的强藩相结合,既有基地,又有军队,广大农民和市民也积极参加和支持反幕武装,因此组成强大的维新阵营,一举推翻了幕府旧政权。而中国自秦朝以来,基本上是一个大一统的专制主义中央集权国家,明清时君主专制制度空前强化。辛酉政变后四十多年,清廷实权一直牢牢掌握在慈禧手中。晚清时虽出现过地方实力派,但关键时刻都无一例外地效忠慈禧。中国维新派没有日本那样的强藩做后盾,更无可能拥有自己的据点,独立地创建和训练军队。维新派尽管曾得过几个军机章京的头衔,但从未真正夺到过政权。

第三,两国改良运动的领导力量不同。日本维新派的骨干是中下级武士,大多参加过地方上的藩政改革。如"维新三杰"西乡隆盛、大久保利通和木户孝允,都久经风浪锻炼,具有斗争经验和政治才干。他们讲究斗争策略,选择阻力最小的路线和做法,善于争取同盟军,打击最主要敌人。而日本维新的"大旗"——明治天皇,随着天皇制的确立,成了日本名副其实的最高统治者,依靠维新派权臣辅弼,得以很好地推行改革大业。而中国维新派的骨干基本上是一批缺乏政治斗争经验的封建知识分子,有改革热情,却缺少运筹帷幄的雄才大略。他们在维新措施和斗争策略上有些急于求成、不顾实效。如变法伊始便裁撤旧衙门、裁减绿营,令旗人自谋生计,激起守旧势力群起而攻之,增加了变法的阻力。同时,又不善于团结和争取同盟军,结果使自己十分孤立。他们所依赖的光绪帝虽有抱负,富有改革的热情,能积极支持戊戌变法,但政治上的无权地位使他终究跳不出慈禧的手掌心。

第四,两国政策措施的实际作用不同。日本幕府统治被推翻后,明治政府实行了一系列卓有成效的改革措施:"废藩置县",消除封建割据,巩固统一的中央集权国家;改革封建等级制度,以适应资本主义经济发展的要求;实行地税改革,保证政府的财政收入;实行征兵制,建立近代常备军,为攘外安内作准备;实行"文明开化""殖产兴业"政策,扶植资本主义的发展,加速了日本资本主义化的进程。而在中国的"百日维新"中,尽管光绪帝也颁布了一系列涉及政治、经济、军事、文化方面的变法诏书,但由于资产阶级维新势力并未掌握政权以及守旧势力的强大,根本无法实施。而且资产阶级维新派的软弱和妥协,使得设议院、开国会、定宪法等最具革命性的政治主张并没有在新政中提出,因此君主立宪制的资本主义梦想化为了泡影。

通过这样的对比,就可以得出结论,中日两国虽然同为东方封建国家,但两国的国情有着巨大的差异,近代中国资产阶级发展不彻底,具有软弱性和妥协性,而客观方面,中国封建反动势力太强大,严重阻碍改革或改良,因此,近代中国不可能通过改良道路解决亡国灭种的危机,必须通过革命,推翻帝国主义和本国封建势力的统治,走社会主义的道路,才能实现中华民族伟大复兴的历史重任。

教学建议

1. 教学准备。提前将案例正文、相关参考和思考讨论题发学生,要求学生做好充分准备。着重于熟悉和分析相关材料,将自己的分析认识进行整理,形成思路。必要时,可督促学生进行小组讨论。要求学生自主查阅更多相关资料,同时注意收集一些关于日本明治维新与中国晚清几次改良的对比资料。尤其是分析为何晚清的洋务运动、戊戌维新等改良运动最终失败,而日本的改革却取得成功,思考两国大致同一历史时期,但不同国内外条件下改革成败的原因和根源,认识到改良不能解决近代中国面临的亡国灭种危机。

若作为专题研究问题和作业进行,在教学准备阶段需要学生课下进行有相当广度和深度的自主学习。最好能够形成学生要求下的教师帮助、引导和开发、启发。

2. 教学环节。为便于研究分析,首先要做好教学布置,指导学生自主或划分小组并进行小组讨论(5~8人为一组),课堂集中讨论交流。

3. 教学时间。共6课时:教学布置1课时,个人学习研究、挖掘资料等2课时,小组讨论1课时,集中交流2课时,含教师点评小结。这6课时主要在课下进行,可酌情占用课内课时,最多2课时,主要用于精彩观点展示与交流以及教学点评。

4. 教学成绩。建议将分析提纲和讨论发言各按50%的比例计入本案例教学考核,此成绩再按20%或30%的比例计入相关课程的平时成绩。

本教学案例具综合性,可安排在"中国近现代史纲要"课第二章后进行,或专门进行专题研究教学。

晚清改革

教学目的

　　清政府在覆亡之前的十年间,开展了一场从新政到预备立宪的改革运动,这也是清政府为免于灭亡而展开的一场自救运动。晚清改革在政治体制、经济、军事、文化教育及社会生活等各方面展开,取得了一定的效果,可以视为是中国近代化历程的一个阶段。希望通过本案例学习,学生可以能动地运用所学历史知识和历史唯物主义的分析方法,分析新政的措施和社会作用,同时把新政与戊戌变法进行比较,提高分析比较的能力。同时进一步思考:同一个慈禧太后,在1898年时镇压了一场维新变法运动,而3年后,却自己宣布并推行一系列新政,为什么会出现这种变化?产生这种变化又说明了什么?以此提高透过历史现象看本质的思辨能力。

教学用途

　　主要用于本科生"中国近现代史纲要"课程教学,也适用于马克思主义理论专业硕士研究生了解更加真实的近代中国的国史、国情,可用于学生课下拓展学习。

内容提要

　　20世纪初,内外交困的清政府被迫进行了一场旨在挽救统治危局的革新运动,然而由于封建统治阶级的自身局限,改革终告失败,清政府最终走向覆亡。

　　在义和团运动之后,清政府开始实行新政,并发展为预备立宪,其目的十分明显,在于防止反清势力的壮大,并要保持汉族地方督抚的支持和列强的扶植,尽管清政府本身并不愿改革,但除此之外别无选择。因此,最初清政府对改革的实际内容并不关心,而只需要改革这一招牌以装饰门面。但在日俄战争之后,清政府见到立宪的东方国家居然战胜了专制的西方大国,不能不有所触动,于是对改革开始真正关注起来。当然,清政府进行改革的主观意图,既有富国强兵以抵御外侮的一面,更多的考虑则在于维护大清王朝,或更准确而言,在于维护满洲贵族的统治地位。改革在形式上开始深化,从新政过渡到预备立宪。但是当资产阶级立宪派要求立即实行宪政时,超出了清政府所能允许的范围,立宪运动以失败告终。

　　晚清改革从内容上说,继承了百日维新的事业,而且在某些方面走得更远,但这次改革的目的,主要是为了维持清政府摇摇欲坠的统治,因此有较大的欺骗性、局限性。立新制而不易旧人,不仅冲淡了新政的革新色彩,而且限制了新政的展开,最终因新政执行无人,国民更加失望。自救的新政不仅未能增强王朝的内在凝聚力,反而使社会愈加纷乱,成了清王朝的催命符。

案例正文

20世纪的最初10年,是晚清社会剧烈动荡变化的时期。经过义和团事件和八国联军战争,慈禧太后及其统治集团自知已失掉民心,难以照旧统治下去,于是只得另寻新法以缓和矛盾及争取人心。逃至西安后,清政府希望通过维新改革达到继续取得帝国主义的扶持、安抚统治阶级内部各派别和资产阶级上层人物之目的,于1900年12月1日发布了上谕,令臣下条陈有关朝政、吏治、民生、科举、军政和财政诸项事宜的改革建议。1901年1月29日,清政府正式颁布新政上谕,公开打出了两年前还拼命反对的"变法维新"的旗号。

第一,这道变法上谕,申明要变"治法"而不变"常经"。所谓"常经"即三纲五常,是绝对不许更改的,而要变革的仅是"令甲令乙"之类的支流末节。第二,上谕说明这次变法维新与康有为的变法绝无相同之处,"康逆之讲新法也,乃乱法也,非变法也"。第三,批评洋务运动仅仅学习"西艺之皮毛而非西学之本源也"。第四,饬令内外臣工、出使各国大臣及各省督抚,"各就现在情弊,参酌中西政治,举凡朝章、国政、吏治、民生、学校、科举、军制、财政"等情况,"各举所知,各抒所见,通限两个月内悉条议以闻",如此,规定了新政改革的主要内容在于兴学育才、裕财政饷源、整军统武和破除弊政,这应是新政改革的纲领。就其总的内容来说,这道上谕虽然强调是在"不变常经"的前提下进行改革,但所要兴革的事项基本上都是戊戌变法的内容,并在一定程度上反映出清政府已认识到不变法改革就绝无出路的心态。特别是一旦改革开始,其发展情况及客观效果便不以统治集团的主观愿望为转移了。

1901年4月,清政府成立督办政务处,作为规划新政的专门机构,命奕劻、李鸿章(李鸿章逝后由袁世凯补任)、荣禄、昆冈、王文韶、鹿传霖为督办政务大臣,刘坤一、张之洞为参预。5月,增补瞿鸿禨为督办政务大臣。刘坤一、张之洞、袁世凯纷纷献计献策,其中以7月刘坤一、张之洞会衔连上《江楚会奏变法三折》影响最大,系统地提出了兴学校、练新军、奖励工商实业和裁减冗员等内容,成为清政府实施改革的蓝图。从1901年到1905年间,新政主要集中于改革官制、编练新军与举办警政,改革学制及振兴工商等方面。

一、改革官制、编练新军与兴办警政

改革官制,主要是增设新机构,裁撤冗官冗衙。1901年7月,将总理衙门改为外务部,班列六部之前。1903年9月,设商部(后来与工部合并,改为农工商部);12月,设练兵处(后来与兵部合并,改为陆军部)。1905年10月,设巡警部(后改为民政部);12月,设学部。先后裁设的冗官冗员计有河东河道总督,湖北、云南、广东三省巡抚;詹事府(并入翰林院)、通政司、太常寺、太仆寺、光禄寺、鸿胪寺等衙门,国子监,并裁汰胥吏差役。此外还整饬吏治,停止捐纳实官,废除勒索性的"陋规""供应"等。自隋唐延续下来的中央六部建置至此瓦解,但这种官制改革并未触动封建专制的政治体制,也未能革除清政府腐败无能的种种弊端。1906年清政府宣布"预备立宪"后,官制改革成为首要"预备"项目,引发了统治集团内部的权力纷争。

编练新军是新政的重要内容之一。1901年8月,清政府谕令停止武科科举考试。9月,通

令各省筹建武备学堂,培养将才,并决定裁汰 20%～30%的绿营(制兵)和防勇(练勇),编练新军。在原有各营中精选若干营,按照西方国家的营制,采用洋操训练,操习新式枪炮,分为常备、续备、巡警等军。为划一军制,于 1903 年 12 月在京师设立练兵处,以奕劻为总理,袁世凯为会办;各省练兵事务由各省督练公所主管,由督抚、将军、都统兼任督办。

新军,指清末仿照欧美军制编练的新式陆军。1894 年,广西按察使胡燏棻在天津小站奉诏筹练新式陆军,是为编练新军之始。温处道袁世凯旋即奉诏接统编练,称新建陆军。1898 年,袁部新建陆军改称武卫右军,次年调山东镇压义和团,扩编为 1.7 万余人。

1901 年 11 月,袁世凯继李鸿章任直隶总督兼北洋大臣,所练新军调防直隶。袁世凯又从直隶各地精选壮丁 6 000 人,在保定编为 10 营,称新练军。1902 年 6 月,袁世凯奏准《北洋创练常备军营制饷章》,先编练常备军两镇(每镇 1 万多人)。袁世凯所部新军统称北洋常备军,简称北洋军。

1904 年,北洋三镇新军(常备军)编成(其中一镇为京旗),并由练兵处和兵部会同奏定《新军营制饷章》(即陆军军制),确定以镇(师)为经常编制,镇设统制。每镇辖 2 协(旅),设协统;每协辖 2 标(团),设标统;每标辖 3 营,设管带;每营辖前后左右 4 队(连),设队官;每队辖 3 排,每排辖 3 棚(班),每棚兵目 14 人;另有马队、炮队各 1 标;工程、辎重各 1 营。合计每镇将弁兵役共 12 512 人。新军军制从此划一。

1906 年,改兵部为陆军部,统一指挥全国新军。1907 年,计划在全国编练常备军 36 镇,按省分配,限年编练。至武昌起义前夕,编成 14 镇、18 个混成协、4 个标及 1 支禁卫军。

除编练新军之外,清政府也对海军进行了整顿,但始终未能恢复原有的规模。

为争夺新军的指挥权,满汉统治集团之间的矛盾逐步激化。另外,由于新军军官多选用国内外军事学校毕业生,也要求士兵具有某些文化知识,从而为革命知识分子的活动提供了条件,最终使新军成为一支反清力量。

兴办警政是新政的另一项重要内容。中国本无警察,保甲为维护社会治安和统治秩序的工具。1902 年 8 月,袁世凯仿照西法创设保定警务局,招募巡警 3 000 名,由其亲信赵秉钧训练,并设警务学堂培养巡警骨干以推行警政。当联军撤销"都统衙门"交还天津后,袁世凯将直隶总督衙门从保定迁到天津,把军队变为警察进驻天津,设立天津巡警总局,任命赵秉钧为总办。1902 年冬,设立天津警务学堂;1903 年,将保定警务学堂并入,改名为北洋警务学堂。1905 年,袁世凯设立天津四乡巡警。北洋警察的建立与完备,成为中国警政的开端。1905 年 8 月,清政府设巡警部,以徐世昌为尚书,赵秉钧等为侍郎。并谕令各省设立巡警,以北洋为模式办理警政。1906 年,设京师巡警厅。各省相继举办警政,但大多徒有虚名,却以"巡警捐"的名义大肆勒索,成为扰民之举。

二、改革学制

废除科举制度,兴办新式学堂和派遣留学生是新政中改革学制的主要内容。

张之洞、袁世凯等人是洋务运动后期的代表人物,也是热衷于兴办新式教育的地方实权人物,并成为废科举、兴学堂的倡导者和决策人物。在他们的左右下,清政府于 1901 年到 1905 年颁布了一系列改革科举和兴办学堂的谕令和章程。1901 年 6 月,张之洞奏请降旨宣谕改革科举,讲求实学。1901 年 8 月,清政府谕令自 1902 年起,废除八股文章,各省科举要考试能够解说"四书""五经"和论述中国历史、政治及西学政治、艺学的策论,并停止武科举。1901 年 9

月,清政府谕令各省书院改为学堂,"省城均改设大学堂,各府及直隶州均改设中学堂,各州县均改设小学堂,并多设蒙养学堂"。1901年12月,清政府颁布《学堂选举鼓励章程》,规定凡为学堂毕业考试合格者,授以贡生、举人、进士功名。

1902年1月10日,清政府诏命张百熙为京师大学堂管学大臣,并将同文馆并入京师大学堂。1902年8月15日,清政府颁布由张百熙拟订、钦定颁行的《钦定学堂章程》。因当年为旧历壬寅年,故称《壬寅学制》。学制包括京师大学堂章程及考选入学章程,高等学堂、中等学堂、小学堂、蒙养学堂章程各一份;学校分为7级:蒙养学堂4年,寻常小学堂3年,高等小学堂3年,中学堂4年,高等学堂或大学预科3年,大学堂3年,大学院无定期;另有各级实业学堂、师范学堂并行。因该章程不够完备,故未实行。

1904年1月13日,清政府正式颁布由张之洞、荣庆、张百熙在《壬寅学制》基础上删繁就简和增补而成的《奏定学堂章程》,又称《重订学堂章程》、《癸卯学制》(当年为农历癸卯年),并饬令全国推行这套以日本教育为模式的新型学校教育制度。主要内容计有:《蒙养院章程》及《家庭教育》1册,高等小学堂、中等学堂、高等学堂、大学堂(附通儒院)章程各1册,初级师范学堂、优级师范学堂章程各1册,另有初、中、高等《农工商实业学堂章程》各1册。此学制共分3段7级,长达29~30年。第一段为初级教育,分为蒙养4年,初等小学5年,高等小学4年,共3级13年;第二段为中等教育,设中等学堂1级,共5年;第三段为高等教育,分为高等学堂或大学预科3年,分科大学3~4年,通儒院5年,共3级11~12年。师范教育分初级与优级两等。修业年限共8年。实业教育分初级、中级和高级3级,修业年限共15年。此外,译书馆和方言学堂属于高等教育阶段,修业年限5年。《癸卯学制》还详细规定了管理体制。新学制的颁行,标志着中国近代教育体制与教育宗旨的确立,使教育成为国家要政之一。

1904年1月,清政府依张之洞、袁世凯之奏请,决定自1906年开始递减科举名额,以减少兴办学堂的阻力,等学堂办齐,再停科举。1905年9月,清政府又依袁、张等人之奏请,颁旨宣布自1906年起停止一切科举考试。从此,延续千余年的科举制度终告废除,促进了近代教育的发展。1905年12月,清政府设立学部,作为全国专管学堂的机构,置学务大臣;各省设立学务处,置提学使;各州县设立劝学所。高等教育归学部管辖,中等以下学堂归各省学务处管理。1906年3月,学部奏准以"忠君、尊孔、尚公、尚武、尚实"为教育宗旨。学制和主管机构的建立与完备,以及相应的兴学措施的推行,使各地各类学堂迅速出现。据学部统计,1904年全国学堂总数为4 222所,学生92 169人;1910年学堂总数增至42 696所,学生达1 300 739人。

实业教育在兴学新政中也颇具成效。实业教育,指传授工商农牧等实业的科学知识和基本技能的教育和培训。新政提倡振兴工商,需要大批实业人才效力于工商农牧等实业。为适应社会的实际需要,在《癸卯学制》中设有专门的《农工商实业学堂章程》,以规范造就实业人才的教育与管理。据粗略统计,1907年全国实业学堂137所,学生8 693人;1909年分别增至254所,16 649人。

派遣学生留学,是兴学育才的另一条重要途径。洋务运动时期,曾派遣学生留学欧美。甲午战争后,重视赴日本留学,清政府加以鼓励,日本朝野也表示欢迎,各省官派或自费赴日本留学者迅速增多,在20世纪初年兴起了留学日本的热潮。据统计,1901年,留学日本人数为280名,1902年9月为614名,1903年11月为1 242人,1904年11月为2 557名,1905年11月为8 000名,1906年增至1.2万人。1905年,清政府举行首次留学归国学生考试,并分别授予合格者以进士、举人出身和相应的官职。留日学生多习政法、师范,以应举办新政之所需。

当时,留学欧美者不多。1907年以后,留学欧美的人数逐渐增加。1907年,美国正式决定减收"庚子赔款",以用于资助中国留学生赴美留学。清政府自1909年开始,确定了接受美国所退之部分庚子赔款作为留美学生经费的政策,平均每年选派60名学生赴美,形成了赴美留学高潮。留美学生大多学习工程技术及其他理工科专业,其中有些人如竺可桢等后来成为驰名中外的科学家。

新式教育体制的确立,新学堂的出现和派遣留学生,形成了重视西方科学技术与西方社会政治学说的风气,培养了一大批科技、政法、教育、军事等不同于旧式文人和封建士大夫的新知识分子群体,并在政治和社会生活中发挥着越来越大的作用。清政府改革学制的本意在于培养既忠于朝廷又通晓西学的候补官员,但新型知识分子群在接触西学之后,逐渐走向了清政府的对立面,成为清政府所无法控制的社会力量。

三、振兴商务、奖励实业

1902年2月23日,清政府颁布上谕,申明"工商业为富强之根本,自应及时振兴"。1903年商部成立之前,清政府已经先派载振、袁世凯、伍廷芳议定商律。1903年9月,清政府设立商部,掌管商务、工矿、铁路、邮电、银行、货币、农桑、畜牧等事务,并把以前的路矿总局主管路矿事务并入商部。饬令各省设立路矿、农务、工艺各项公司,力行保商之政。1904年,商部颁布《商律》卷首的《商人通例》《商会简明章程》《公司律》。1905年1月,设立商标局、劝工陈列所、矿政抽查局,颁布《奖励公司章程》《商标注册章程》《重订开矿暂行章程》等。1903年,直隶设北洋工艺总局,袁世凯委任周学熙为总办,下设工艺学堂、实习工厂和考工厂。1905年,商部在北京设立劝工陈列所、高等实业学堂,开办户部银行。《奖励公司章程》后经修订,并公布了《奖给商勋章程》《华商办理农工商实业爵赏章程及奖牌章程》等。1906年,商部改组为农工商部和邮传部。新机构的建立与律例章程的健全,促进了资本主义工商业的发展,并在一定程度上保障了工商业者权益和提高了工商业者的地位,新的"商绅"阶层开始崛起,不仅跻身于传统"士绅"的行列,并有取代"士绅"传统地位之势。

如上所述,清政府所开展的新政内容还是比较广泛的,并且在学制改革等方面取得了一定的成效。但从总体而言,表现出缺乏总体目标和实施规划的问题。根本问题在于政治制度改革的滞后,政治制度从中央到地方都没有发生实质上的变革,由这套政治体制所派生出来的种种弊端也就无法消除。此外,新政的许多方面流于形式,清政府财政上的困难也限制了新政的顺利推行。

清政府在推行新政的过程中所暴露出来的问题,使人们对其推行新政的诚意产生了怀疑,政治制度改革的呼声日益强烈。

四、预备仿行宪政

清政府所推行的新政,属于枝枝节节的改革,不能笼络各派势力,也无法挽救其统治危机。一方面,资产阶级上层要求加快改革步伐,扩大改革范围,特别希望能够模仿欧洲和日本实行立宪政治,以利于他们参政与发展资本主义工商业。为数众多的改良派(维新派)更是立宪政治的倡导者和鼓吹者,以康有为、梁启超为代表的海外改良派也鼓吹"保皇"和"立宪"。日俄战争的结局被认为是立宪战胜了专制,于是实行立宪政治的主张和要求汇合成一股势力——立宪派。另一方面,有实力的洋务派地方督抚,如湖广总督张之洞、两广总督岑春煊、直隶总督袁世凯等为扩大权势也要求实行宪政,他们和驻外使节频频上书清政府,要求仿行立宪以顺应潮流。立宪派和洋务派的彼此呼应与合作,推动了立宪运动的发展。因此,推动立宪运动的基本力量是由改良派演化而成的立宪派,支持者是作为地方督抚的洋务派。

清政府迫于舆论压力,于 1905 年 7 月 16 日颁布拟派五大臣出洋考察政治的上谕,命镇国公载泽、户部侍郎戴鸿慈、兵部左侍郎徐世昌、湖南巡抚端方和商部右侍郎绍英五大臣分赴东西洋各国考求政治。9 月 24 日,五大臣在北京正阳门车站遭革命党人吴樾炸弹袭击,出访推迟。11 月,清政府命政务处五大臣筹定立宪大纲,设立考察政治馆。12 月,派山东布政使尚其亨、顺天府丞李盛铎会同载泽、戴鸿慈、端方正式出洋考察政治。五大臣先至日本东京,请梁启超、杨度代为草拟考察报告及奏折,陈述立宪政体既利于君,又利于民,并建议以 5 年为期改为立宪政体。五大臣随即转赴欧美考察宪政。1906 年 8 月,五大臣归国后,载泽上奏密陈,认为实行君主立宪有"皇位永固""外患渐轻"和"内乱可弭"三大好处,并解释说,"今日宣布立宪,不过是明示宗旨为立宪之预备。至于实行之期,原可宽立年限"。

1906 年 9 月 1 日,清政府正式颁布"预备仿行宪政"的谕旨。内容如下:①申明立宪的原则是"大权统于朝廷,庶政公诸舆论,以立国家万年有道之基"。即以加强皇权、巩固清朝统治为根本。②声称"目前规制未备,民智未开",不能立即实行宪政,而当务之急是改革官制、厘定各项法律、广兴教育、清厘财政、整饬武备、普及巡警,然后视进步之迟速,再酌预备期限之长短。

1907 年 8 月,清政府将考察政治馆改为宪政编查馆,作为筹备宪政的中枢机关。并宣布在中央筹设资政院,各省筹设谘议局,准备将来改为国会和地方议会。

1907 年 11 月,清政府二次派员出洋考察宪政,学部侍郎达寿考察日本,外务部侍郎汪大燮考察英国,邮传部侍郎于式枚考察德国。1908 年 8 月 7 日,他们依照宪政编查馆所开的考察要目,重点考察宪法史,比较各国宪法、议院法、司法和财政等六项内容。达寿回国后奏陈政体宜实行立宪,宪法宜钦定,建议"预备立宪"的期限宜短不宜长。达寿还以日本宪法为依据,从君主、臣民、政府、议会、军队五大方面阐明仿照日本立宪的好处及其方法与程序,使清政府坚定了选择日本模式实行宪政的决心。

1908 年 8 月 27 日,清政府批准并公布《宪法大纲暨议院法选举法要领及逐年筹备事宜折》,颁布《九年预备立宪逐年推行筹备事宜谕》,明确宣布筹备时间为 9 年,所开 9 年之内"逐年应行筹备事宜,均属立宪国应有之要政,必须秉公次第认真推行"。从《逐年筹备事宜清单》的内容可知,9 年内要筹设资政院、谘议局等新机构,编纂法典,厘定各项法律,办理警政,办理地方自治,编制官制,清理财政,颁布宪法等。在这些筹备的事项中,多数已在新政时期开始兴办,而在预备宪政时期继续完善,如改革官制、厘定法律、办理警政等;有的则是预备时期开始的重点项目,如筹设资政院、谘议局和举办地方自治、颁布宪法,等等。因此,预备立宪是清末新政的继续和深化。

五、进一步改革官制

官制改革在新政时期已经开始,预备立宪时期之重点在于编制中央和地方官制,以及在中央设立资政院和责任内阁,各省设立谘议局。清政府设立编制官制的专门机构——编制馆,负责编纂官制。1906 年 11 月 6 日,宣谕中央官制改革方案,将各部院做了调整。

第一,军机处不变,"一切规制,著照旧行"。

第二，外务部、吏部、学部依旧，改巡警部为民政部，改户部为度支部，改刑部为法部，改商部为农工商部，改兵部为陆军部（并入太仆寺和练兵处），礼部以太常、光禄、鸿胪3寺并入，改理藩院为理藩部，增设邮传部，共计11部，"各部堂官，均设尚书一员、侍郎二员，不分满汉"。都察院改为督御史一员、副督御史二员，六科给事中改为给事中。

第三，1907年，改大理寺为大理院，作为全国最高审判机构，负责终审全国各地方审判厅初审、高等审判厅二审不服的上诉案，以及办理宗室、官犯、国事重大案件和皇帝特旨交审的案件。

第四，设立税务处，掌管全国各关关税行政事务及邮政事务等。1907年底，设立电政总局，隶属于邮传部，掌管经营电报、电话业务，在各地设有电报分局、子局、支店等。1908年，设立清理财政处，主管核办全国预算、决算案，查核度支部各司工作，并核定有关清理财政的章程。1909年12月，设立督办盐政处，统一管理全国盐务，以增加盐税收入。1911年，改为盐政院。

第五，1908年9月，清政府下令设立带有议会性质的资政院，以溥伦、孙家鼐为总裁，但直到1910年10月才正式开院。

第六，宣布"宗人府、内阁、翰林院、钦天监、銮仪卫、内务府、太医院、各旗营侍卫处、步军统领衙门、顺天府、仓场衙门，均毋庸更改"。

1911年5月8日，清政府颁布新订内阁官制，裁撤军机处，成立责任内阁，任命奕劻为内阁总理大臣，以那桐、徐世昌为协理大臣，下设外务部、民政部、度支部、学部、陆军部、海军部、法部、农工商部、邮传部、理藩部等。由内阁总理大臣和各部大臣充任国务大臣，组成"责任内阁"。国务大臣共13人，汉族仅有协理大臣徐世昌、外务大臣梁敦彦等4人，而满族9人中，皇族如总理大臣奕劻、民政大臣善耆、度支大臣载泽、海军大臣载洵、农工商大臣溥伦等占了5人，因此有"皇族内阁"之称。此外还规定，责任内阁仅对君主负责，内阁总理大臣及各部大臣由君主任命，君主发布法律赦令及其他关于国务之谕旨，须由总理大臣或主管大臣"署名"，有关军机军令事件由海、陆军大臣自行上奏，事后报告总理大臣。以上规定说明，内阁是一个对君主负有责任而又不能牵制君主行使军政大权的中央行政机关，虽然具有一定的独立性，但非常微弱。皇族组阁是违反立宪精神的，说明清政府的"预备立宪"缺乏诚意。

在颁布新订内阁官制的同时，清政府还设立了弼德院和军谘府，弼德院"为皇帝亲临顾问国务之所"，其权限"与内阁相维系，所关重要，必须同时并设，用备顾问"。军谘府之前身为军谘处，性质相当于各国的参谋部，隶属于陆军部，设正使、副使等官。1909年，军谘处与陆军部分开。1911年改为军谘府。

与此同时，地方官制改革也几乎同步展开。1906年，清政府改各省学政为提学使司，掌管一省的教育行政，稽核学校规程等。1907年，清政府改各省按察使司为提法使司，专管地方之司法行政；并增设各级审判厅，专司审判。1908年，清政府增设巡警、劝业二道，以分管警政及农工商业之事务。原设的分守分巡各道，一律裁撤。以上地方官制改革，由东三省先行开办，直隶、江苏择地试办，其余各省分年请旨办理，统限15年一律通行。

1907年5月，清政府更定东三省官制，奉天、吉林、黑龙江分别改设行省，各设行省公署，以总督为长官，巡抚为次官，设置左右参赞，分领承宣、谘议二厅；分设交涉、旗务、民政、提学、度支、劝业、蒙务七司，以及提法使、督练处等官。

1907年，奉天、吉林率先设立交涉使司，办理全省交涉事务兼管洋务事宜。1910年，直隶等沿海、沿江各省相继设立交涉使司。清政府在东三省又设立新式审判厅,并在直隶、江苏、湖北试行,使司法与行政逐步分离。

清政府又借地方官制改革之机,于1907年9月将湖广总督张之洞、直隶总督袁世凯同时内调军机大臣,以袁世凯为外务部尚书兼会办大臣,张之洞管学部。袁、张明升暗降,是清政府借官制改革之机削弱地方督抚的权势,排斥和限制汉族官僚的措施,使满汉官僚之间的矛盾开始激化。

1909年10月,作为地方官制改革的重要项目之一,除新疆奏明缓办外,各省谘议局相继成立。

预备立宪逐渐显露出满洲贵族借立宪以集权的种种迹象,引起各省官绅的不满而发动了召开国会的请愿运动。在这种压力下,清政府于1908年9月间宣布,预备立宪以9年为限,9年后正式召开国会,同时颁布《钦定宪法大纲》和《议院法选举法要领》。

《钦定宪法大纲》共23条,以保障"君上大权"为核心,关于"君上大权"规定的有14条,主要包括以下内容:大清皇帝统治大清帝国万世一系,永远尊戴,君上神圣尊严,不可侵犯;皇帝有颁行法律及发交议案、召集及解散议院、设官制禄及黜陟百司、统帅陆海军及编定军制、宣战议和及订立条约、宣布戒严及发布命令等权力,并总揽司法权。关于臣民权利与义务的规定有9条,主要包括以下内容:臣民在法律范围之内有言论、著作、出版及集会、结社的自由,臣民非按照法律之规定,不得加以逮捕、监禁、处罚,保护臣民的财产及居住权;臣民有纳税、服兵役之义务,有遵守国家法律之义务。

可见,《钦定宪法大纲》所赋予皇帝的权力,实际上和专制帝王没有多少区别,体现出浓厚的封建专制性;同时,对臣民而言,义务过多而权利过少,但也规定给予臣民以一定的权利和自由,多少带有民主的气息。当然,清政府对于臣民的权利和自由方面的规定,缺乏兑现的诚意,它所关心的是维护皇权。

《议院法选举法要领》对议院职权、议员言论有诸多限制,使本来应作为民意机关的议院实际上成为皇帝的咨询机关。

在宣布预备立宪期限之后,清廷发生重大变故。光绪三十四年十月二十一日和二十二日(1908年11月14日和15日),光绪皇帝和慈禧太后在20小时之内先后而崩。醇亲王载沣三岁之子溥仪继承皇位,改元宣统,以次年(1909年)为宣统元年,载沣以摄政王之身份监国。

摄政王载沣监国的首件大事,是于1909年初以军机大臣兼外务部尚书袁世凯患有"足疾"为名,打发他回河南彰德"养病"。袁世凯被罢斥,是清朝统治集团的重大分裂,满洲亲贵乘势控制了军政大权,使满汉官僚严重对立。袁世凯虽被罢斥,但其影响犹存。

在罢斥袁世凯的同时,载沣宣布"预备立宪,维新图治"的宗旨,并采取一些措施,力图显示"除旧布新"的气概。

1909年10月,除新疆奏明缓办外,各省谘议局相继成立。设立谘议局是地方官制改革的重要项目,是省议会的"预备",但还不是省议会。它仅有咨询、建议之职能,而没有立法和监督地方行政长官的权力。谘议局议员的名额是比照原来各省科举考试录取名额和负担漕粮数目来确定的,少则数十名,多则百数十名。议员的产生采用复选举法。在绝大多数的谘议局中,资产阶级上层的政治代表立宪派占据明显的优势,其头面人物如江苏的张謇、湖北的汤化龙、湖南的谭延闿、四川的蒲殿俊、奉天的吴景濂等,都当选为所在省谘议局议长。通过谘议局,立宪派由此取得了"国民代表"的合法资格,成为清末一支极为活跃的政治力量。

1910年10月3日,作为"立议院基础"的资政院开院,在北京召开第一次常年会。议员分"民选"和"钦选"两种。"民选议员"和"钦选议员"各有98人。但正、副总裁(即正、副议长)是"特旨简充"的,秘书长也是"请旨简放"的,因此"钦定"的议员占有多数。但在资政院中起关键作用的,是属于改良派的民选议员,如刘春霖、雷奋、罗杰等人。

在第一次常年会中,资政院接受国会请愿团的上书,讨论通过了《请开国会案》。10月26日,资政院又通过了《陈请速开国会具奏案》,请求清政府于1911年召开国会。载沣迫于压力,答应将预备立宪年限缩短3年,于1913年召开国会,1911年先成立新内阁。资政院第一次常年会开了百天,几乎未办成大事。但资政院毕竟是中国历史上第一个代表民意的法定机构,具有一定的历史意义,多少有些民主的气息,对于长期生活在封建专制制度下的中国人来说,也有一定的启蒙作用。另外,作为议院基础的资政院,在议决国家预算、决算、税法、法典等方面,具有一定的立法权和监督权,对君权有一定的制约作用。

六、改革法制,实行地方自治

1902年,清政府设立修订法律馆,以沈家本、伍廷芳为修订法律大臣,主持修订法律。从1904年到辛亥革命前夕,先后修订、制定和颁行了商法、刑法、法院组织法等几种重要的法典、法规和律例,为中国近代法制的建设与进步奠定了一定的基础。

1904年12月5日,清政府公布由伍廷芳等人拟订的《公司律》,是一部临时性的商务法规,计131条,卷首冠以《商人通例》9条,以适应贸易和商务的需要。

1906年5月,清政府又公布了由伍廷芳等人拟订的《破产律》,是一部商法方面的法规,计9节,69条。

1908年8月,清政府颁布《钦定宪法大纲》,规定了钦定宪法的准则,即"大权统于朝廷",以维护君主的最高权力。

1910年,清政府颁布《大清现行刑律》,是一部刑法法典,由沈家本根据《大清律例》删改而成。共30门,389条,附例文1327条。其主要内容沿袭《大清律例》,但有重要变更:一是区分民法和刑法,把旧律中的继承、分产、婚姻、田宅、钱债等有关民事内容的条款分离出来,不再科刑,从而改变了旧律中民、刑不分的缺陷。二是确定刑罚为死刑(绞、斩)、遣刑、流刑、徒刑、罚金5种,废除了凌迟、枭首及死后戮尸等酷刑。三是删去一些过时的条款,增加了一些新的罪名,如规定了毁坏铁路、电讯和私铸银元罪等。

1911年1月,清政府颁行《大清新刑律》,也是一部刑法法典,由沈家本和日本法学家冈田朝太郎等拟订,有总则17章,分则36章,共411条,附《暂行章程》5条。它仿照西方资本主义国家刑法的体例,分为"总则""分则"两篇。刑名分为主刑和从刑两种。主刑包括死刑、无期徒刑、有期徒刑、拘留、罚金。从刑包括褫夺、没收。但是,尽管在形式上采用了西方资产阶级的法典,内容却带有浓厚的封建性,例如保护皇室利益、维护封建礼教,等等。

地方自治是实施政体改革的另一项重要内容,也是预备立宪的重要组成部分。立宪派认为地方自治是资产阶级参政和发展资本主义的重要步骤;洋务派官僚和地方督抚也出于维护其权势和地位的考虑而主张实行地方自治,并在其辖区内率先倡导和实行地方自治。

1905年8月,刑部侍郎沈家本奏请"聘用公举之乡绅,参预谋议,不必拘定乡官之名,但求能办地方之事",出洋考察政治的五大臣也要求仿照日本实行地方自治。清政府接受了这些建议,并谕令由奉天、直隶两省先行试办。从此,地方自治由舆论变为试行。直隶总督袁世凯大力推行,并为各省所仿效。

1906年,袁世凯在天津试行地方自治,成立天津自治局。经过1年的试办,到1907年,天津县议事会成立,天津地方自治略具规模,并总结出一套试行地方自治的方法和步骤:第一,进行社会动员,宣传自治的好处,以便民众了解;第二,设立自治研究所和自治学社,举办培训班,以培养熟知自治理法和尽力推行自治的骨干;第三,仿照日本设立期成会,与谘议员会订自治章程;第四,设立选举总课、分课,作为调查选举权与被选举权的调查机关;第五,按照章程投票选举议事会之议员,并由议员选出议长、副议长,由议事会自行筹设董事会。天津自治的方法首先在直隶推行,并为全国性的地方自治提供了经验。奉天、浙江、安徽、江苏、广东、吉林、黑龙江、湖南、湖北、山西、江西、广西、福建等省纷纷仿照试办。1908年,宪政编查馆和资政院会奏《宪法大纲暨议院法选举法要领及逐年筹备事宜折》,拟在1~7年内,逐步实现城镇乡和府厅州县两级地方自治,各省一律开办谘议局,将地方自治作为筹备立宪的重要内容之一。

1908年1月—1910年2月,城镇乡和府厅州县上下两级自治章程相继颁布,各省依照章程开始筹办地方自治。其方法和步骤大体依据袁世凯筹办天津自治方法实行:设立筹办处,开办自治研究所,培训自治骨干,选举各级议事会、董事会等自治团体和自治职员,建立地方自治公所。1909年,各省相继完成调查选举,成立了城镇乡自治公所。到辛亥革命前夕,各省大都建立了府厅州县自治公所。

地方自治的广泛开展,主要依靠向资产阶级转化的地方士绅和商人。他们通过参与地方自治,促进工商实业、新式教育文化事业的发展,也促进了自身的参政意识,最终成为中国民族资产阶级的重要成员。地方自治的推行,使许多拥有经济势力的工商业界代表人物参与各级自治机构,掌握一定的领导权,并为资产阶级扩大了参政、议政的渠道。由他们参与组成的自治机关——议事会、董事会或自治局和自治公所之类的行政机关,处于相对独立的地位,具有一定的地方立法和行政监督等权利。因此,地方自治在一定程度上是以资产阶级参政、议政为中心的近代化运动。但是,地方自治章程规定各级地方自治机关均受政府监督,体现了以自治辅佐官治的宗旨。而且,不少自治机关被官绅把持,失去了民主政治的意义。以上说明地方自治仍然受到官府的控制,带有浓厚的封建色彩。

七、国会请愿运动

清政府宣布预备立宪,资产阶级上层的政治代表(一般称为立宪派)受到极大的鼓舞,立即活跃起来。

在海外,康有为宣布从1907年元旦起,保皇会改组为中华国民宪政会。1907年7月,梁启超、蒋智由等人在东京成立了具有资产阶级政党规模的政闻社,出版机关刊物《政论》,要求实行国会制度,建设责任政府,确立地方自治。1908年2月,政闻社本部迁往上海,在总务长马相伯主持下,创办法政学堂,联络各立宪团体,结交王公大臣,逐步建立沿江沿海及南北各省的分支机构,鼓吹立宪。

除了流亡海外的康、梁等人积极活动之外,国内立宪派更为活跃,各种名目的立宪团体在上海、江苏、浙江、北京、两湖、两广等地相继建立。

1906年12月,江苏、浙江、福建等省绅商和学界200多人在上海成立预备立宪公会,以福建郑孝胥为会长,江苏张謇、浙江汤寿潜为副会长;随后,汤化龙在湖北成立宪政筹备会;谭延闿在湖南成立宪政公会;丘逢甲等在广东成立自治会。立宪团体的出现及其相互联络,标志着立宪运动开始走向高潮,其突出表现是开展国会请愿运动。

1907年10月,宪政公会成员熊范舆、沈钧儒等联名上书,请在一二年内开设国会;御史江春霖、给事中忠廉等奏请召开国会。1908年6月,张謇提出速开国会的要求,预备立宪公会致函湖南宪政公会、湖北宪政筹备会、广东自治会以及河南、安徽、直隶、山东、山西、四川、贵州等省立宪派领袖,相约各派代表会集于北京,于8月向都察院呈递国会请愿书,约有4万人在请愿书上签名,使运动具有了一定程度上的群众性。在国内立宪派组织国会请愿运动时,1908年6月,康有为也在海外联络华侨中的立宪人士,以海外200余埠华侨的名义上书请开国会,以为声援。7月,政闻社吁请在3年内召开国会。

面对这次声势浩大的国会请愿运动,清政府异常震惊和恼怒,以政闻社"内多悖逆要犯,广敛资财,纠结党类,托名研究时务,阴谋煽惑,扰害治安"之罪名,将其查封。同时,颁布《钦定宪法大纲》和许诺9年之后召开国会以推行宪政,借此缓和同立宪派的矛盾。

1909年10月,各省谘议局正式成立,立宪派取得了代表民意的合法资格,立宪派的领袖人物以谘议局为基地,要求缩短预备立宪期限,再次掀起国会请愿运动。

1909年10月江苏谘议局成立以后,议长张謇发表《请速开国会建设责任内阁以图补救书》,呼吁为挽救时艰,必须缩短预备立宪的年限,应定于宣统三年(1911年)召集国会,并立即成立责任内阁。11月中旬,张謇同江苏巡抚瑞澂商议,分别出面联络各省谘议局和各地督抚,呼吁朝廷速开国会和速设责任内阁。12月,江苏、浙江、安徽、江西、湖南、湖北、河南、广东、广西、福建、山东、直隶、山西、奉天、吉林、黑龙江16省谘议局代表50余人陆续抵达上海,经过讨论,决定组成30多人的赴京请愿代表团,公推直隶顺直谘议局议员孙洪伊为领衔代表。孙洪伊积极从事立宪运动,具有爱国思想。1910年1月,请愿代表团到达北京,向都察院呈递联名请愿书,要求清廷在1年之内召开国会,组成责任内阁,以达"巩固皇祚"之目的。清廷借口筹备工作来不及,"国民知识不齐",坚持国会的召开必须等9年预备期满、国民教育普及之后。请愿失败。

请愿失败后,请愿代表并不气馁,孙洪伊等人在北京组织国会请愿同志会,创办机关刊物《国民公报》,通告各省设立分会,推选代表入京,准备再次请愿。北京还成立了"国会期成会",声援请愿运动。同时,梁启超又主编《国风报》,与国会请愿活动遥相呼应。1910年5月间,各省代表150多人先后到京,于6月16日向都察院同时呈递了10份请愿书,另外还向摄政王载沣上了一道请愿书。清廷以"财政艰难""地方偏灾""匪徒滋扰"为理由,坚持预备立宪9年期限,再次拒绝了请愿活动,并训令立宪派以后不得再行请愿。

请愿再次失败,张謇以江苏谘议局议长之名义发表公启,号召组成"议长之请愿团","别开第三次请愿之新面目"。1910年8月,各省谘议局联合会在北京召开第一次会议,推汤化龙为主席、蒲殿俊为副主席,通过了向资政院提出的请开国会等议案,准备在资政院开会时举行规模空前的第三次请愿。

1910年10月3日,资政院正式开会。10月7日,孙洪伊等人前往摄政王府上书请愿,但未遇载沣。10月9日,请愿代表团前往资政院递交请愿书。10月26日,资政院通过了奏请速开国会的折稿——《陈请速开国会具奏案》,请求清廷务必于1911年召开国会。第三次请愿不但得到群众性的广泛支持,而且还得到许多督抚的赞助。督抚们希望通过召开国会设立责任内阁,使中央集权受到限制。10月25日,17省督抚将军联衔上奏,要求立即设立责任内阁,第二年召开国会,对清廷造成很大压力。清廷迫于压力,不得不宣布于1911年先成立新内阁,然后于1913年召开国会,以期缓和形势。于是,立宪派内部产生了分歧。

张謇、汤寿潜等认为请愿已经达成一定效果,决定停止请愿活动。汤化龙、谭延闿、蒲殿俊等坚持于1911年召开国会的原议,谋求组织第四次请愿。东三省士绅仍派代表赴京,请求速开国会。清廷开始采取强硬手段,将东三省立宪派代表押送回籍,同情请愿活动的东三省总督锡良不久也被解职。第四次请愿流产。各地立宪派从此停止了请愿活动。

国会请愿运动由立宪派发起并带有群众性,具有民主运动的性质。立宪派希望通过立宪以挽救国家危局和民族危机,爱国主义精神十分明显。立宪派企图通过和平请愿的方式,迫使清政府让权,迅速转入民主政治的轨道,其愿望也符合近代中国的发展方向。但因为满洲贵族根本没有实行宪政的诚意,国会请愿运动只能归于失败。

1911年5月8日,"皇族内阁"出笼,立宪派又遭受沉重打击。各省谘议局议长、副议长齐赴北京,召开第二次联合会,推谭延闿为主席,上书请求清廷另组责任内阁,但被断然拒绝。立宪派从此彻底绝望,开始改变拥护清廷的态度。有人揭露清廷"名为内阁,实为军机,名为立宪,实为专制"。在资产阶级民主革命即将来临之际,立宪派内部开始分化,资政院的议员们分别组织了"宪友会""辛亥俱乐部""宪政实进会"等政团,准备应变;地方上的立宪派有一部分逐渐倾向革命,张謇等人转而依靠袁世凯,极力支持袁世凯东山再起。清廷处于空前孤立的境地。"预备立宪"的有名无实和"皇族内阁"的政治骗局,暴露了清政府假宪政真集权的真面目,从而使它大失民心,不可避免走向穷途末路。很快,清政府在辛亥革命的炮声中走向了灭亡。

参考资料

[1] 李书源. 弃旧图新:清末共和潮. 沈阳:辽宁人民出版社,1997.
[2] 张海鹏,龚云. 中国近代史研究. 福州:福建人民出版社,2005.
[3] 萧功秦. 危机中的变革:清末政治中的激进与保守. 广州:广东人民出版社,2011.
[4] 唐文立. 风雨晚清:一个民族的百年涅槃. 北京:中国社会出版社,2012.
[5] 郭廷以. 近代中国的变局. 北京:九州出版社,2012.

思考讨论题

1. 慈禧太后亲手镇压了资产阶级维新派的戊戌维新,但三年后为何她自己却又宣布并推行一系列新政?
2. 从清末新政的举措与过程,剖析其实质与必然结果。
3. 比较清政府先后推行洋务运动和清末新政的背景与目的。
4. 预备立宪最终为何没有赢得立宪派的支持,反而使其转向支持资产阶级革命?
5. 思考晚清改革失败的经验教训,思考应该如何正确处理好改革、发展和稳定的关系。

分析思路和要点

通过认真分析清政府的一系列改革措施,可以得出结论,以清末新政和预备立宪为主的晚清改革,是清政府在义和团运动后为维护其封建统治,迫于国内外形势而采取的措施。因此,它不可能是一次有成效的改革。不过在当时民主革命高涨的条件下,其中一些措施在客观上对传播文化和民主革命思想,对发展工商业起了一定作用。而有些措施则激起人民反抗,扩大了清政府与汉族官僚之间的矛盾,客观上促进了辛亥革命的到来。清政府这次回光返照的改革,既有进步意义,也有欺骗性和反动性。

首先分析其进步意义。

在政治方面,清末新政及预备立宪确定了君主立宪制的政治改革方向,颁布了中国历史上第一个宪法大纲,尽管规定封建君主仍拥有至高无上的权力,但也提出了立法、行政、司法分立的问题。设立了资政院和谘议局,作为成立正式国会的准备,在封建专制制度中加进了某些民主的因素,在客观上也为资产阶级上层参与政治活动提供了便利的平台。此外,在改革中确定了司法独立的原则,筹建各级审判厅,并实行州县、城镇乡地方自治。尽管以上改革很不彻底,但都可以视为是对封建专制制度的改造,许多政治现象首次在中国出现,是中国政治近代化的一个重要步骤。

在经济方面,改革中一系列振兴商务、奖励实业的措施,直接促进了20世纪初年中国民族资本主义的发展,而民族资本主义的发展使民族资产阶级力量壮大,又推动了资本主义立宪运动和民主革命一步步向前发展。

在文化教育方面,废除科举制度、广设新式学堂和奖励留学的措施,是中国历史上学制的重大改革,为中国新式教育体制的确立奠定了基础。

虽然晚清改革有以上进步意义,但是由于改革在某种程度上是对权力和利益的重新分配,统治阶级内部各个集团为了保持其既得利益,都在企图利用改革千方百计地巩固和扩大各自的权利与地位。统治阶级内部的矛盾,成为新政和预备立宪的阻碍。

满洲贵族集团为了巩固自己至高无上的统治地位,企图通过改革采取种种措施集权于中央、集权于满洲贵族,进而发展到不顾一切后果而露骨地集权于皇族。汉族地方督抚是统治阶级内部另一个集团,从太平天国起义被扑灭之后一直在中国政局中占有举足轻重的地位。他们希望和拥护清廷实行改革,以维持清朝的统治地位,但其意图在很大程度上已不再是出于对满清王朝的忠诚,而是因为如果清王朝垮台,他们的地位和权利也会随之而化为乌有。因此,当清廷力图削弱汉族督抚的权力而集权于满洲贵族时,他们必然要大加反对,导致矛盾激化,改革也无法继续进行下去。

从严格意义而言,资产阶级上层不属于统治阶级,但与统治阶级的关系密切。他们支持清廷改革也是出于维护自身利益的考虑,尤其当清廷宣布预备立宪后,资产阶级上层更是希望借助自上而下的政体改革而直接参与政权,进一步扩大其权利,并以此避免自下而上的暴力革命可能产生的对他们已有权利的冲击和毁灭。但当事实证明清廷并没有实施宪政的诚意后,资产阶级上层的政治态度发生变化,放弃了对清廷的支持,这实际上等于失去了由政府实行宪政的阶级基础。

另外,清末新政和预备立宪需要财政上的大力支撑,但清政府财政方面的巨大困难限制着改革的推行。在进行改革时,清政府早已是债台高筑,罗掘俱穷,根本没有足够的经费用于改革。中央没有充分经费,必然要从地方各省榨取必要的资金。各地官吏除自开饷源、任意抽税以外,也无良方。而这些负担用种种名目强加于普通百姓的头上,百姓不堪重负,对所谓新政没有任何好感。没有可靠的经费来源,改革自然难以推行。

总之,清末新政和预备立宪是满洲贵族、汉族地方督抚和资产阶级上层(立宪派)在维持清王朝的前提下,企图保持甚至扩大其地位和权利的尝试。但随着清末改革的进程,各派政治集团钩心斗角,社会矛盾激化,导致改革失败,清廷也最终无法避免被推翻的下场。晚清的改革,不但没有维持清王朝的统治地位,反而促成其灭亡。

晚清改革虽然失败了,却有着重要的借鉴意义。首先,改革必须适应生产力的发展要求,顺应历史潮流。其次,人民才是改革的主体,只有为大多数普通民众而改革,改革发展的成果由全体人民共享,才能调动人民参与的积极性。第三,必须看准时机,加快改革步伐,不要一再拖延改革进程,让人民失去信心。第四,必须有一个掌握实权又顾全大局、精明强干的改革领导层;必须善于寻求、创造、利用各种改革动力,顺势而为,排除改革的阻力。只有这样,改革才会得到人民的拥护,并最终走向成功。

教学建议

1. 教学准备。提前将案例正文、相关参考和思考讨论题发给学生,要求学生做好充分准备。着重于熟悉和分析相关材料,将自己的分析认识进行整理,形成思路。必要时,可督促学员进行小组讨论。要求学生自主查阅更多相关资料,特别注意收集学术界对晚清改革不同的评价,然后进行对比分析和思考,从而得出自己的结论。

若作为专题研究问题和作业进行,在教学准备阶段需要学生课下进行有相当广度和深度的自主学习。最好能够形成学生要求下的教师帮助、引导和开发、启发模式。

2. 教学环节。为便于研究分析,首先要做好教学布置,指导学生自主或划分小组并进行小组讨论(5~8人为一组),课堂集中讨论交流。

3. 教学时间。共6课时:教学布置1课时,个人学习研究、挖掘资料等2课时,小组讨论1课时,集中交流2课时,含教师点评小结。这6课时主要在课下进行,可酌情占用课内课时,最多2课时,主要用于精彩观点展示与交流和教学点评。

4. 教学成绩。建议将分析提纲和讨论发言各按50%的比例计入本案例教学考核,此成绩再按20%或30%的比例计入相关课程的平时成绩。

本教学案例具综合性,可安排在"中国近现代史纲要"课第二章之前或之后进行,或专门进行专题研究教学。

第二部分
只有马克思主义才是中国革命胜利的指导理论

"问题与主义"的论战

教学目的

本案例客观叙述了1919年发生的关于"问题"与"主义"之争的背景、经过、性质及影响,目的是使学生了解这次论争的实质是关于中国需不需要马克思主义,需不需要革命的论争,理解马克思主义为什么能在五四运动之后的众多新思潮中脱颖而出,加深对马克思主义基本理论的认识,提高将马克思主义与中国实际紧密结合的自觉性和坚定性。

教学用途

本案例主要适用本专科学生的"中国近现代史纲要"和提干班的"人民军队历史与优良传统"等课程的教学,同时也适用于"4+1"学员及个别短训班《党史军史国史》等专题教学。

内容提要

以高度集中的计划经济体制、高度集权的政治体制、高度划一的思想文化体制和外交上奉行大国强权干涉体制为主要特征的苏联模式,是在20世纪二三十年代苏联特定的社会历史条件和特殊国际背景下诞生并不断发展的。苏联模式在战争年代对于苏联增强综合国力和巩固社会主义制度产生了重要的积极影响,但在和平时期,其固有的独断、僵化弊端却暴露得越来越充分。苏联模式的弊端不仅直接在国内产生了负面效果,而且对其他社会主义国家,尤其是对东欧诸国及中国带来了重大的消极影响。

案例正文

五四运动前后是新文化、新思想和各种外来"主义"异常丰富而活跃的时期。以胡适为代表的自由主义者和以李大钊为代表的马克思主义者围绕"问题与主义"进行的论争,不仅是自由主义与马克思主义知识分子之间的一次对于中国未来之路的碰撞式争论,而且是对当时的中国历史脉络和后来的中国社会发展产生过重大影响的事件。时至今日,"问题与主义"依然是需要国人深深思考的难题。

一、"问题与主义"之争的背景及经过

（一）论争的社会背景

20世纪初,随着辛亥革命推翻了腐朽的清王朝,中华大地迎来了新的篇章。但辛亥革命后,尤其是两次帝制的复辟,使思想界出现极大的混乱和倒退,社会动荡,问题很多,文化待兴。资产阶级民主共和国的方案在中国行不通,这就迫使先进的中国知识分子面对国家越来越乱的现实,为探索救国出路去寻求新的思想武器,因此就有了新文化运动的兴起。

新文化以启传统封建思想之蒙为己任,因此,大量的介绍和宣传国外的理论、学说就成为必然甚至是当务之急。新的思潮犹如决堤之洪水,涌漫到中国思想界的旷野上来。对此,1920年初蔡元培在《新青年》上发表当时震动极大的《洪水与猛兽》一文,明确把新思潮比作"洪水",号召大家支持新思潮、反对军阀(猛兽),但他也看到了新思潮作为"洪水"的弊病,希望不应任其泛滥。然而,在浪涛汹涌之时,总是泥沙俱下,鱼龙混杂,时而还有沉渣泛起。许许多多新的理论和学说从国外传入中国,尤其各种各样的"社会主义"思潮在知识界时髦得很,如安那其社会主义、基尔特社会主义、乌托邦社会主义、托尔斯泰的泛劳动主义、新村主义、工读主义、合作主义,等等。许多先进的中国知识分子,都曾不同程度地受到各种"社会主义"思潮的影响。正如列宁所说的那样,先进的中国人"从欧美吸收思想解放,但是在欧美,摆在日程上的问题已是从资产阶级下面解放出来,即实行社会主义的问题。因此,必然产生中国民主派对社会主义的同情,产生他们的主观社会主义"。孙中山就是典型,说他自己提出的民生主义就是"社会主义",后来甚至说是依据"马克思底学说"。"五四"时期的胡适,也表现出对"社会主义"的同情,在他《新俄万岁》的小诗中,盛赞俄国劳动阶级取得的胜利。所以瞿秋白就说:"社会主义的讨论,常常引起我们无限的兴味。然而究竟如俄国19世纪40年代的青年思想似的,模糊影响,隔着纱窗看晓雾,社会主义流派,社会主义意义都是纷乱,不十分清晰的。"

也就是说,在新文化运动推动下,随着西方各种思潮和主义纷纷传入,中国兴起了一股"主义热"。

一方面,当时先进的知识分子,虽然向往社会主义学说及俄国革命,但都不懂得什么是科学社会主义,只是对各种"社会主义"思潮抱着一种新的迷信和盲从。这种对新思潮的态度,虽然有益于开启封建主义思想传统的蒙蔽,但打破了旧迷信,树立的是新盲从。用胡适的话说,就是有许多人对各种新思潮"不明前因","不明后果","不去实地考察中国今日的社会需要究竟是什么东西","只会空谈好听的主义"。最典型的是无政府主义,在当时各种"社会主义"思潮中,流传较广,影响最大。其中又可分三大派:"无政府共产主义、无政府个人主义、无政府工团主义"。就胡适留美回国的1917年之后几年情况看,宣传无政府主义的刊物和小册子多达70种,当时影响了许多知识分子,包括第一代共产党人李大钊、陈独秀、毛泽东、刘少奇、恽代英等人在内。以至于许多打着宣扬"主义"与真理幌子的救国思潮响彻四海,时人张口主义,闭口主义,对现实存在的关于国计民生和民族生死存亡的"火烧眉毛"的问题却听而不闻,视而不见。大批热血青年都渴望投身于救国之路中,但往往用错了方法,选择了盲目宣扬自己所信仰的主义,而忽视实践的重要性。当时有人描述说:"自从'主义'二字来到中国以后,中国人无日不在'主义'中颠倒。开口是'主义',闭口是'主义',甚至于吃饭睡觉都离不掉'主义'! 眼前的

中国，是充满'主义'的中国；眼前的中国民，是迷信'主义'的中国民。"①当时在中国被引入和传播最多的是无政府主义，国家主义也有很多信奉者，社会主义更是形形色色。

另一方面，北洋御用政客安福系王揖唐、军阀陈炯明等都奢谈社会主义，流氓政客江亢虎甚至在1911年就成立了"社会主义研究会"，次年又改成"社会党"，他自己就说："究竟能够了解社会主义的有几个？当时鼓吹时只要他入党，晓得这个名词就是好的。"可见他们宣传的"新思潮"是什么货色了。胡适点名讽刺王揖唐及"安福部"，大谈新思潮纯粹是为了哗众取宠，拿"社会主义"的时髦字眼做招牌。但是，在当时的确可以蛊惑不少人，搞得孙中山都疑惑"社会主义有57种，不知那一种是真的"。②孙中山甚至答应，把崇明岛给江亢虎做"社会主义实验"，只是后来孙中山自己也没有能够真正掌握国家政权，事情才未有结果。（王揖唐和江亢虎这两位比较早在中国宣传所谓"社会主义"的人物，20年后在日本全面侵略中国之初，就先后在北平和南京下水做了汉奸，并且是"北汉"和"南汉"傀儡小朝廷中屈指可数的元老重臣。）李大钊在"五四"前也注意到："世间有一种人物、主义或是货品流行，就有混充他的牌号的，纷纷四起……'社会主义'流行，就有'皇室中心的社会主义''基督教的社会主义'出现"，其实"都是'混充牌号'"。③五四运动后他更观察到，"近来出了许多新鲜名词。例如日本的'帝国社会主义''皇家中心社会主义'，中国某君的'军国民教育社会主义'"等，④"近来有很多的印刷物，被政府用'鼓吹共产主义'的罪名禁止了。可是政府举行的文官考试，却出了'共产主义'的题目，给考试文官的人以大鼓吹而特鼓吹的权"。他特别指出，"有人说那是官家的共产主义、孔子的共产主义，毫不带着危险的性质，与你们小百姓们所研究的不同。我想这话也不错。"⑤尽管做出了这样的区分，李大钊仍然对"我们谈主义罢，王揖唐也来谈主义；我们非主义罢，阎锡山又来非主义"这一现象感到无奈，并发出"究竟如何是好"的感叹。⑥张东荪也认为当时在中国，"变化的招牌最可利用者，却莫若这个'主义'"。⑦

胡适的《多研究些问题，少谈些"主义"》短文发表之时，不仅是李大钊等早期马克思主义者热情宣传马克思主义，主张"根本解决"中国社会问题之时，也正是胡适热心宣传实验主义及美国实验主义哲学家杜威来华之时。早在1918年冬，胡适就发表了《不朽——我的宗教》，1919年春又发表《实验主义》等文章。在1919年4月的《欢迎我们的兄弟——〈星期评论〉》一文中，胡适曾说："现在舆论界的大危险就是偏向纸上的学说，不去实地考察中国今日的社会需要究竟是什么东西。那些提倡尊孔祀天的人，固然不懂得现实社会的需要，那些迷信军国主义和无政府主义的人，就可算是懂得现时社会的需要么？"⑧这种思想在《多研究些问题，少谈些"主义"》短文中做了更明确的强调。正是在"假、大、空"的主义五花八门而莫知其玄，而关乎国计民生大大小小的现实问题却很少有人深入研究并拿出解决方案的情势下，胡适揭示空谈"主

---

① 周德之：《为迷信"主义"者进一言》，《晨报副刊》，1926年11月4日。
② 胡适：《自由主义》，1948年9月4日，见刘军宁主编：《北大传统与近代中国自由主义的先声》，中国人事出版社，1998年，65页。
③ 李大钊：《混充牌号》（1919年4月6日），《李大钊文集》，人民出版社，1985年，311页。
④ 李大钊：《新鲜名词》（1919年10月5日），《李大钊文集》，人民出版社，1985年，60页。
⑤ 李大钊：《主义》（1919年12月7日），《李大钊文集》，人民出版社，1985年，125页。
⑥ 李大钊：《主义》（1919年12月7日），《李大钊文集》，人民出版社，1985年，125页。
⑦ 张东荪：《现在与将来》，《改造》3卷4号，1920年12月15日。
⑧ 胡适：《多研究些问题，少谈些"主义"》，《每周评论》第31号，1919年7月20日。

义"的危险,提醒国人警惕把"主义"做"招牌"的倾向,主张要多研究些实际问题,少一些盲目依从。这是胡适传统的经世济民、家国天下的"士大夫"情怀,在内忧外患的时代背景下对中国未来出路的思考和回应。

当然,胡适并非提倡光研究问题而不谈主义,反而十分强调学理输入的重要性。他说:"我并不是劝人不研究一切学说和一切'主义'。学理是我们研究问题的一种工具。没有学理做工具,就如王阳明对着竹子痴坐,妄想'格物',那是做不到的事。种种学说和主义,我们都应该研究。有了许多学理做材料,见了具体的问题,方才能寻出一个解决的方法。但是我希望中国的舆论家,不要挂在嘴上做招牌,不要叫一知半解的人拾了这些半生不熟的主义去做口头禅。"①主义要谈,但不能不加思考、不作研究地空谈。胡适言论的核心是强调从"社会的实际情况出发",反对"从纸上的主义出发";主张一点一滴的改良社会,反对"根本解决"的幻想。

李大钊作为在中国传播科学社会主义的第一人,五四运动之前,就发表了《法俄革命之比较观》《庶民的胜利》《布尔什维主义的胜利》等文章,向中国人介绍十月革命。而比较系统地宣传科学社会主义,则是他写的《我的马克思主义观》,这篇文章中虽然有一些观点连李大钊自己也认为"未必精当",但却标志着科学社会主义在中国系统传播的开始。然而,这篇文章由于《新青年》杂志出版的脱期,直到1919年9月才刊登在《新青年》第六卷第五号上同读者见面。而这时的《每周评论》已被查封。换句话说,"问题与主义"论战并非纯粹是李大钊的马克思主义和胡适的改良主义之间直接进行的所谓"争论"或者说"论战"。

由胡适引发的"问题与主义"论战正是在这种社会背景下进行的。

(二)论争的经过

五四运动前后,流派混杂难分、阵线混淆是这一时期的重要特征之一。胡适忧于舆论界"空谈主义"的偏向,也急于中国的很多"火烧眉毛"的问题鲜为人谈,于是在1919年7月20日出版的《每周评论》第31号发表了《多研究些问题,少谈些"主义"》一文,劝说人们"多多研究这个问题如何解决,那个问题如何解决,不要高谈这种主义如何新奇,那种主义如何奥妙",因为"'主义'的大危险,就是能使人心满意足,自以为寻着包医百病的'根本解决',从此用不着费心力去研究这个那个具体问题的解决法了"。在该文中,胡适还嘲讽说:"空谈好听的'主义',是极容易的事,是阿猫阿狗都能做的事,是鹦鹉和留声机都能做的事。"

1919年6月,陈独秀被捕入狱。7月胡适接替陈独秀,主编当时著名的《每周评论》,并在7月20日出版的《每周评论》第31号发表了《多研究些问题,少谈些"主义"》一文。胡适在文章的引言中引述了其在《每周评论》第28号曾发表过的言论,以阐述自己的观点。

胡适在引言中说:"现在舆论界大危险,就是偏向纸上的学说,不去实地考察中国今日的社会需要究竟是什么东西。""要知道舆论家的第一天职,就是细心考察社会的实在情形。一切学理,一切'主义',都是这种考察的工具。有了学理作参考材料,便可使我们容易懂得所考察的情形,容易明白某种情形有什么意义,应该用什么救济的方法。"

在提出自己的观点后,胡适随即指出:前几天北京《公言报》《新民国报》《新民报》(皆安福部的报)等,"都极力恭维安福部首领王揖唐主张民生主义的演说,并且恭维安福部设立'民生主义的研究会'的办法。有许多人自然嘲笑这种假充时髦的行为。但是我看了这种消息,发生一种感想。这种感想是,'安福部也来高谈民生主义了,这不够给我们这一般说来新舆论家一

---

① 胡适:《多研究些问题,少谈些"主义"》,《每周评论》第31号,1919年7月20日。

个教训吗?'"这个教训,胡适认为主要有三层:

第一,空谈好听的"主义",是极容易的事,是阿猫阿狗都能做的事,是鹦鹉和留声机器都能做的事。

第二,空谈外来进口的"主义",是没有什么用处的。一切主义都是某时某地有心人,对于那时那地的社会需要的救济方法。我们不去实地研究我们现在的社会需要,单会高谈某某主义,好比医生单记得许多汤头歌诀,不去研究病人的征候,如何能有用呢?

第三,偏向纸上的"主义",是很危险的。这种口头禅很容易被无耻政客利用来做种种害人的事。……现在中国政客,又要利用某种主义来欺人了。

根据以上教训,胡适提出了"主义"的性质。他认为,凡"主义"都是应时势而起的。"主义"初起时,大都是一种救时的具体主张。后来变成一个抽象的名词。他以"社会主义"这个名词为例说:马克思的社会主义,和王揖唐的社会主义不同;你的社会主义和我的社会主义不同,决不是这一个抽象名词所能包括。你谈你的社会主义,我谈我的社会主义,王揖唐又谈他的社会主义,同用一个名词,中间也许隔开七八个世纪,也许隔开两三万里路,然而你和我和王揖唐都可自称社会主义家,都可用这一个抽象名词来骗人。这不是"主义"的大缺点和大危险吗?

鉴于此,胡适深深感到高谈主义的危险,提出"请你们多提出一些问题,少谈一些纸上的主义";"请你们多多研究这个问题如何解决,那个问题如何解决,不要高谈这种主义如何新奇,那种主义如何奥妙"。

胡适大声疾呼:现在中国应该赶紧解决的问题,真多得很。从人力车夫的生计问题,到大总统的权限问题;从卖淫问题,到卖官卖国问题;从解散安福部问题,到加入国际联盟问题……这都是火烧眉毛的紧急问题。我们不去研究人力车夫的生计,却去高谈主义,不去研究女子如何解放,家庭制度如何救正,却去高谈公妻主义和自由恋爱;不去研究安福部如何解散,不去研究南北问题如何解决,却去高谈无政府主义。我们还要得意洋洋夸口道,"我们所谈的是根本解决"。因此,胡适认为,"这是自欺欺人的梦话,这是中国思想界破产的铁证,这是中国社会改良的死刑宣告!"胡适在文章的最后,希望中国的舆论家,把一切"主义"摆在脑背后,做参考资料,不要挂在嘴上做招牌。"主义"的大危险,就是能使人心满意足,自以为寻着包医百病的"根本解决",从此用不着费心力去研究这个那个具体问题的解决法了。

对于当时写这篇文章的动机和原因,胡适3年后曾作说明。他在《我的歧路》一文里写道:"那时正是安福部极盛时代,上海的分赃和会还不曾散伙。然而国内的'新'分子闭口不谈具体的政治问题,却大谈什么无政府主义与马克思主义。我看不过了,忍不住了——因为我是一个实验主义的信徒——于是发愤要想谈政治。我在《每周评论》第31号里提出我的政论的导言,叫做《多研究些问题,少谈些'主义'》。"可见,胡适的写作动机主要是针对当时学界和社会对西方学说来者不拒、生吞活剥、到处搬弄的态度和做法,借以匡正思想界存在的根深蒂固的"迷信抽象名词,把主义用作蒙蔽聪明停止思想的绝对真理"的危险风气,当然也包括他对马克思主义的不理解和排斥。

胡适的《多研究些问题,少谈些'主义'》刊发后,首先是梁启超的朋友、时任《国民公报》编辑的蓝公武(知非)发表《问题与主义》的回应文章,反驳胡适的观点。蓝公武认为胡适的议论里头,"太注重了实际的问题,把主义学理那一面的效果抹杀了一大半,也有些因噎废食的毛病"。"问题与主义,并不是相反而不能并立的东西"。"吾们因为要解决从人力车夫的生计到大总统的权限,从卖淫,到卖官卖国,从解散安福部,到加入国际联盟,从女子解放,到男子解放等等问题,所以要研究种种主义。主义的研究和鼓吹,是解决问题的最重要最切实的第一步。"① 蓝文虽对胡文提出了反驳,但观点唯心,缺乏必要的说服力。对此文,胡适将其刊载在《每周评论》第33号上。胡适在蓝文前写道:"知非先生的议论,很有许多地方可以补正我的原作。"胡适后来还将此文收入《胡适文存》卷2中,以示客观。

李大钊直接给胡适写信叙述自己对《多研究些问题,少谈些"主义"》一文的不同观点及看法。李大钊的信后被胡适以《再论问题与主义》为题发表于同年8月的《每周评论》35期上(后亦收入《胡适文存》卷2)。

李大钊的文章开宗明义地提出:我觉得"问题"与"主义"有不能分离的关系,解决问题就离不开主义,而有了主义,才能更好地解决问题。他说:"一个社会问题的解决,必然靠着社会上多数人共同的运动。""我们要想解决一个问题,应设法使他成了社会上多数人共同的问题。要想使一个社会问题,成了社会上多数人共同的问题,应该使这社会上可以共同解决这个那个社会问题的多数人,先有一个共同趋向的理想主义。""不然,你尽管研究你的社会问题,社会上多数人却一点不生关系。那个社会问题,是仍然永没有解决的希望;那个社会问题的研究,也仍然是不能影响于实际。所以我们的社会运动,一方面固然要研究实际的问题,一方面也要宣传理想的主义。这是交相为用的,这是并行不悖的。"文中,李大钊坦然地表示:"我的意见稍与先生不同,但也承认我们最近发表的言论,偏于纸上空谈的多,涉及实际问题的少。以后誓向实际的方面去作。这是读先生那篇论文后发生的觉悟。"② 但他明确主张不能因为存在着"假冒牌号的危险"和被戴"过激主义"帽子而讳谈主义,强调"大凡一个主义,都有理想与实际两方面"。"一个社会主义者,为使他的主义在世界上发生一些影响,必须要研究怎么可以把他的理想尽量应用于环绕着他的实境。所以现代的社会主义,包含着许多把他的精神变作实际的形式使合于现在需要的企图。"主张用马克思列宁主义为指导对社会问题实行"根本解决"。

这里李大钊实际上已开始意识到要把马克思主义与本国具体实际相结合,即要在马克思主义原则指导下,根据本国的实际情况,确定革命对象、性质和任务。

针对胡适的假冒招牌的问题,李大钊强调:"开荒的人,不能因为长了杂草毒草,就并善良的谷物花草一齐都收拾了。我们又何能因为安福派也来讲社会主义,就停止了我们正义的宣传?因为有了假冒牌号的人,我们愈发应该一面宣传我们的主义,一面就种种问题研究实用的方法,好去本着主义作实际的运动,免得阿猫、阿狗、鹦鹉、留声机来混我们骗大家。"

针对胡适对"根本解决"的质疑,李大钊明确提出:社会问题,恐怕必须有一个根本解决,才有把一个一个具体问题都解决了的希望。他认为:"依马克思的唯物史观,社会上法律政治伦理等精神的构造,都是表面的构造。他的下面,有经济的构造作他们一切的基础。经济组织一有变动,他们都跟着变动。"因此说,"经济问题的解决,是根本解决。经济问题一旦解决,什么政治问题、法律问题、家族制度问题、女子解放问题、工人解放问题,都可以解决。"这里李大钊根据马克思主义关于经济基础和上层建筑关系的基本理论,说明了经济制度的彻底改造,对社会具体问题解决的重要作用。

那么如何进行经济制度的彻底改造呢?李大钊认为是"阶级竞争",是要进行革命。他批判了第二国际的社会改良主义者只承认要经济变动,但不注意"阶级竞争说",丝毫不去用"这

---

① 张岱年、敏泽主编:《回读百年》第一卷,大象出版社,1999年,1185页。
② 张岱年、敏泽主编:《回读百年》第一卷,大象出版社,1999年,1187页。

个学理作工具,为工人联合的实际运动,那经济的革命,恐怕永远不能实现"。因此,李大钊由此认为:"天天只是在群众中传布那集产制必然的降临的福音,结果除去等着集产制必然的成熟以外,一点的预备也没有作,这实在是现在各国社会党遭了很大危机的主要原因。"鉴于此,李大钊直言不讳地指出:"我们应该承认,遇着时机,遇着情形,或须取一个根本解决的方法;而在根本解决以前,还须有相当的准备活动才是。"李大钊在文章最后写道:以上内容,"有的和先生意见完全相同,有稍相差异","如有未当,请赐指教"。

此后,为了回应李大钊、蓝公武等的观点,胡适又于1919年8月24日和8月31日,先后写了《三论问题与主义》和《四论问题与主义》。

在《三论问题与主义》一文的开篇,胡适即说:"我那篇《多研究些问题,少谈些'主义'》,承蓝知非、李守常两先生,做长篇的文章,同我讨论,把我的一点意思,发挥的更透彻明了,还有许多匡正的地方,我很感激他们两位。"胡适在文中指出,李大钊的观点"是一种不负责的主义论"。胡适援引杜威先生在中国的演讲中提到的:民治主义在法国便偏重平等;在英国便偏重自由,不认平等;在美国并重自由与平等,但美国所谓自由,又不是英国的消极自由,所谓平等,也不是法国的天然平等。但是,这不是民治主义的自然适应环境,这都是因为英国、法国、美国的先哲,当初都能针对当时本国的时势需要,提出具体的主张,故本国的民治各有特别的性质。因此,胡适提出如下观点:我们应该先从研究中国社会上政治上种种具体问题下手;有什么病,下什么药;诊察的时候,可能采用西洋先进国的历史和学说,用作一种"临症须知";开药方的时候,可以参考西洋先进国的历史和学说,用作一种"验方新编"。不然,我们只记得几首汤头歌诀,便要开方下药,妄想所用的药进了病人肚里,自然"会"起一种适用环境的变化,那是要犯一种"庸医杀人"的大罪了。他认为,历史上许多奸雄政客,懂得人类有这一种劣根性(指人类的愚昧性),故往往用一些好听的抽象名词,来哄骗大多数的人民,去替他们争权夺利,去做他们的牺牲。

最后,胡适提出对于人类迷信抽象名词的弱点的补救方法:多研究些具体的问题,少谈些抽象的主义。一切主义,一切学理,都该研究,但是只可认作一些假设的见解,不可认作天经地义的信条;只可认作参考印证的材料,不可奉为金科玉律的宗教;只可用作启发心思的工作,切不可用作蒙蔽聪明,停止思想的绝对真理。如此方才可以渐渐养成人类的创造的思想力,方才可能渐渐使人类有解决具体问题的能力,方才可能渐渐解决人类对于抽象名词的迷信。

上文发表后,胡适感觉言犹未尽,又写了《四论问题与主义——论输入学理的方法》,再次阐述自己的想法。他认为:

一是输入学说应该注意当时发生这种学说的时势情形。每种主义初起时,无论理想如何高超,无论是何种高远的乌托邦,都只是一种对症下药的药方。若要知道一种主义,在何国何时是适用的,在何国何时是不适用的,我们须先知道那种主义发生的时势情形和社会政治的状态是个什么样子,然后可以有比较,然后可以下判断。胡适据此认为,输入学说时,应该注意那时发生这种学说的时势情形。

二是输入学说时应该注意"论主"的生平事实和他所受的学术影响。我们需要知道凡是一种主义,一种学说,里面有一部分是当日时势的产儿,一部分是论主个人的特别性情家世的自然表现,一部分是论主所受古代或同时代的学术影响的结果。我们若不能仔细分别,必致把许多不相干的偶然的个人怪僻的分子,当作有永久价值的真理。他在文中举例说:我们研究马克思主义的人,知道马克思的学说,不但和当时的实业界情形、政治现状、法国的社会主义运动,等等,有密切的关系,并且和他一生的家世、所受的教育影响都有绝大的关系。还有马克思以前一百年中的哲学思想,如18世纪的进化论及唯物论等,都是马克思主义的无形元素,我们也不能不研究。

三是输入学说时应该注意每种学说已经发生的效果。他认为凡是主义,都是想应用的。而其效果,无论是好是坏的,都极重要,都是各种主义的意义之真实表现。他又以马克思主义的阶级竞争说为例,指出:阶级竞争说指出有产阶级与无产阶级不能并立的理由,在社会主义运动史与工党发展史上固然极重要。但是这种学说,一方面,无形之中养成一种阶级的仇视心,不但使劳动者认定资本家为不能并立的仇敌,并且能使许多资本家也觉劳动者是一种敌人。这种仇视心的结果,使社会上本来应该互助而且可能互助的两种大势力,成为两座对垒的敌营,使许多建设的救济方法成为不可能,使历史上演出许多本不须有的惨剧。

此后,由于《每周评论》被北洋军阀政府查封,问题与主义之争未能就势展开。但胡适在以后的文章中继续阐述自己的见解。1919年11月,胡适在《新思潮的意义》一文中对"问题与主义之争"做出了具有总结性的论说:"五四"时期"新思潮的根本意义只是一种新态度。这种新态度可叫做'评判的态度'"。①这种"评判的态度",即是尼采"重新估定一切价值"的态度。这就需要一方面要"研究问题",即对社会上、政治上、宗教上、文学上的种种问题进行深入讨论;一方面也要"输入学理",即介绍西洋的新思想、新学术、新文学、新信仰,等等。"研究问题"与"输入学理"二者的关系是,把全副精神贯注到研究问题上去,在研究问题中做些输入学理的工作,或用学理来解释问题的意义,从学理上寻求解决问题的方法,决不把一切学理都看成是天经地义的东西。胡适指出:"新思潮的唯一目的是什么呢?是再造文明。""再造文明的下手工夫,是这个那个问题的研究。再造文明的进行,是这个那个问题的解决。"这就是他所强调的十六个字:"研究问题,输入学理,整理国故,再造文明。"②李大钊于12月1日在《新潮》上发表《物质变动与道德变动》,1920年1月又在《新青年》上发表《由经济上解释近代中国思想变动的原因》等文章,和胡适针锋相对。与此同时,在其他刊物上又有梁启超、严复、张东荪、陈独秀等人从经验和事实分析的角度,来探讨中国实行社会主义的可能性,鲁迅、顾颉刚等人也参与讨论,各抒己见,很快形成一场很有意义的思想论争。这就是被称为中国现代史上三大论战之一的"问题与主义"论战的主要经过。

(三)论争的性质

"问题与主义"之争是一场发生在新文化阵营内部、具有学术辩论形式但在内容上又带有浓厚政治色彩的争论。它事关如何解决中国社会政治问题的根本方法,反映了二者指导思想上的分歧。从这个意义上说,它并不是一场纯粹的学理之争,将之视为政治论争也并不为过。以往的教科书上,大都把这次论争视为胡适的实验主义同李大钊的马克思主义之争,是改良主义思潮同社会主义革命思潮之争。因为李大钊的思想来源于马克思的社会主义,他提出的解决问题的方法是根本的社会革命。胡适的思想来源于杜威的实验主义,他的方法是一点一滴的社会改革。这就是双方争论之原因,也是分歧的关键之所在。所以"问题与主义"之争,本质上仍然是主义与主义之争。

然而,从历史事实看,胡适发表《多研究些问题,少谈些"主义"》时,中国的马克思主义还没

---

① 张岱年、敏泽主编:《回读百年》第一卷,大象出版社,1999年,1201页。
② 张岱年、敏泽主编:《回读百年》第一卷,大象出版社,1999年,1200页。

有真正出现,谈论社会主义的主要还是无政府主义者、国民党人、进步党人和社会党人。① 就争论的动机论,胡适意在宣扬与实行实验主义,批判空谈主义,而不是批判学习和研究主义。胡适并不拒斥研究主义,只不过更偏重于从具体的事实、经验出发来求得对问题本身的认识,并从中寻求解决的途径。在论争中,胡适的矛头是多方面的,并不是单单指向社会主义者,他与他的老师杜威当时甚至都同情和认可社会主义,而反对一切主义的空谈。因此"问题与主义"之争的根本原因是马克思主义在中国的不成熟,实质上也是对马克思主义的深入探索。

二、论战双方的分歧和共识

"问题与主义"论战,虽然参加人员较多,观点分歧明显,但也不乏共识;论战双方的主将胡适和李大钊,虽然都是五四新文化运动的代表性人物,本来是一个战壕的战友,但论战过程中却始终信仰自己所选择的"主义",坚信马克思主义或改良主义才是救治中国的最佳选择;其他参加论争的学者们虽然政治信仰不同,却以朋友的身份平心静气地讨论意识形态的主义旗帜问题,不仅表现出对论敌的宽容和尊重,而且既能坦诚检讨自己论点的不足,又能积极吸收对方的思想观点。

(一)关于问题与主义

(1)关于研究"问题"的重要性。胡适说:"研究的问题一定是社会人生最切要的问题,最能使人注意,也最能使人觉悟。""问题关切人生,故最容易引起反对,但反对是该欢迎的。""因为我们的社会现在正当根本动摇的时候,有许多风俗制度,向来不发生问题的,现在因为不能适应时势的需要,不能使人满意,都渐渐的变成困难的问题。"胡适认为:"从研究问题里面输入的学理,最容易消除平常人对于学理的抗拒力,最容易使人于不知不觉之中受学理的影响。因为研究问题可以不知不觉地养成一班研究的,评判的,独立思想的革新人才。"② 陈独秀也说:"我敢说最进步的政治,必是把社会问题放在重要地位,别的都是闲文。"③少年中国学会的一位发起人曾琦,早在1919年初就决定从社会学角度研究社会主义,并表示"《每周评论》卅一号所登的大作,对于现在空发议论而不切实的言论家,痛下砭鞭,我是万分佩服。我常说:'提倡社会主义,不如研究社会问题,较为有益',也和先生的意思差不多",④明确主张先着手发现、研究问题,而后再以主义做材料,解决具体问题。

(2)关于问题的性质。蓝公武认为:"问题之发生,固起于困难;但构成一种问题,非必由于客观的事实,而全赖主观的反省。有主观的反省,虽小事亦可成为问题;无主观的反省,即遇着极不合理的,或是极困难的事实,也未必能成为问题。譬如专制君主的毒害,在中国行了几千年,并没有人觉他不合理,拿来成一问题。及至最近数十年,西方的思想输入,人民有了比较,起了反省,即便成了极大的问题,产生出辛亥革命的大事件。""问题的性质既是这样的复杂,那解决的方法当然不能简单一样。遇着局部的现实的经过反省,成了问题的时候,自然用不着主义学说来鼓吹,只要求具体的解决方法,便有结果。"蓝公武指出,胡适"太注重实际的问题,把

---

① 李林:《还"问题与主义"之争本来面目》,《二十一世纪》,总第8期。
② 胡适:《新思潮的意义》,《新青年》第7卷第1号,1919年12月1日。
③ 陈独秀:《实行民治的基础——地方自治与同业联合两种小组织"》,《独秀文存》,安徽人民出版社,1987年,251页。
④ 曾琦:《曾琦致胡适》(1919年7月26日),《胡适来往书信选》上册,中华书局,1979年,68页。

主义学理那一面的效果抹杀了一大半,也有些因噎废食的毛病"。① 蓝公武的辩驳多是基于学术,胡适也承认其所论"是有相当真理的"。

陈独秀发表的《比较上更实际的效果》《主义与努力》等文章,认为研究和解决问题是比宣传主义更重要的事情,并且阐释了研究问题的方法。陈独秀提出"最好是用劳力去求那比较上更实际的效果",强调"与其高谈无政府主义,社会主义,不如去做劳动者教育和解放底实际运动;与其空谈女子解放,不如切切实实谋女子底教育和职业"。② 陈独秀还着手研究中国人口问题,于1920年4月发表了《马尔塞斯人口论与中国人口问题》一文。

当时知识分子在向西方寻求救国的真理,实行什么主义是必须回答的大问题。受"问题与主义"论争影响,青年毛泽东没有为追寻理想"主义"而赴法国"勤工俭学",而是回湖南"多研究些问题"。毛泽东把1919年9月在长沙所拟《问题研究会章程》寄给北大学生邓中夏,由其刊登在《北京大学日刊》第467号上,受到各方重视。毛泽东还开列了首批亟待研究的包括强迫教育问题、孔子问题、经济自由问题、国际联盟问题等共计71大类"问题",其中的教育、女子、劳动、华工、实业、交通、财政、经济8大类又分列出贞操、国语、西藏、司法独立、社会主义能否实现等81个更具体的问题。③ 而且,毛泽东既重视"问题",也重视"主义",他把"主义"理解为"旗帜",说人们"尤其要有一种为大家共同信守的'主义',没有主义,是造不成空气的"。问题研究者"不可徒然做人的聚集,感情的结合,要变为主义的结合才好。主义譬如一面旗子,旗子立起了,大家才有所指望,才知所趋赴"。④ "主义"在毛泽东看来是引导人们发现问题、解决问题的导航旗。他很关注当时中国的种种问题,并提出要把一些切中时弊的问题弄清楚。既有抽象性问题,也有具体问题。对社会主义颇有研究的戴季陶也提出,要把"中国劳动者的地位改善问题,拿来做一个民国九年的第一事业"。⑤ 梁启超、张东荪则通过阐释中国存在的问题,来分析社会主义在中国实行的可能性。

(二)关于外来主义与中国国情

针对当时中国学术界出现的"你今日鼓吹一个马克思的主义,他明日主张一个蒲鲁东、克鲁泡特金的学说,后日再出来一些个什么'工团主义'(Syndicalism)、'行社主义'(Guildism)";大家"各捧着一个洋偶像","出奴入主,互相掊击,有如泥中斗兽,闹得个不亦乐乎"⑥现象,胡适不仅提倡"学问上的研究和实地的考察"结合,而且极力主张输入学理和主义应与现实问题结合,引进外来主义要与研究中国国情结合。早在1918年3月,他就批评一些国人"不去研究中国今日的现状应该用什么救济方法,却去引那些西洋学者的陈言来辩护自己的偏见",是"大错";若"不管这些哲人和那些哲人是否可以相提并论,是否于中国今日的问题有可以引证的理由"而盲目引证,便是其所谓"奴性的逻辑"。坚持这种"历史的态度",首先就要关注现实社会问题,从而为用学理解释解决问题提供途径。

李大钊1918年6月与高元辩论"强力与自由政治"时,差不多把胡适1918年3月关于"奴

---

① 蓝公武:《问题与主义》,《国民公报》,1919年7月29日第5版。陈飞、徐国利编:《回读百年》第一卷,1178-1180页。
② 陈独秀:《比较上更实际的效果》,《新青年》第8卷第1号,1920年9月1日。
③ 毛泽东:《问题研究会章程》,1919年10月23日,《北京大学日刊》第467号。
④ 毛泽东:《致罗璈阶信》(1920年11月25日),《毛泽东早期文稿》,湖南出版社,1990年。
⑤ 毛泽东:《问题研究会章程》,1919年10月23日,《北京大学日刊》第467号。
⑥ 吴康:《从思想改造到社会改造》(1921年1月4日),见《新潮》1921年3(1),上海书店影印本,1986年。

性的逻辑"的说法全文引出,并进而引申说:"彼西洋学者,因其所处之时势、境遇、社会各不相同,则其著书立说,以为救济矫正之者,亦不能不从之而异。吾辈立言,不察中国今日之情形,不审西洋哲人之时境,甲引丙以驳乙,乙又引丁以驳甲,盲人瞎马,梦中说梦,殊虑犯胡适之先生所谓'奴性逻辑'之嫌,此为今日立言之大忌。"① 回应胡适反复提到的"无耻政客"利用已成"口头禅"的"某种某种主义"来欺人害人、中国"政客"拿西洋学说来作自己"言论根据"的趋向还在发展的问题,李大钊在与高元辩论时也强调,其立说之意即在防止某些政治"枭雄"据"客卿"之西说以"伪造民意"。② 李大钊强调:"一个社会主义者,为使他的主义在世界上发生一些影响,必须要研究怎么可以把他的理想尽量应用环绕着他的实境。"③

(三)关于根本解决还是点滴改良

面对中国社会的诸多问题,是根本解决还是点滴改良,这是论争的重要焦点之一。

毫无疑问,胡适明确主张从点滴的改良入手解决中国的诸多问题。他说:"因为要做一点一滴的改造,故有志做改造事业的人必须要时时刻刻存研究的态度,作切实的调查,下精细的考虑,提出大胆的假设,寻出实验的证明",这是一种"随时随地解决具体问题的生活",也是方法。"具体的问题多解决了一个,便是社会的改造进了那么多一步"。胡适注重点滴改良和解决具体问题的主张源于实验主义和进化论思想,因为实验主义和进化论思想不承认根本的解决,只承认"那一点一滴做到的进步——步步有智慧的指导,步步有自动的实验——才是真进化"。④ 在胡适看来"根本解决"中国社会的诸多问题,是"中国社会改良的死刑宣告",会欲速不达,反而会妨碍"真进化"。胡适的这种观点得到陈独秀的认可。陈独秀指出:"改造社会是要在实际上把他的弊病一点一滴一桩一件一层一层渐渐的消灭去,不是用一个根本改造底方法,能够叫他立时消灭的",因此总体解决从方法上讲做不到。⑤

但就当时多数人的期望看,总想寻求全盘总体解决中国社会诸多问题的根本办法。孙中山领导革命也期望"毕其功于一役",快刀斩乱麻。李大钊明确提出:"恐怕必须有一个根本解决,才有把一个一个的具体问题都解决了的希望"。"遇着时机,因着情形,或须取一个根本解决的方法;而在根本解决以前还须有相当的准备活动才是"。"经济问题的解决,是根本解决"。⑥ 毛泽东也说:"从中国现下全般局势而论,稍有觉悟的人,应该就从如先生(指黎锦熙)所说的'根本解决'下手。"⑦"我虽然不反对零碎解决,但我不赞成没有主义头痛医头脚痛医脚的解决",实际点出引进"主义"的目的,就是为了总体解决!

与以上两种观点不同,"少年中国学会"发起人王光祈提出了"总解决中的零碎解决"的第三种思路。他在批评杜威《政治哲学与社会哲学》讲演中主张"零碎解决"流弊的同时,直接批评胡适《多研究些问题,少谈些"主义"》"其流弊必使我们人类没有一个共同最高的理想,陷于

---

① 李大钊:《强力与自由政治——答高元君》(1918年7月1日),见《李大钊文集》(2),人民出版社,1999年,198页。
② 同上。
③ 李大钊:《再论问题与主义》,见陈飞、徐国利主编:《回读百年》第一卷,大象出版社,1999年版,P1188。
④ 胡适:《我的歧路》,《努力周报》第7号,1922年6月18日。
⑤ 陈独秀:《主义与努力》,《新青年》第8卷第4号,1920年12月1日。
⑥ 李大钊:《再论问题与主义》,《每周评论》第35号,1919年8月17日。
⑦ 毛泽东:《致黎锦熙信》(1920年3月12日),见《毛泽东早期文稿》,湖南出版社,1990年。

一种极狭隘、极无味的事实上面",认为"主义便是我们的理想目的——总解决,一关于这个主义的问题,我们应该逐件解决——零碎解决"。① 王光祈明确了主义的目的在于"总解决",但总解决下的具体化,则是一件一件零碎问题。故"少年中国学会"注重从教育与实业下手,而非以政治运动来改造社会。王光祈"总解决下的零碎解决"的诉求,多少还是受了实验主义的影响。

三、"问题与主义"之争的深刻影响

"问题与主义"之争对中国的影响是巨大而深远的。当时论争的各方阵线并不像后世既存研究那样对立和分明,往往互相交织。胡适和李大钊作为当时青年们的领袖或偶像,他们的观点大多也是中国先进知识分子的共同思想资源。因此,"问题与主义"之争的影响既有正面的也有负面的,既有积极的也有消极的,既有成果也有恶果。

(一)由推崇"主义"到"主义决定论"

对"主义"的普遍推崇是"问题与主义"之争的背景。李大钊关于"主义"是一个社会上多数人"共同趋向的理想",是衡量和发现社会问题的尺度和工具的观点,以及蓝公武关于"主义好像航海的罗盘针,或是灯台上的照海灯"的比喻,为后世中国共产党人所弘扬,从而使从官方到民间的芸芸众生更加重视对"主义"推崇。历史实践告诉我们,把"主义"奉为旗帜和方向,的确在发动社会运动及解决中国革命和建设的重大问题中发挥了巨大的作用。然而,不可否认的是,由于长期以来把胡适重视研究问题的思想视为反马克思主义的东西,导致许多人远没有摆脱"主义决定论"的窠臼。

20世纪初期,中国的"主义决定论"主要是指,认为只要崇尚某种抽象的"主义",就能够一劳永逸地解决中国所有社会问题的思维模式和政治心态。由于受西方哲学中的唯理主义传统以及法国大革命式的政治思潮的影响,"主义决定论"在中国的知识界、思想界、文化界呈现出三种现象:一是主义论争绵延不绝,二是教条主义(胡适称为"奴性的逻辑")普遍,三是急于创造自己的所谓理论体系。结果导致中国的知识分子要么不在研究中国的现实问题上下功夫,而只顾东拼西凑地搞"理论创新",最后的所谓科研成果却并没有多少应用价值;要么为了自己出名,而在无端诋毁名人或否定历史的同时提出一套自己的所谓理论;要么对正确理论进行过度诠释,长篇大论地把鲜明的理论观点说得玄之又玄,从而以宣传某种主义的权威自居。

(二)由被人牵着鼻子走到走自己的路

胡适晚年在回忆录中对"问题与主义"论争的总结是,"被孔丘、朱熹牵着鼻子走,原无骄傲之可言;但是让马克思、列宁、斯大林牵着鼻子走,也照样算不得好汉"。"简单的道理便是我曾经传播过一种治学方法,叫人不要让别人牵着鼻子走的缘故(我从未写过一篇批评马克思主义的文章)"。② 陈独秀晚年对民主与专政、战争与革命以及中国与世界前途问题进行反思后,形成了世界上没有"万世师表"的圣人,没有"推诸万世而皆准"的制度和"包医百病"的学说的"最

---

① 王光祈:《总解决与零碎解决》,《晨报副刊》,1919年9月30日。
② 唐德刚:《胡适口述自传》,安徽教育出版社,2005年,204页。

后见解",①因此便大声疾呼"宗教式的迷信时代应当早点过去,大家醒醒罢!"②

在中国革命的历史上,走自己的路,不能让别人牵着鼻子走是一条重要的宝贵经验。毛泽东在肯定"先进的中国人"学习西方而得出"走俄国人的路"的最后结论的同时,特别强调"须同我国的实际相结合"。他的《反对本本主义》《中国革命战争的战略问题》《实践论》《矛盾论》和《中国共产党在民族战争中的地位》都是马克思主义同中国革命实践相统一的光辉篇章。但是,马克思主义中国化的历史进程中也存在和发展着另外一种倾向,就是不能独立自主地走自己的路,而是脱离中国实际,照搬马克思主义的一些词句当作教条,盲目机械地执行共产国际决议和从国外来的指示。这种倾向一再给中国革命造成挫折,危害时间最长最严重的是以王明为代表的、先是"左"倾后又转化为右倾的教条主义。在现代化的进程中,邓小平又特别强调:"中国的事情要按照中国的情况来办,要依靠中国人自己的力量来办。"③在新世纪新阶段,中国共产党反复重申必须始终坚持马克思主义基本原理同中国具体实际相结合,坚定不移地走自己的路。当年胡适发起"问题与主义"论争的主旨,就是反对"被人牵着鼻子走"。90年后的今天,其警示意义在哪里？就在于不断破除迷信,解放思想,理论联系实际,不盲从教条。

(三)从社会改良到政治革命

同样是回答中国向何处去问题,同样是探索主义在改造社会、发展中国过程中的地位作用问题,李大钊与胡适在论辩中却给出了大相径庭的或政治革命或社会改良的不同方案。

马克思主义认为,政治革命不仅是一个阶级推翻另一个阶级的暴力行为,也是广大被压迫人民和被压迫群众反抗和推翻反动腐朽统治的群众性政治运动。政治革命的首要问题和基本问题就是政治权力的问题,政治革命的主要内容就是对旧的政治体系进行全面而深刻的变革。政治革命以暴力革命为基本方式,即使是和平过渡,也要以暴力作后盾。政治革命是社会发展和政治进步的强大动力。政治革命不仅使一个国家发生质的飞跃,从一种旧的社会形态转变成为一种新的社会形态,而且使一个国家能够加速前进,在几年时间就走完普通环境下几十年甚至上百年都走不完的路程。政治革命不仅能更新政治体系和政治环境,推动政治的发展和进步,而且能够提高人民群众的思想觉悟和政治意识,更新人们的价值观念和道德水平,从而推动人类自身的发展和进步。社会改良采用非暴力的形式,可以在不流血的情况下,通过逐步的、有序的制度改革,使一个国家和平地过渡到资本主义社会,成为强国。改良可以使传统与现代不完全脱节,也可以使变革更持久有效。社会改良,意味着社会渐进式的变化和变革,革命则意味着翻天覆地的社会变迁。不同的国家在不同的时代有不同的选择,这一选择是由当时的社会各阶级共同做出的抉择。

历史证明,如果期望政治革命有根本解决的一揽子方案并能期望其速成,共产党人理想就会成为乌托邦。当中国处于整体性危机的时代,人们渴望着对问题作整体性的解决,是可以理解的。但是,在政治革命已经夺取政权之后,就必须突出社会改革的地位和作用,而且对社会改革要有耐心,要有具体的方法,要从一点一滴入手,解决好政治、经济、文化和社会创建和发展中一个一个的具体问题。可惜的是,我们中国共产党人在执政之后相当长的时期内,仍然热

---

① 袁刚:《"问题与主义"之争九十年回顾与思考》,《学术探索》,2009年第3期。
② 陈独秀:《对于民主的再思考》,见夏中义主编:《大学人文读本人与国家》,广西师范大学出版社,2002年,188页。
③ 《邓小平文选》第三卷,人民出版社,1993年,3页。

衷于搞政治革命和政治运动,失去了众多进行社会改革的机会,严重地阻碍了现代化的进程,教训十分惨痛。今天,我们在建设中国特色社会主义现代化的道路上,必然还会遇到许许多多新的问题,靠"无产阶级文化大革命"时期那样空喊"继续革命""彻底解放",或者空谈理论和迷信新的学说,都不可能解决任何问题。可行的办法只有一个,那就是邓小平说的:学习毛泽东"研究分析实际问题,解决实际问题"。这也是 90 年前,李大钊、毛泽东等就坚持的主张,以正确理论为指导研究问题的现实意义。

参考资料

[1] 胡适. 胡适文存:第一集. 上海:亚东图书馆,1921.

[2] 李大钊. 李大钊文集. 北京:人民出版社,1999.

[3] 袁刚,陈雪嵩,杨先哲. "问题与主义"之争九十年回顾与思考. 学术探索,2009(3).

[4] 王明生. "问题与主义"之争与马克思主义中国化的萌芽. 南京师范大学学报:社会科学版,2008(1).

[5] 张劲,吴思思. 关于"问题与主义"讨论的再讨论. 同济大学学报:社会科学版,2009(3).

思考讨论题

1. 胡适的《多研究些问题,少谈些"主义"》有没有合理成分?其优点和缺陷各是什么?
2. 李大钊等人是如何用马克思主义观点批驳胡适观点的?
3. "问题与主义"之争有何现实意义?

分析思路和要点

1. 从客观事实入手,首先了解争论发生的社会背景及基本过程,了解论争双方的主要观点。

2. 论战双方的主要人物胡适和李大钊曾经是一个战壕的战友,原本都是新文化运动的代表性人物,但后来由于所信仰的"主义"不同,面对改造中国需要解决的诸多问题,则提出了大不相同的解决方案。

3. "问题与主义"之争的初衷是针对当时客观存在的二者对立或者割裂倾向。因此,论争双方的观点及主张并不都是截然对立的,而存在部分的共识。双方的主要分歧或争论的焦点主要在于,"主义"在解决中国问题的实践中的地位与作用问题,特别是马克思主义能不能解决中国问题。

4. 这次论争对于马克思主义在中国的传播与发展,特别是对于用马克思主义指导中国革命问题产生了积极影响。

教学建议

1. 教学准备。学生提前熟悉案例内容及思考讨论题。
2. 教学环节。指导学生自主或划分小组并进行小组讨论（5~8人为一组），课堂集中讨论交流。
3. 教学时间。共4课时。其中个人学习研究、挖掘资料等2课时，课堂讨论交流2课时。

形形色色的改造中国社会的方案和理论

教学目的

本案例客观介绍了20世纪二三十年代中国关于改造社会思潮发生发展的基本情况,概括分析了主要党派关于改造中国社会的理论及方案产生的社会背景及历史文化原因,由此引发学生思考1927年国民大革命失败以后,介于国共两党之间的中间党派出于不同的阶级立场和共同的爱国、救国、兴国愿望,分别提出的改造中国社会的各种理论及方案为什么行不通,进而思考中国选择马克思主义作为指导思想的历史必然性。

教学用途

本案例主要适用本专科学生的"中国近现代史纲要"和提干班的"人民军队历史与优良传统"等课程的教学,同时也适用于"4+1"学员及个别短训班"党史军史国史"等专题教学。

内容提要

改造中国的思想理论,最初起源于鸦片战争之后出现的各种救国思想,五四运动时期,在各种主义和理论的传播过程中,逐步突出其改造中国的主题。到1927年以国共合作为基础的国民大革命失败后,国民党开始实行法西斯统治,中国共产党的革命主张则遭受严重挫折。介于国共两党之间的阶级阶层及其党派,分别站在各自的立场,提出了解决中国问题的不同主张,设计了改造中国的不同方案,从而使改造中国思潮达到高峰。

案例正文

鸦片战争之后,随着民族危机和社会危机的加深,先进的中国人坚持不懈地向西方国家寻找真理。尤其是到了甲午战争中国战败之后,救亡图存、振兴中华成为时代性主题。改造中国的思想理论和实践活动便正式拉开帷幕。到20世纪二三十年代,在国民党以主张"三民主义"之名而行法西斯主义之实的同时,中国共产党开始了以土地革命、武装斗争为主要内容的农村包围城市道路的探索,其他党派或团体也从各自的立场出发提出了改造中国社会的不同理论和方案,从而将改造中国思潮推向高潮。

一、改造中国思潮的形成发展

改造中国思潮是伴随着鸦片战争后中国民族危机的不断加深而逐步形成的。早在1894年兴中会成立时,兴中会的政治纲领中"驱除鞑虏""建立民国"主张,就包含着改造中国的思想。孙中山在上海时,有人请他演讲,演讲的题目就是"改造中国的第一步"。1898年戊戌变法运动中,梁启超提出要创造一个"少年中国",实际上也是要改造中国。但在当时,人们还没有明确集中地提出改造中国的政治口号。五四运动之后,改造中国的各种设计方案在引进西方的各种思潮中纷纷呈现,其中的某些主张甚至实践断断续续坚持到20世纪30年代。

(一)辛亥革命后中国各界对国家前途的设计

1. 以孙中山为代表的资产阶级革命派希望建立资产阶级民主制度

民国初年,孙中山以西方国家的社会政治制度为蓝本,创立了民族、民权、民生三大主义,在中国历史上第一次提出比较完整的资产阶级共和国方案,并将其付诸实施。当时,内阁制、多党制、议会制等一套从西方学来的东西,也曾实行过。然而,"中国人向西方学得很不少,但是行不通,理想总是不能实现"①。人们曾以为足以救亡并能使中国起衰振弱的种种措施都尝试过,结果却都不能解决中国的任何实际问题。资产阶级共和国的方案不是包治中国百病的良药。辛亥革命的失败,曾使中国的先进分子陷入极度的苦闷和彷徨之中。原有的幻梦破灭了,中华民国的成立并没有给人们带来预期的民族独立和社会进步,"中国又一天一天沉入黑暗里"②。

2. 以袁世凯为代表的军阀势力希望恢复并维持封建统治

袁世凯上台后,军阀势力继续利用封建思想禁锢人们的头脑,维护自己的统治。中国思想文化界出现了一股尊孔读经、复古倒退的逆流。社会上,孔教会、尊孔会之类组织纷纷出笼,它们利用社会上对辛亥革命后局势的失望情绪,诋毁共和制度,诽谤民主思想,要求定孔教为国教。与此同时,粗俗鄙陋、格调低下的文艺作品大肆泛滥,鬼神迷信之说广为流行。这些东西严重束缚人们的思想,扼杀民族的生机。

3. 以陈独秀为代表的知识分子主张从思想启蒙入手挽救中国

辛亥革命由胜利到失败,特别是两次帝制复辟的出现,促使人们对如何学习西方的民主政治制度进行反思。先进的中国人终于认识到,仅仅靠西方政治制度的移植难以救中国。要从根本上改造中国,必须有文化的觉醒和思想的启蒙。1915年9月,陈独秀在上海创办《青年杂志》,在思想文化领域掀起一场以民主和科学为旗帜,向传统的封建思想、道德、文化宣战的新文化运动。一年后,《青年杂志》更名为《新青年》。添加一个"新"字,不仅使其鼓吹新思想、新文化,启发新觉悟,造就新青年的主旨一目了然,而且给人以全新的感觉:起点新,内容新,目标新,形式新。该刊发表的李大钊的《青春》一文,不仅强调青年之青,而且强调从精神上、思想上都有新青年与旧青年之分,希望青年们站在时代前列,做一个有为的新青年。《新青年》创刊时曾表示其宗旨不在"批评时政",但这并不表明它不关心政治,实际上其作者明确认识到,他们

---

① 毛泽东:《论人民民主专政》(1949年6月30日),《毛泽东选集》第4卷,人民出版社,1991年,1470页。

② 鲁迅:《论"费厄泼赖"应该缓行》(1925年12月29日),《鲁迅全集》第1卷,人民文学出版社,1981年,272页。

在思想文化领域内所进行的斗争,是和政治密切相关的。他们反对旧思想、旧文化,实际上就是对旧政治的声讨。出于对辛亥革命失败的反思,他们不愿就事论事地议论现时的政治问题,而力图通过思想的启蒙促进政治的根本改革。除了《新青年》以外,积极提倡新文化、传播新思想的报刊,还有《每周评论》《国民》《新潮》《少年中国》《建设》《星期评论》《改造》《晨报》《京报》等。

新文化运动作为用资本主义新文化反对封建主义旧文化的斗争,虽然目的是要"建设西洋式之新国家,组织西洋式之新社会",把中国引向资本主义道路,"以求适今世之生存"[①]。但是,中国近代历史已经表明,在帝国主义时代,在半殖民地半封建的中国,西方的资产阶级民主主义,并不能给中国人民指出真正解放的道路。面对辛亥革命以后中国政治和社会黑暗混乱的状况,有些先进分子已经开始怀疑资产阶级民主共和国的方案是否适合于中国,开始考虑中国是否还有别的出路。

(二)五四运动后各种新思潮所呈现的改造中国思路

经过五四爱国运动,中国人民有了新的觉醒。特别是青年中的一批先进分子,以救国救民、改造社会为己任,重新考虑中国的前途,探求改造中国社会的新方案。他们纷纷撰写文章、创办刊物或成立社团,以介绍、传播和研究国外的各种新思潮。当时,鼓吹新思潮的刊物如雨后春笋,先后出现 400 多种。这些刊物的绝大多数都宣称以改造社会为宗旨,有的还在文章中提出各种各样的改造中国社会的方案。

由于巴黎和会打破了人们对于帝国主义列强的幻想,更由于俄国十月革命的影响渐次扩大,因此,五四爱国运动后中国思想界出现一个明显特点,就是有相当一部分人在否定封建主义的同时,也开始怀疑以至放弃资产阶级共和国的方案,转而向往社会主义,认为"社会主义是现时和将来的人类共同的思想"。社会主义学说开始成为新思潮的主流。

新思潮来势汹涌,冲破传统思想的禁锢,使中国人民的思想得到一次大解放。当然,潮流涌来时难免泥沙俱下。"五四"时期被中国人当作新思潮传播的社会主义学说十分庞杂,既有马克思主义的科学社会主义,又有各种各样被称为"社会主义"的资产阶级和小资产阶级的思想流派,如无政府主义、无政府工团主义、互助主义、新村主义、合作主义、泛劳动主义、基尔特社会主义、伯恩施坦主义等。这时的情况是,"帝国主义压迫的切骨的痛苦,触醒了空泛的民主主义的噩梦","所以,学生运动倏然一变而倾向于社会主义"[②]。但绝大多数的进步青年对社会主义只是抱着一种朦胧的向往。他们对各种社会主义学说的了解,如同"隔着纱窗看晓雾",并不十分清晰。对这些主义和学说,他们正在进行分析、比较和选择,希望能从中找到挽救民族危亡和改造中国社会的良方。

北京、天津、南京、上海、武汉、广州、长沙的一些进步青年,在 1919 年底曾经兴起工读互助主义的实验活动。他们遵循工读互助主义的学说,按照"人人做工,人人读书,各尽所能,各取所需"的理想,组织互助社一类小团体,过起"共产的生活",并希望把工读互助团逐渐推广到全社会,从而实现"平和的经济革命"。然而,这种工读互助团的试验好景不长。经过一段时间的实践,这类组织都因遇到种种无法克服的困难而解体。

与实践"工读互助"相类似,一些青年知识分子模仿日本九州的新村、美国的劳动共产村的

---

① 陈独秀:《宪法与孔教》(1916 年 11 月 1 日),《新青年》第 2 卷第 3 号。
② 《瞿秋白诗文选》,人民文学出版社,1982 年,34,35 页。

做法,也在中国进行"新村"试验。同工读互助团的命运一样,这些中国的"新村"也是昙花一现。

"工读互助"和"新村"试验的失败,对热衷于空想社会主义和改良主义的人们,是一次非常实际的教育。许多参加"工读互助"和"新村"活动的青年开始认识到:"社会没有根本改造以前,不能试验新生活";"要改造社会,须从根本上谋全体的改造,枝枝节节地一部分的改造是不中用的"①。他们很快抛弃不切实际的空想,转而寻找改造社会的"实际可循"的途径。这就为一批进步青年认识空想社会主义和其他类似的改良主义思想的谬误,最终选择科学社会主义作为自己的信仰,创造了有利的条件。

(三)马克思主义在思想纷争中脱颖而出

五四运动之后,马克思主义和其他各种社会政治思潮的输入,使中国的思想界异常活跃,各种思潮汹涌而来,争奇斗艳,各种政治方案都摆在了中国人的面前,任人们比较取舍。这种思想上的解放为改造中国社会思想理论的形成发展提供了重要前提。随后出现的纷繁多彩的种种主义、主张,可以说都是对改造中国问题交出的一张张答卷。

在纷然杂陈的各种社会思潮中,马克思主义经过斗争或者说是经过激烈的思想论争才不断扩大影响,被越来越多的中国人所接受,并最终成为改造中国最有力的思想武器。这首先是人民中先进分子的选择,接着是多数人的行动,最终成了中国历史的选择。

五四运动后,随着新文化运动的深入发展和马克思主义的广泛传播,新文化运动的阵营逐渐发生分化,出现了以什么主义改造中国社会、社会主义是否适应中国、无政府主义是否适应中国的三次激烈论争。

1."问题与主义"之争②

以胡适为代表的一部分资产阶级知识分子,曾在五四运动前的新文化运动中起过一定作用,但他们不愿意看到新文化运动发展为广泛传播马克思主义的运动。1919年7月,以胡适在《每周评论》第31号上发表《多研究些问题,少谈些"主义"》一文为开端,中国思想界展开了一场"问题与主义"之争。在这场论争中,李大钊和胡适的主要分歧,一是要改造中国,问题多得很,是根本改造、根本解决,还是一个问题一个问题地去解决?二是改造中国要不要主义作指导?是要有确定的方向和目标,还是只要解决具体问题不问方向?李大钊主张,改造中国要从经济组织、经济构造上进行根本的改造,要以布尔什维克主义、马克思主义作指导。陈独秀指出,主义问题也是方向问题。他在《主义与努力》一文中说:"主义制度好比行船的方向,行船不定方向,若一味盲目的努力,向前碰在礁石上,向后退回原路去,都是不可知的。"故要研究主义来确定方向。李大钊和各地年轻的马克思主义者依据他们的认识水平,论证了马克思主义适合中国的需要,阐述了对中国社会进行一次彻底革命的必要性。这场论争对于扩大马克思主义的影响,推动人们进一步探索如何改造中国社会起了积极的作用。

2. 关于社会主义问题的讨论

主要争论的问题,一是发展生产应采用资本主义的方式,还是采用社会主义的方式?梁启超主张采用资本主义方式。李达驳斥他说:"将来社会的经济组织必归属于社会主义。""在今日而言开发实业,最好莫如采用社会主义"。二是要不要建立"劳农专政"的国家。张东荪反对

---

① 存统:《"工读互助团"底实验和教训》,《星期评论》第48号(劳动纪念号),1920年5月1日。

② 见本书案例。

"劳农专政"。李达指出,要解决中国的社会问题,必须"采用劳农主义的直接行动,达到社会革命的目的"。

1920年,张东荪在陪同来华讲学的英国哲学家罗素的过程中,发表文章,对罗素劝告中国"暂不主张社会主义",当务之急是"开发中国资源"、发展实业的言论表示十分信服。梁启超于1921年2月撰文,支持张东荪的观点,反对在中国实行社会主义。他们认为,中国经济落后,大多数人民无知识,"绝对不能建设劳动阶级的国家",也不能建立共产党,对社会主义只可"冷静研究",连宣传"亦可少做",否则就是制造"伪劳农革命"。与胡适不同,他们并不否认帝国主义的掠夺和压迫是中国落后的根源,但他们认为,中国唯一的病症是穷,救治的办法是用资本主义的方法发展实业。他们自称信奉基尔特社会主义①,赞成社会主义理想,但又断言中国必须依靠"绅商阶级"来发展资本主义。张、梁两人提出的发展实业、发展资本主义经济的主张,虽然符合当时中国社会经济发展的要求,但他们只是消极静待资本主义的兴起和发展,并不明白在帝国主义的侵略和封建主义的压迫下,中国资本主义无法获得正常的充分的发展,只有通过革命的手段,完成反帝反封建的任务,实现国家独立和人民民主,才能充分发展实业和达到国家富强的道理。他们抱着恐惧的心情,极力反对在中国宣传科学社会主义和建立无产阶级政党,这是错误的。

陈独秀、李大钊、李达、蔡和森等人纷纷著文,反驳张东荪、梁启超等人的言论。他们指出,中国经济虽然落后,但无产阶级的存在是一个客观事实;中国的无产阶级和农民不但遭到本国资产阶级、地主的压迫和剥削,而且遭到国际帝国主义的残酷掠夺和压迫,有强烈的革命要求,"革命之爆发乃是必然的趋势"。中国遭受外国帝国主义侵略和掠夺的现状,"除了中国劳动者联合起来组织革命团体,改变生产制度,是无法挽救的"。"中国劳动(农工)团体为反抗资本家资本主义而战,就是为保全中国独立而战。只有劳动团体能够达到中国独立之目的"②。在中国,结合共产主义信仰者,组织巩固的团体,建立共产党,不仅有必要,而且有条件。他们还指出,中国必须发展实业,但要改变中国贫穷落后的状态,出路在于社会主义。"今日在中国想发展实业,非由纯粹生产者组织政府,以铲除国内的掠夺阶级,抵抗此世界的资本主义,依社会主义的组织经营实业不可"③。他们对基尔特社会主义进行了批判,指出用"温情主义"的社会政策来"矫正"资本主义的弊病,只不过是一种改良主义的幻想。

这场论争持续了一年多的时间。从本质上说,这是一次关于中国走社会主义道路还是走资本主义道路、实行社会革命还是实行社会改良和需要不需要建立无产阶级政党的论争。以提倡基尔特社会主义为名而主张发展资本主义的人们,既无法说明中国在当时条件下如何实行基尔特社会主义,又无法抹杀在帝国主义和封建主义统治下资本主义不可能在中国发展起来的事实。他们在马克思主义者的有力回击下,只能败下阵去。

在这场论争中,早期的马克思主义者把握了时代前进的方向。他们运用刚刚学到的马克思主义理论,剖析了资本主义制度固有的矛盾;揭示出资本主义最终必将在矛盾激化中走向灭

---

① 基尔特社会主义来自英国,它认为无产阶级的社会主义革命是不需要的,依靠职工的行会组织就可以改变资本主义国家的性质。这是一种借社会主义之名来维护资本主义制度,欺骗工人阶级的思想。基尔特是英文 Guild 的译音,意为"行会"。
② 《独秀复东荪先生底信》(1920年12月),《新青年》第8卷第4号。
③ 李大钊:《中国的社会主义与世界的资本主义》(1921年3月20日),《评论之评论》第1卷第2号。

亡,社会主义必将取代资本主义;肯定中国的出路只能是社会主义;强调要改造中国社会,必须建立共产党组织。这些观点是正确的。但是,他们在论争中也有弱点,如对中国半殖民地半封建的社会性质还缺乏科学的认识,主张直接进行社会主义革命。他们没有看到在中国社会经济十分落后的情况下,民族资本主义在一定时期内和一定程度上的发展不仅是不可避免的,而且是有益的。他们不懂得张东荪、梁启超等人的错误不在于说中国现时还不能实行社会主义,而在于认为既然不能马上实行社会主义,就不需要社会主义者,不需要社会主义思想,不需要成立共产党。为反驳这种观点,只是斥责资本主义的弊病,声讨资本主义的罪恶是不够的,还需要运用马克思主义对中国的国情作深入的分析,研究中国革命的发展道路,提出如何将马克思主义与中国国情相结合的具体主张。早期马克思主义者的这些不足,随着革命实践的发展逐步得到了解决。

3. 马克思主义和无政府主义的论争

这次争论的核心问题是要不要在中国实行无产阶级专政,建立无产阶级领导的国家;要不要建立一个有组织有纪律的马克思列宁主义政党。这是要达到什么政治目的和实现目的的主要手段问题。

中国是一个小资产阶级众多的国家,大批的小资产阶级知识分子不满现状,具有反抗旧的社会制度的愿望。无政府主义以革命的面貌出现,很适合他们的口味。"五四"时期,无政府主义在青年知识分子中流传很广。无政府主义者在揭露和批判封建军阀的专制统治方面,在帮助人们了解十月革命和新思潮的过程中,曾起过一定积极作用。但是,他们反对一切国家和一切权威,反对一切政治斗争和暴力革命,并在反对中国反动政权的同时,把攻击的矛头指向马克思主义国家学说和俄国的无产阶级专政。他们企图超越社会发展的历史阶段,鼓吹在社会革命后立即实行"各取所需"的分配原则。他们提倡个人主义,主张绝对自由,反对任何组织纪律。这种思想在青年知识分子中起着很大的消极作用。

在中国共产党成立前后,马克思主义者围绕革命的形式、国家的本质等问题,对无政府主义进行了严肃的批判。马克思主义者认为,政党是无产阶级革命运动的神经中枢,是主要工具。陈独秀在《谈政治》一文中说:"我承认用革命的手段建设劳动阶级(即生产阶级)的国家。"施存统在《我们要怎样干社会革命?》一文中更明确地说:"我们共产主义者,主张推翻有产阶级国家之后,一定要建设无产阶级的国家。"他们阐明无产阶级领导人民群众进行革命斗争,用暴力夺取政权,建立无产阶级专政的必要性和重要性。他们论证无产阶级国家同剥削阶级国家的本质区别,指出对于封建贵族、资产阶级的国家必须彻底推翻,而对于无产阶级专政则必须巩固和加强,这是由资本主义通向共产主义的正确道路。马克思主义者既肯定无政府主义者的革命积极性,又批判他们在国家问题上的糊涂观点,指出这种糊涂观点只能使他们在革命中走入歧途。马克思主义者还批判无政府主义者在分配问题上的平均主义思想,并着重驳斥他们的"绝对自由"的主张。他们指出,在人类社会中,自由总是相对的,所谓"绝对自由"是根本不存在的。

这次批判无政府主义思潮的斗争,规模较大,除在《新青年》《共产党》等刊物上进行外,还在一些社团和进步青年中展开。许多受无政府主义思潮影响的青年知识分子是进步的,是有强烈的革命愿望的。他们的错误是在探索过程中认识上的错误。经过这场论争,除少数无政府主义者仍然坚持自己的立场外,大多数受无政府主义思想影响的青年抛弃这种错误思想,接受马克思主义,成为无产阶级的忠诚战士。

"五四"时期发生在马克思主义者同资产阶级改良主义者、无政府主义者之间的论争,在中国思想领域产生了重大而深远的影响。在论争过程中,早期马克思主义者以坚定不移的信念,勇敢地拿起马克思主义这一理论武器,批驳资产阶级和小资产阶级的种种错误思潮,一步一步地扩大了马克思主义的思想阵地。一批以救国救民为己任、立志改造中国社会的进步青年,经过这场交锋,已初步感受到马克思主义这一理论的科学性和真理性,认清了科学社会主义与资产阶级改良主义、无政府主义之间的本质区别,认识到只有科学社会主义才能达到救国救民和从根本上改造中国社会的目标。他们在确立自己的人生信仰和选择何种"主义"来改造中国社会的过程中,经过反复比较,最终抛弃资产阶级改良主义和无政府主义,选择科学社会主义,转变为马克思主义者,并迅速投入到宣传马克思主义,与工人群众相结合和创建中国共产党早期组织的行动中去。

三次论战的结果,在先进的中国知识分子中间明确了以下两大问题。一是确定了中国社会的长远发展方向——社会主义,二是要建立一个无产阶级的革命政党,作为实现这一长远目标的工具。对社会主义的选择,是中国历史发展的结果,是通过反复比较推求,先进的中国人做出的历史的选择。

(四)马克思主义成为改造中国的主流思想

五四运动后,在新旧思潮的激荡中,在新旧势力的斗争中,"改造中国"成为非常流行的政治主张。觉醒的中国人的共识是,中国非变不可,非把旧中国改造为新中国不可,否则就无法在世界上存在。梁启超、张东荪等办了一个刊物,初名《解放与改造》,后改称《改造》。新民学会的宗旨是"改造中国与世界"。可见改造中国是当时人们普遍关心的问题。在新思潮大量涌现、诸多学说流派争鸣斗胜的形势下,马克思主义以其高度的科学性和革命性逐渐吸引着越来越多的进步青年。

中国知识分子在讨论、论辩中选择马克思主义,是当时许多学会团体中普遍发生的事情。例如湖南的新民学会便是很好的例子。新民学会的成立受到梁启超《新民说》的影响,它的宗旨是做"新民",即做新人。为此,它要求会员加强道德人格方面的修养。经过一段时间的探索,在召开年会时,他们提出和讨论了"改造中国"的问题,明确了改造中国的立场。但在改造中国的方式上,却存在着分歧。是采取一点一滴的社会改良,还是实行根本解决?是从教育入手进行和平改造,还是采取激烈的暴力手段从事革命?是走克鲁泡特金式的互相合作道路,还是走马克思式的社会革命道路?从研究改造中国的具体问题出发,新民学会的许多成员从"呼声革命"转到"暴力革命",走上了马克思列宁主义的道路。

马克思主义作为指导无产阶级和广大人民群众争取自身解放的理论武器,在中国的广泛传播并开始同工人运动相结合,引起帝国主义者和封建军阀的极端恐惧。他们给它加上"过激主义"等罪名,竭力阻止其在中国的传播。北洋军阀政府和各省的军阀统治者都曾发布命令或张贴布告,要求"严防"和"查禁""过激主义",并查封不少进步报刊,但这并未能阻止马克思主义在中国的广泛传播。

早在清末民初,一些来华的外国传教士、中国资产阶级知识分子和中国无政府主义者就在报刊上对马克思、恩格斯及其理论做过零星的介绍。但他们对这一科学理论的了解和认识是非常肤浅和片面的,他们的介绍一直没有引起人们的特别关注。

第二部分　只有马克思主义才是中国革命胜利的指导理论

"十月革命一声炮响,给我们送来了马克思列宁主义。"①十月革命后,以李大钊为代表的先进分子开始在中国传播马克思主义。

李大钊是中国第一个传播马克思主义并主张向俄国十月革命学习的先进分子。1918年,他发表《法俄革命之比较观》,论述1917年俄国十月革命与1789年法国资产阶级革命的本质区别,指出:"俄罗斯之革命是20世纪初期之革命,是立于社会主义上之革命",同法国大革命预示着世界进入资产阶级革命时代一样,俄国十月革命预示着社会主义革命时代的到来,是"世界的新文明之曙光"。他在同一年写的《庶民的胜利》和《布尔什维主义的胜利》两篇文章中,热烈地赞扬十月革命,指出无产阶级的社会主义革命是世界历史的潮流。什么皇帝、贵族、军阀、官僚、军国主义、资本主义,"遇见这种不可当的潮流,都像枯黄的树叶遇见凛冽的秋风一般,一个一个的飞落在地"。他满怀信心地预言:"试看将来的环球,必是赤旗的世界!"

1919年10月、11月,李大钊分两期在《新青年》上发表《我的马克思主义观》一文。该文充分肯定马克思主义的历史地位,称其为"世界改造原动的学说"。与以往一些文章对马克思主义所做的片断的、不确切的表述不同,李大钊的这篇文章系统地介绍了马克思主义的唯物史观、政治经济学和科学社会主义的基本原理。该文的发表,不但表明李大钊完成从民主主义者向马克思主义者的转变,而且标志着马克思主义在中国进入比较系统的传播阶段。

除李大钊外,留学日本期间接触和研究过马克思主义的几位进步青年,对马克思主义在中国的早期传播也起过重要的作用。李达于1918年在日本学习时,曾经阅读和研究马克思主义著作。一年后,他在上海《民国日报》副刊《觉悟》上,先后发表《什么叫社会主义》《社会主义的目的》等文章,指出"社会主义和共产主义是不同的","社会主义和无政府主义是不同的"②。从1919年秋到1920年夏,他翻译了《唯物史观解说》《马克思经济学说》和《社会问题总览》三部著作,寄回国内出版。这些著作对马克思主义的各个组成部分做了比较系统的阐述,对国内传播和研究马克思主义起到很大的推动作用。杨匏安从日本回国后,于1919年10月至12月间连续发表文章,对各派社会主义学说的要点及其创始人的生平进行了介绍。他在同年11月至12月发表的《马克思主义》一文,对马克思主义的三个组成部分做了比较全面而简要的阐述。这是中国人所写的又一篇比较系统地传播马克思主义的文章。此外,李汉俊回国后也发表了一批宣传马克思主义的文章。

1919年7月和1920年9月,列宁领导的苏俄政府两次发表宣言,宣布废除沙皇政府同中国签订的不平等条约,放弃在中国的特权③。苏俄政府对华宣言受到中国人民的热烈欢迎,而且也吸引更多的中国先进分子关注苏俄的内外政策。这对扩大十月革命在中国的影响和科学社会主义在中国的传播,起到了重要的促进作用。

在此前后,《新青年》《每周评论》《民国日报》《建设》等一批报刊纷纷发表宣传马克思主义的文章。据统计,"五四"时期在报刊上发表的介绍马克思主义的文章多达200多篇,其中很大一部分是马克思、恩格斯著作的译文。这样集中地介绍国外的一种思想理论,在中国近代报刊史上是罕见的。特别值得一提的是,《每周评论》在摘译《共产党宣言》第二章的内容时,编者还

---

① 毛泽东:《论人民民主专政》(1949年6月30日),《毛泽东选集》第4卷,人民出版社,1991年,1471页。

② 李达:《什么叫社会主义》(1919年6月),《李达文集》第1卷,人民出版社,1980年,1页。

③ 苏俄政府后来并没有将宣言中的承诺全部付诸实施。

加了这样一段按语:"这个宣言是马克思和恩格斯最先最重大的意见。他们发表的时候,是由1847年的11月到1848年的正月,其要旨在主张阶级战争,要求各地劳工的联合,是表示新时代的文书。"①

到这时,五四运动前兴起的新文化运动,已发展成为以传播马克思主义为中心的思想运动。有人描述这种情形说:"一年以来,社会主义底思潮在中国可以算得风起云涌了。报章杂志底上面,东也是研究马克思主义,西也是讨论鲍尔希维主义(即布尔什维主义——引者注);这里是阐明社会主义底理论,那里是叙述劳动运动底历史,蓬蓬勃勃,一唱百和,社会主义在今日的中国,仿佛有'雄鸡一鸣天下晓'的情景。"②

在马克思主义传播的过程中,中国南北方各形成了一个宣传马克思主义的中心。北方是北京,南方是上海。在北京,1920年3月,由李大钊主持,成立了北京大学马克思学说研究会。著名的"亢慕义斋"("亢慕义"为英文 Communism 的音译,意为"共产主义")就是这个研究会的办公室和图书馆。在上海,陈独秀等于1920年5月发起成立了马克思主义研究会。这两个中心,先后同湖北、湖南、浙江、山东、广东、天津和海外一批受过五四运动深刻影响的先进分子建立联系,从北京、上海分别向各地辐射,促进了马克思主义的广泛传播。

在马克思主义传播过程中,还有一条特殊的渠道和一支特别的队伍——五四运动前后出国勤工俭学的青年知识分子。从1919年初到1920年底,全国各地赴法国勤工俭学的青年就有1 600多人,还有一些人去了英国、德国和比利时。这些有志于改造中国的进步青年,直接接触到产生马克思主义的欧洲社会,在那里认真学习和探求真理。他们到工厂做工,亲身体验工人阶级的生活,思想感情逐渐发生根本性的变化。许多人经过反复的比较和推求,最后做出自己的抉择,走上无产阶级革命的道路,转变为马克思主义者。他们中的一些人还通过通信等方式,向国内思想界传播马克思主义。同时,一些原来由学生和华工组成的以"工读""互助"等为信条的勤工俭学组织,也转向信仰共产主义。其中在勤工俭学励进会的基础上成立的工学世界社,于1920年12月底召开大会,表示要以马克思主义和实行俄国式的社会革命为宗旨。

五四运动以后,中国先进分子比较详细地介绍了马克思主义各组成部分的主要观点。在唯物史观方面,他们介绍了社会的发展根源于生产力与生产关系、经济基础与上层建筑相互矛盾运动等观点。在阶级斗争学说方面,着重阐释了阶级和阶级斗争的定义,阶级的划分和阶级之间的斗争是基于经济利益的不同的观点,以及国家是阶级斗争的工具,无产阶级必须掌握政权,建立多数人对少数人的专政等基本思想。在剩余价值理论方面,着重围绕资本的本质,介绍了剩余价值是资本家通过生产过程无偿占有工人劳动的一部分,是对无产阶级的剥削,是资本积累的重要组成部分等观点。此外,中国先进分子对马克思、恩格斯关于未来社会的描述也进行了介绍。

中国先进分子通过对马克思主义各个组成部分的观点及其相互之间联系的介绍,使人们对这一科学理论有了一个比较完整的认识。同时,他们又认真地把马克思主义和其他社会主义思潮进行比较,使人们认识到它们之间的联系与区别。他们的介绍和传播,引起了中国思想文化界特别是进步知识分子对马克思主义学说的极大兴趣。

中国先进分子传播马克思主义的主要目的不是单纯为探求学理,不是在玩弄新的辞藻,而

---

① 《每周评论》第16号,1919年4月6日。
② 《近代社会主义及其批评》,《东方杂志》第18卷第4号,1921年2月25日。

是为了正确认识社会发展的规律,认识资本主义制度的本质,为担负起改造中国的历史使命在寻求和掌握革命的科学理论。因此,他们特别重视传播阶级斗争和社会发展的学说,并把马克思的阶级斗争学说看作是联系马克思主义其他原理的一条"金线"。虽然他们中的大多数人没有条件直接阅读外文版的马克思主义著作,没能系统地学习马克思主义和研究中国的实际情况,因而存在着理论准备不足的弱点,但他们在学到马克思主义一些基本观点后,就积极投身到实际斗争中去,努力用这些新观点观察和分析中国社会的诸多问题。他们深入到工厂、农村进行社会调查,了解民众的疾苦,并用通俗易懂的语言向工人宣传马克思主义,推动了马克思主义与中国工人运动的结合。经过学习、宣传马克思主义以及"与劳工为伍"的实践,一批先进分子相继从激进民主主义者转变为马克思主义者。

在这批先进分子中,李大钊在介绍俄国十月革命和传播马克思主义方面做出了杰出的贡献,是中国最早的马克思主义者。新文化运动的主要代表人物陈独秀在五四运动的推动下,逐渐否定过去信仰的资产阶级民主主义,开始转向科学社会主义,并组织和领导工人运动。1919年12月,他在《告北京劳动界》一文中指出,18世纪以来的民主,是资产阶级向封建阶级做斗争的旗帜;20世纪的民主,乃是无产阶级向资产阶级做斗争的旗帜。陈独秀过去主张仿效欧美,在中国建立资产阶级共和国,这时抛弃了这种主张,认为"共和政治为少数资本家阶级所把持","要用它来造成多数人幸福,简直是妄想"。1920年5月,他在上海积极组织工人举行庆祝五一国际劳动节的集会。9月,他发表长篇论文《谈政治》,指出:"若不经过阶级战争,若不经过劳动阶级占领权力阶级地位底时代,德谟克拉西(即英文Democracy之音译,意为'民主'——引者注)必然永远是资产阶级底专有物,也就是资产阶级永远把持政权抵制劳动阶级底利器。""我承认用革命的手段建设劳动阶级(即生产阶级)的国家,创造那禁止对内对外一切掠夺的政治、法律,为现代社会第一需要。"这些言论和活动表明,他已经把立足点移到无产阶级一边,主张改造中国必须走马克思主义指引的道路。

毛泽东在五四运动的推动下,由激进民主主义者逐渐转变为马克思主义者。1918年4月,毛泽东与蔡和森等人在长沙发起组织新民学会,从事革命活动。同年,他在第一次北京之行期间,受到俄国十月革命的思想影响。五四运动后,他主编《湘江评论》,热情歌颂十月革命,认为这个胜利"必将普及于全世界","我们应当起而仿效"。1919年12月他第二次到北京,热心阅读关于十月革命的书籍和马克思主义著作。1920年4月,他从北京到上海,一直逗留到7月,同陈独秀探讨马克思主义以及如何开展湖南的革命活动等问题。在北京和上海这段时间里,毛泽东的思想迅速发生变化。到1920年冬,他从理论到实践上已成长为一个马克思主义者。

周恩来在五四运动爆发后不久,从日本回到天津,主编《天津学生联合会报》和《觉悟》,以宣传群众,指导天津的学生运动。他作为天津学生的代表,两次进京请愿,与北京学生一起进行斗争。1919年9月,他发起成立觉悟社,介绍和研究新思潮。在1920年1月29日为抵制日货所进行的请愿斗争中,他遭到反动当局的逮捕。在被拘留期间,他向难友们做了五次介绍马克思学说的讲演。其内容有马克思传记、唯物史观、剩余价值学说和阶级斗争史等。1920年11月,他前往欧洲留学。通过对西方资本主义国家的实地考察,经过对改造社会的各种学说的比较和选择,他也从激进的民主主义者转变为马克思主义者。

参加过辛亥革命的董必武、林祖涵、吴玉章等一批先进分子,结合自己的亲身经历和实践,通过学习马克思主义,最终抛弃旧的主张,同样实现了思想上的转变,成为马克思主义者。

在学习和传播马克思主义的过程中,李达、邓中夏、蔡和森、杨匏安、高君宇、恽代英、瞿秋白、赵世炎、陈潭秋、何叔衡、俞秀松、向警予、何孟雄、李汉俊、张太雷、王尽美、邓恩铭、张闻天、罗亦农等一大批先进分子,先后走上无产阶级革命道路,成为马克思主义者。

中国人民选择马克思主义作为改造中国的指导思想,选择社会主义作为自己奋斗的长远目标,选择阶级斗争作为改造中国的主要手段,这是第一步的选择。第二步选择,是确定要走新的民主革命道路。即采用社会主义的生产方法,建立社会主义公有制,废除资本主义私有制,建立劳农专政的国家,当时被先进的中国人作为直接实现的目标。

二、国民革命失败后关于改造中国的主要方案

1924至1927年间的国民大革命洪流,把许多资产阶级、小资产阶级及其知识分子卷了进来,使他们对国家前途充满了希望,有些还加入了中国共产党或社会主义青年团。但当大革命失败,全国陷入一片白色恐怖时,有些人又陷入极度的失望之中。他们既不满足继续受压迫的地位,不满意国民党各派争权夺地的争斗,又不赞同中共搞武装斗争、以暴力手段进行土地革命的做法,而且还从革命失败中得出了共产党的主张不适合中国的结论。另有一些未直接参加大革命但关心中国命运的知识分子如胡适、梁漱溟等,在中国政局大变动的情况之下,也从刚刚逝去的历史中总结经验教训,提出对中国问题的解决方案,探索中国理想的出路。这样,大革命失败后的中国,便出现了既不同于国民党也不同于共产党的关于中国问题的解决办法和应走道路的政治思潮。

（一）第三党改造中国的理论建树

邓演达领导的第三党,正式名称是"中国国民党临时行动委员会",是大革命失败后出现的一个异于国、共又介乎国、共之间的政派。它对中国出路的探索主要体现在邓演达发表的《中国国民党临时行动委员会政治主张》《中国到哪里去》等一系列文章中。

第三党的政治主张主要有以下三点。

第一,通过总结、反思大革命失败的经验教训及大革命失败后中国革命形势,得出结论国民党和中共的理论及实践都不适合中国。它认为南京国民政府已经成为"旧势力之化身,军阀之工具,民众之仇敌"[①],是"买办资产阶级与豪绅地主的联合政权"。同时,批评中共的主张,指出"共产党以为中国现时的经济组织已经主要的是资本主义的组织,因此它要用共产主义革命的方式去解决中国问题;……我们反对用不对症的药方——共产主义革命——去破坏一切现存的经济组织。……共产党只是想利用农民威胁农民,去建立一部分的工人独裁政权,我们却是要……建立平民的政权。"[②]它不同意共产党主张的根本理由,是通过观察大革命的实践,认定"共产主义革命"不适合中国革命的情况。

第二,第三党对中国革命的许多根本问题都进行了探讨,并取得了重大成果。它认为,中国社会"还滞留在封建势力支配阶段,还是前资本主义时代。同时又因为帝国主义势力支配着中国的缘故,使中国社会益呈复杂的状况"[③]。因此,中国革命"必然的要以农工为核心,而其他一切被军阀官僚地主压迫剥削的成分都会围绕在农工的周围,构成广大的革命群众","对外

---

① 《对中国及世界革命民众宣言》,《革命行动》第1期,1930年9月1日出版。
② 邓演达:《中国国民党临时行动委员会政治主张》,《革命行动》第1期,1930年9月1日出版。
③ 邓演达:《中国国民党临时行动委员会政治主张》,《革命行动》第1期,1930年9月1日出版。

负着对抗帝国主义得到民族解放的任务","对内要扫清中古时代的遗骸,造成新社会秩序的任务"。中国革命是资产阶级性质的民族的平民革命;革命的对象是"帝国主义者、封建军阀地主以及依附前两者为生的高利盘剥的、反动的资产阶级";革命的动力是"平民群众";革命的直接目标是夺取政权,"建立以工农为基础的平民政权";革命的方式是"必然的要以武力抗争的形式展开出来";中国革命应分两步走,首先建立平民政权,然后实现社会主义。

以邓演达为首的第三党关于中国革命根本问题的认识是十分深刻的。邓接受马列主义暴力革命、阶级斗争学说,但不照搬俄国革命经验和模式,而是主张独立自主地依照中国革命的具体情况来解决中国革命的实际问题,形成了系统的"平民革命"理论。

第三,第三党的理论虽然深刻、系统和精辟,但仍存在缺陷,因此在实践中很快遭到挫折。如关于革命的领导权问题,邓演达把"平民革命"的领导责任托付给小资产阶级及其政党(第三党),这是致命的缺陷,也是与新民主主义理论根本差异之所在;关于武装斗争问题,邓演达虽然充分认识到了武装斗争的重要性,但反对在农村建立根据地,把希望寄托于具有投机性质的"策反"上。这便决定了"建立平民革命军"的落空。关于农民土地问题,邓演达也主张实行"耕者有其田",但却不同意中共用强力手段解决土地的办法。

第三党在探索中提出了一套系统的理论,但由于没有注重或没有来得及搞土地革命和武装斗争,它进行的"平民革命"遭到挫折。随着邓演达的不幸遇难,第三党受到极大挫折,它的一套正确的理论和主张更难付诸行动。

(二)改组派改造中国的设计方案

改组派正式名称为"中国国民党改组同志会"。它的政治主张主要体现在陈公博发表的《今后的国民党》《党的改组原则》以及《中国国民党改组同志会第一次全国代表大会宣言》中。

考察改组派的政治主张,以下几点值得注意。

第一,如果说中共和第三党偏重于从革命势力方面反思、总结大革命失败的经验教训的话,那么改组派偏重于从国民党立场上思考、分析大革命的经验教训。它认为:①中国革命能否成功,决定于三民主义能否真正实行。由于"本党的反动分子抛弃三民主义向反动势力妥协"[①],致使大革命失败。②由于有了1924年国民党的改组,"中国革命才有空前的发展,国民党才获得革命的新生命"。③大革命时期,中共打着国民党的旗号,"做那马克思主张的那种共产的勾当"[②],共产国际也"打击中国的国民革命国民党",所以中共和共产国际应对大革命失败负有责任。

第二,改组派看到了大革命失败后国民党分裂溃散的现实,他们探索中国国民党新出路的意向是十分急迫的。陈公博说:"我们要走资本主义的路罢,依然受帝国主义的支配;我们要走非资本主义的路罢,然而抗不过帝国主义的压迫。徘徊瞻顾,各路不通。""目前这个形势,就是这样混乱、糅杂、牵扯、纵横一个局面。"[③]革命已到了"最危险时期",必须寻找新出路。

第三,改组派认为,中国"要继续反抗帝国主义和走非资本主义的路",打出了"恢复十三年改组精神、改组国民党"的旗号。但汪精卫、陈公博所谓的"十三年改组精神",并不是孙中山以

---

① 《中国国民党改组同志会第一次全国代表大会宣言》,《中国现代政治史资料汇编》第2辑第6册,中国社会科学院历史研究所第3所南京史料整理处编。
② 陈宋梅:《本党的危险》,《革命评论》第16期。
③ 陈公博:《今后的国民党》,《革命评论》第1期,1928年7月出版。

革命的三民主义为核心的改组精神。汪精卫说:"本党改组之精神,在于认定三民主义为救国不二法门。欲求三民主义能实现于中国,则不能不使三民主义普及于民众。欲求三民主义普及于民众,则不能不使党员真能为主义而奋斗。欲求党员真能为主义而奋斗,则不能不巩固党之组织,森严党之纪律,使党员之行动,趋于一辙。此实为改组之精神。"①这里根本看不到三大政策,而实际上其核心是要"严密党的组织,森严党的纪律",通过"改组国民党",提高党权,重新恢复汪精卫等人在党内的地位。所以它提出的"改组国民党"的许多具体主张如提高党权,反对个人独裁,反对帝国主义等,矛头直指蒋介石的军事独裁专政,虽反映了部分民族资产阶级和上层小资本主义的要求,但更多的代表了汪精卫、陈公博等改组派上层以抬高"党权"来对付"军权",使自己一派掌握政权的愿望。

第四,改组派的主张曾得到当时不满蒋介石独裁统治,又不愿跟中共继续革命的人们的支持,并掀起了较大的政治运动,但很快便失败了。其原因主要不在理论本身(当然有许多问题),而在于他们的实际政治活动与其政治主张的背离。他们的主张曾获得人们的赞同和拥护,他们的活动却表现为国民党派系之间争权夺利的斗争。对此,陈公博也有所表述:"同志会成立的时候,本注意于恢复十三年改组精神,和重新改组国民党,无如成立之后,即有军事行动,军事是不择手段的,初则和桂系合作,继则和冯、阎合作……党的改组本为同志会主要目的,后则专谈方法,弃其目的,这也是失败的一种原因。"②

总之,改组派在国民革命失败后探索中国出路的着眼点是,大革命失败了,国民党应该怎么办?如何重新依靠国民党复兴中国革命?他们把希望寄托于改组国民党上,以此作为解决中国问题的关键继续革命的前提。事实说明:此路不通。

(三)人权派对中国出路的探索

人权派是以胡适、罗隆基为代表的民族资产阶级知识分子松散联合的政治派别。经集体讨论,由胡适执笔的《我们走那条路》,较典型地体现了他们的政治探索思路和见解。胡适认为:①我们要铲除的是"五大仇敌"——贫穷、疾病、愚昧、贪污、扰乱。②我们要建立的是"一个治安的、普遍繁荣的、文明的、现代的统一国家"。③我们要走的路是"演进的路",即"认清了我们的敌人,认清了我们的问题,集合全国的人才智力,充分采用世界的科学知识与方法,一步一步的作自觉的改革,在自觉的指导之下一点一滴的收不断的改革之全功"③。这是胡适为首的人权派的"根本态度和方法"。

胡适把贫、病、愚、贪、乱作为中国社会的病症,加以铲除,揭示了中国社会的现实,反映了民族资产阶级迫切要求把中国引向现代化的愿望,是应当肯定的。但他公开宣称:"这五大仇敌中……封建势力也不在内,因为封建制度早已在二千年前崩坏了。帝国主义也不在内,因为帝国主义不能侵害那五鬼不入之国。"④这就背离了近代中国反帝反封建的革命主题,是根本错误的。他所谓的"渐进的路",是点滴改良思想在中国出路问题上的体现,这反映了中国思想界一部分人要求改变现状却又反对暴力革命的心态。

罗隆基的思想要比胡适激进,从他的主张中可以看出:①罗隆基探寻中国出路的基本思路

---

① 汪精卫:《一个根本观念》,《汪精卫文集》之四,上海光明书局,1929年11月,35页。
② 陈公博:《苦笑录》,现代史料编刊社,1981年,181页。
③ 胡适:《我们走那条路》,《新月》第2卷第10号,1930年4月版。
④ 胡适:《我们走那条路》,《新月》第2卷第10号。

是,由分析中国政治经济环境,寻找中国目前促成共产党"成功"的主要原因;由分析中共缺乏人才和中国在国际上复杂的地位,得出中共不能"支配政局",但又不能"立时消灭"的结论,这种状况必然导致中国"经济的破产""政治的亡国"的前途;为了根本解决中国的共产问题,国民党要修正党义,放弃一党专政,即"解放思想,重自由不重统一","改革政治,以民治代替党治"。① 同时,他从分析"中国共产问题"入手,假借"根本解决中国的共产问题",十分巧妙地把矛头指向国民党的独裁专制统治。反共态度自不待言,但"醉翁之意"却在于主张思想自由,要求取消国民党一党专政,实行民主政治。②罗隆基以"剿共"的名义向国民党提出了忠告,"最危险的思想,是想压迫敌人的思想;思想上最大的危险,是思想没有人来压迫"②,呼吁国民党给予更多的"思想自由"。

这种呼吁代表了民族资产阶级的民主要求,既要求根本上"剿共",又要求取消国民党一党专政,实行民主政治。这就是主张在国共之外走第三条路,即欧美资产阶级的民主主义道路。他提出的34条"必争的人权"和"专家政治",都是把中国引向此路的具体主张。所谓人权运动,是他们为建立这种民治国家而做的一种尝试。人权派的政治主张与20世纪20年代初资产阶级社会改良思潮是一脉相承的。但就理论形态和针对性而言,又有明显的不同。20世纪20年代初的改良思潮,矛头指向北洋军阀,此时人权派把矛头直接对准国民党独裁统治(当然也反对共产党的暴力革命),走第三条道路的企图更为明显,并具有较完整的理论形态,具有探索中国出路的明显倾向。人权派的主张当然为国民党独裁政权所反对,也受到中国共产党的极力抨击。

(四)乡村建设派的理论方案

"乡村建设派",从广义上说,是20世纪30年代的一个团体很多、叫得很响的社会改良派别。其中有一套乡建理论而又付诸实施、产生较大影响的人物是梁漱溟。从狭义上说,也就是一般的说法,乡村建设派指的是梁漱溟领导的一派。

梁漱溟虽未直接参加大革命,但却密切关注着革命的进展。通过对大革命进程和失败的反思和总结,他猝然"开悟","不独认识了共产党,更深刻地认识了西洋人"。面对国民革命失败后人们"走投无路",或"穷极思返",或"穷极思异"的危机,他写成《中国民族自救运动之最后觉悟》,1937年又出版了《乡村建设理论》,详细阐发了他对中国出路的探索结果,即乡村建设理论。

该理论的主要包括以下内容:①"文化失调"论。他认为,"中国问题并不是什么旁的问题,就是文化失调——极严重的文化失调。其表现出来的就是社会构造的崩溃,政治上的无办法"③。②"伦理本位、职业分立"的社会论。他说,"中国旧日之社会构造,与西洋中古及近代社会皆不同。假如我们说西洋近代社会为个人本位的社会、阶级对立的社会,那末,中国旧社会可说为伦理本位,职业分立"的社会④。所谓"伦理本位",就是整个社会都受着"伦理关系"即"情谊关系""义务关系"的支配;所谓"职业分立",就是中国"只有一行一行不同的职业,而没

---

① 罗隆基:《论中国的共产——为共产问题忠告国民党》,《新月》第3卷第10号,1930年12月版。
② 罗隆基:《论中国的共产——为共产问题忠告国民党》,《新月》第3卷第10号,1930年12月版。
③ 《乡村建设理论》,《梁漱溟全集》第2卷,山东人民出版社,1990年,164页。
④ 《乡村建设理论》,《梁漱溟全集》第2卷,山东人民出版社,1990年,166-167页。

有两面对立的阶级"①。③"旧辙已破,新轨未立",是"文化失调"的表现,也是中国问题产生的根源。④中国的出路是"沟通调和"中西文化,建立新的社会组织构造——乡农学校,反对走苏俄革命的路和欧美民主主义的路。⑤"振兴农业以引发工业","以农业引发工业是我们翻身之路"②;"以乡村为本而繁荣都市"③。

考察上述梁漱溟的乡村建设理论,应注意以下几点。

第一,梁漱溟反思、探索中国出路的视角是很独特的。国民革命失败后,各种政派都偏重于从中国的政治、经济现状方面来立论,通过直接反思当时的具体环境来探索中国出路,决定本政派的方针政策。而梁漱溟却不同,他是从反思整个中国文化特性的角度来展开自己的理论的。他探索中国出路的思路是,首先诊断中国文化的特性,揭示中国文化精神的特殊性;然后分析中国不能走"欧美近代民主政治的路"和"俄国共产党发明的路"的根本原因。最后,他依据对中国文化的诊断,提出了自以为合乎中国文化特性,切中中国问题关键的理想出路——乡村建设之路。这种探索中国出路的思路,是值得推崇的。他对中国国情的特殊性的揭示,从侧面提出了任何理论引用到中国都必须适合中国国情这一基本原则,也是应该肯定的。

第二,梁漱溟对中国文化的诊断以及对中国国情分析的总结论是以偏概全的。中国与西欧社会相比,具有自己的特殊性,但这种特殊性,就其整体而言、本质而言,并不能以"伦理本位、职业分立"来概括。中国社会长期是封建社会,近代以来又演变为半殖民地半封建社会,才是中国最基本的国情。近代以来中国最迫切的直接的问题,主要不是"文化失调",而是帝国主义和封建主义的剥削和统治。他根本否认中国存在阶级分别和阶级斗争,否认帝国主义和封建军阀是导致中国社会混乱的"乱源",显然是错误的。

第三,梁漱溟摒弃了"欧美近代资本主义的路",又反对走"俄国共产党发明的路",他理想的路是"乡村建设"之路。从理论上说,这条路包含了太多的传统思想内容,他的设计远远落后于时代对中国步入现代化的要求。从实践上说,1931年到抗战爆发前的7年间,他在山东邹平进行乡村建设的试验,结果收效甚微。说明这一条道路作为"中国民族自救"之路是不可靠的。

总之,在国民革命失败、革命高潮暂时低落的新形势下,中国共产党、第三党、改组派、人权派、乡村建设派以及托陈取消派等,都站在本阶级或政派的立场上,从各种角度反思刚刚逝去的那段历史,审视当时的现实,探索中国的出路。在20世纪30年代,中国思想界掀起了多次论战和讨论,如中国社会性质与革命性质论战、中国社会史论战、中国农村社会性质论战、全盘西化与中国本位文化的争论、中国现代化问题的讨论等,都是关于中国出路问题的探索,都与中国的政治现实密切相关,有的就是政治斗争的直接延伸和表现。在这个时期,中国出现了一种不同政治派别的思想和理论灿然纷呈的状况。这种状况虽然比不上"五四"时期思想界的活跃,但许多探讨却比过去深入了。这可算是一个小小的"百家争鸣"局面。

这种情况是中国复杂、扰乱、困惑的现实而又要求改变这种现实的反映。总地来说,探讨的目的在于寻找中国的正当出路。这种探讨是中国前途希望之所在。当然不能否认各种主张和意见中有着个人和党派的私利在内,或者伴有甚至是出于争权夺利的企图,但不能因此抹杀

---

① 《乡村建设理论》,《梁漱溟全集》第2卷,山东人民出版社,1990年,171页。
② 《乡村建设理论》,《梁漱溟全集》第2卷,山东人民出版社,1990年,508页。
③ 《乡村建设旨趣》,《梁漱溟全集》第5卷,山东人民出版社,1992年,579页。

它们的实际意义和理论价值。

可惜的是这种状况没有持续地更广阔深入地开展。之所以如此,有四个原因:其一,是国民党一党专政独裁统治和文化专制主义的压制和打击。其二,是中国共产党"左"倾教条主义的打击。其三,是军阀混战和国共武装斗争的现实,使思想上、理论上的讨论显得十分软弱无力和无补于实际。其四,是九一八事变后日益紧迫的国家危机强烈地吸引了人们的注意力。因此这种相当活跃的局面,很快就消沉了。

但是思想界活跃局面的消沉不是中国问题的消失和解决。讨论中的那些基本问题,在另一种历史情况下,在另外的人们关注点上,会以另外的形式表现出来。

参考资料

[1] 白寿彝.中国通史:第十二卷(上).上海:上海人民出版社 1998.
[2] 中国共产党历史:第十二卷(上册).北京:中共党史出版社,2011.

思考讨论题

1. 中间党派改造社会的各种理论及方案为什么在中国行不通?
2. 各种改造社会的理论及方案的历史命运对民族独立和国家发展有何启示?

分析思路和要点

1. 根据时代特点,了解改造中国的各种方案及理论产生的历史背景。
2. 根据各种改造中国方案及理论的主要内容,分析其主要特点及优缺点。
3. 比较各种改造中国方案及理论与马克思主义的异同,总结那些方案最终失败而马克思主义指导中国革命最终取得取胜利的原因及启示。

教学建议

1. 教学准备。学生要提前了解案例提供的思考讨论题,再带着问题熟悉案例正文及相关材料,准备课堂讨论。
2. 教学环节。一是课前熟悉资料,二是课堂分组讨论,三是课堂交流,四是教师点评总结。
3. 教学时间。共4课时。
4. 本教学案例宜安排在"中国近现代史纲要"课第四章后进行,或专门进行专题研究教学。

第三部分
只有中国共产党才是中国革命和建设的领导力量

民国初年政党林立与社会政局

教学目的

了解民国初年政党林立、光怪陆离与社会政局乱象丛生的情况,了解民国初年人们关于政党政治和共和政体的认识,了解政党政治和共和政体在中国的试验,认识多党制及政党政治在民国初年的失败及其原因,认识资产阶级共和政体难行于中国社会的实际及其原因,结合国民党新军阀统治性质的分析,理解和认识中国国情实际与政党政治的要求,认识中国人民必须首先完成民族革命的基本道理,认识中国共产党领导的多党合作是符合中国实际的历史选择。

教学用途

主要用于本科生"中国近现代史纲要"课程教学,也适用于马克思主义理论专业硕士研究生了解更加真实的中国国情及更加丰富的中国历史,适用于硕士研究生学习理解中国特色社会主义政治制度的由来及深刻的国情和历史依据。可用于学生课下拓展学习。

内容提要

近代以来,世界各国政治运作以政党为其枢纽。民国初年,中国也曾出现过政党遍地、派别林立、光怪陆离的情况,但随着1913年底国会停闭,政党纷纷蜕变消散。而民国初年中国也曾有移植西方民主制度、初建共和政体的情形,但随之而起的却是政局动荡不安,政权频繁交替、多型并立。民国初年的政党都是于清季十余年备受压抑的立宪派、革命派人士和清旧官僚间,经过一段分化和结合过程,而陆续出现在全国各地号称为"党""会"的小党派。当时登记在册的政治性党派多达312个,正可谓政党遍地,派别林立。彼时中国的政党呈现出纷乱与庞杂的景象,成员党籍纷乱,政见主张纷杂,类型庞杂,其原因是多种力量相互制衡。民国初年的政党,以国会为运作的中心,在内阁组成、宪法制定等政治和历史事件中活动,可大致分为激进、保守两派,实际上反映了清末以来政治中心的两大政治势力的角逐斗争。民国初年中国政党派别的活动伴随着政治而发展,在袁世凯主政的强力作用之下,这些政党逐渐消散于历史,成为历史的匆匆过客。

案例正文

近代以来,世界各国政治运作以政党为其枢纽。实行哪一种制度,常与该国的政治传统和政治文化有关。中国政党,真正开始公开在政治上运作,并形成政治上的制衡力量,始于民国建立之初。关于民国初年,一种意见认为,民国初年指中华民国建立后的约10年间,这是中国社会政治局势动荡,政权频繁交替并立的时期。一种意见认为,民国初年即1912年中华民国建立,到1916年袁世凯帝制失败,北洋军阀统治在中国建立这段时间。我们讨论的重点在于民国初年政党林立及中国政局,因而主要关注从1911年11月政党公开活动而形成政党遍地的形势,到1913年底国会停闭、政党蜕变消散为止,兼及此后国家政局发展。这一时期,共和政体在中国初建,中国的仁人志士醉心于西方的民主,抱着引导中国走上民主政治的美好理想而移植西方民主制度于中国,试图实行西方式政党政治为主要标志或中心的民主制度,结果以国会停闭为标志宣告试行西方民主制度失败。此后,仁人志士们更多更深入地考察中国的实际问题,转注意力于探索切合中国实际的政治发展道路。可以说,今天中国的政党制度与历史上政党制度的试验不无关系,它是中国历史发展中艰难探索的结果,是中国历史发展的必然,是中国历史和人民的选择。

一、民国初年政党溯源

民国初年的政党,其中能在政治上形成一派势力者,大部分不是在民国建立之初才成立的。根据张玉法的研究,民国初年的政党都是于清季十余年备受压抑的立宪派、革命派人士和清旧官僚间,经过一段分化和结合过程,而陆续出现在全国各地号称为"党""会"的小党派。追其本源,其领袖人物开始抱有一定的政治宗旨从事政治活动,起于甲午战争后所兴起的改革运动与革命运动。前者由康有为、梁启超主导,后者由孙中山、黄兴主导,他们都组有运动改革或运动革命的政治团体,团体的名称虽然不一,先后也有许多变动,但领袖人物和他们的政治宗旨大体没有改变,一直维持到辛亥革命爆发、民国建立。

1840年鸦片战争后,中国沦为半殖民地半封建社会,无数仁人志士为救国图存开始向西方国家寻找真理,于是,发展中的西方民主制度,随着帝国主义的扩张,广泛地被引介到中国来,对中国原有的政治体系及观念,形成一种持续的挑战力量,引起了中国政治和社会的变化。仁人志士们翻译和介绍了大量西方资产阶级政治学说,其中包括政党政治理论,也组建了一些旨在反对封建专制统治、摆脱帝国主义奴役的政治团体。1905年,孙中山创立同盟会,成为我国第一个现代意义上的政党,由此揭开了我国政党历史的第一页,也开始了对我国政党制度艰难曲折的探索和实践。1912年1月1日,作为辛亥革命的高潮与最重要的成果,中华民国正式诞生,标志着中国封建君主专制制度的结束,开启了新的共和时代。对此,不仅革命者为之欢欣,广大民众也抱有希冀与憧憬,毕竟革命党人所宣传的"共和""民主""自由"这样的新名词,较之"皇帝""独裁""专制"这样的旧字眼,更为动听,更能打动人心。历史似乎为近代中国的发展翻开了新的一页。中华民国临时政府颁布了具有资产阶级共和国宪法性质的《临时约法》,全面照搬西方的议会政治,并允许人们结社组党。虽然缺乏从政经验的革命党人及其领袖孙中山先生迁就了袁世凯,未能坚持自己的政治主张,并让位于袁。但因革命的余波仍在各地荡漾,革命党人在中央和地方仍掌有一定的权力,袁世凯在其临时大总统就职仪式上宣誓表示:"世凯深愿竭其能力,发扬共和之精神,涤荡专制之瑕秽。"[1]民国之初,舆论开放,思想活跃,革命、共和、民主、自由的思潮四处激荡,各色政治力量因时而兴,出现了蓬勃发展的西式民主景象,其突出表现就是各类政治团体蜂拥而起,政党林立,党派丛生,政党政治勃兴。

二、民国初年政党林立及类别

民国初年,登记在册的政治性党派多达 312 个:江苏 107 个,直隶 92 个,广东 25 个,四川 10 个,河南 9 个,湖南 8 个,安徽、湖北各 7 个,奉天 5 个,福建 4 个,察哈尔、吉林、山西、山东各 3 个,黑龙江、浙江各 2 个,广西、江西、云南各 1 个,不详 19 个。若以城市计,北京 82 个,上海 80 个,广州 25 个,南京 16 个,其余都在 10 个以下。值得注意的是,上海、北京两地的政治党会占全国一半以上,说明北京、上海两地为当时政治运动的中心。也有人统计,认为"从 1911 年 10 月政党公开活动到 1913 年底政党蜕变消散为止,号称党、会、团、社的新兴团体凡 682 个"[2]。正可谓政党遍地、派别林立。南京临时参议院时期尚有民社、民国公党、共和实进会、国民协进会、国民党、民国公会、共和统一党、共和俱进会、共和促进会、自由党等并存。

根据张玉法的研究,"具有现代性质的党会,起源自清末,可分为公开的与秘密的两种。公开的党会,创于 1899—1911 年之间者,据初步统计,有 668 个,计商业类 265,教育类 103,政治类 85,学术类 65,外交类 50,农业类及风俗类各 26,青年类及艺文类各 17,宗教类 6,工业类及慈善类各 7。秘密党会为革命团体(传统社会的秘密会党除外),据初步统计,创于 1894—1911 年间者共 193 个,上述 1911 年,以 10 月 10 日武昌革命爆发为限。武昌革命爆发后,迄于 1913 年底,新兴的公开党会,据初步统计,凡 682 个。计政治类 312 个,联谊类 79 个,实业类 72 个,公益类 53 个,学术类 52 个,教育类 28 个,慈善类 20 个,军事类 18 个,宗教类 15 个,国防类 14 个,进德类 9 个,其他 10 个。""公开的党会,清末以商会、教育会为多,因当时以倡教育、兴实业为救国要方,民初以政治党会居多,因当时一般人的注意力集中在建国的方向上。"[3]

民国初年的政党大致可看作两大类别,一类是政治性团体,且具备政党性质,主要进行政治活动,参与选举,谋政府权力。另一类是非政治性团体,为达成某一种目的而结合,被称为压力团体。压力团体,指政治类以外的社团,大部分为本身利益而结合,故名"利益团体"(interest group),由于其对某些政治措施,或赞成,或反对,形成一种压力,故又名"压力团体"(pressure group)。这些团体,有时与政党建立关联,多有其政治活动的一面,虽然他们不运动选举,也不企图控制政府,有些则是社会运动者。

民国初年政党就性质分,具有健全政纲或某一方面的具体政纲者 35 个,目的只在促进或维护共和政体者 66 个,只在促进地方政治及利益者 44 个,属于议员俱乐部性质者 11 个,专提倡社会主义者 4 个,专争取女权者 15 个,专维护工人利益者 7 个,欲拥清废帝行君主立宪者 6 个,其他(包括促进议和、讨论国体、提倡国民捐、促进社会幸福、改革中央行政、维护地方治安、倡导民族主义、促进民族平等、发达民权等)40 个,无具体主张或宗旨不明者 84 个。

民国初年政党就态度分,属于同盟会系或与同盟会系接近者 42 个,拥护袁黎集团者 48

---

[1] 会文堂编辑所:《袁大总统文牍类编》,第 2 页,上海,会文堂书局,1925 年。
[2] 白蕉撰.近代史料笔记丛刊:《袁世凯与中华民国》.中华书局.第 40 页.2007 年。
[3] 张玉法:《民国初年的政党》,第 28 页,台北"中央研究院"近代史研究所,2002 年。岳麓书社出版发行,2004 年 10 月第 1 版第 1 次印刷。

个,拥护清废帝者6个,态度不明、大体拥护政府政策者216个。这些党派提出的政纲多数趋同,其中提出最多者为"振兴实业"(13个党)与"普及教育"(11个党)①。

由上述可知,民初党派的政治基础并不牢固,而且多数也不具有一般而言的政治倾向性,党派的结合更多的是出自利益而非政见。在这些党派中,组织与纲领比较健全、比较具有全国性影响的党派主要有3个:一是代表革命派的同盟会——国民党,二是代表前清立宪派、绅商、有产者利益的统一党、共和党、民主党,三是后来统一、共和、民主三党合并而成的进步党。

三、民国初年政党的纷乱与庞杂

民国初年的政党,若与西方各国经数十年、几百年的发展而不断完善成熟的政党进行比较,有3个特异之处:①党员的跨党;②党义不过是空洞的招牌;③一切党都没有民众做基础。"这些小党派,往往是少数几个人,甚至一个人所发起,拉拢几个同志和可资号召的军政界人,就发表宣言,招收党徒,到处活动。有的是为了拥护一个领袖共谋富贵而组织的,有的是为了乘机涌进行政机关、争几个人的地位而组织的,有的则是为了对抗其他集团而组织的。各个小党派都纷纷派人进行联络工作,有些人为许多党派争取罗致的对象,他们的名字同时出现在好几个党派的文件上。这些党派并没有固定的政治纲领,挂着"共和"的招牌,那里有势可借、有利可图便趋向那里,因而旋生旋灭,旋合旋分。其中有许多到现在只剩下一纸宣言和简章,究竟实情怎样,已经很少有人知道了。"②

民国初年政党团体成员党籍纷乱。政治团体,常有共同的党员,或起于改组,或起于跨党。如伍廷芳、那彦图、黄兴有11个党籍,黎元洪、陆建章有9个党籍,熊希龄、赵秉钧有8个党籍,陈其美、王人文、唐绍仪、王宠惠、景耀月、张謇、于右任、孙毓筠有7个党籍,梁士诒、汤化龙、谷钟秀、杨度、程德全、胡瑛有6个党籍,汪兆铭、温宗尧、章炳麟、王赓有5个党籍,刘揆一、李平书有4个党籍,梁启超、孙洪伊有3个党籍。各党会成员共通情况较普遍。跨党行为有的是出于本人的意思,以入党为竞权牟利的工具;有的不是出于本人的意思,不过是被一些团体拿来装门面。③ 一个人所隶属的党籍多,并不代表他对政党运动尽力,只因他的名望大,地位重要,许多政党都拉拢他罢了。这可以赵秉钧为例。赵秉钧曾告诉记者:"本不晓得什么叫做党的,不过有许多人劝我进党,统一党也送什么党证来,共和党也送什么党证来,同盟会也送得来。我也有拆开来看的,也有撂开不理的,我何曾晓得什么党来?"

民国初年政党团体政见主张纷乱。与党员有共通者的情况相通、类似,这些党会的主张,也有一些是雷同的。民初的政党,除共和、统一、富强、进步、和平等主张外,有突出性的政纲者共35个党。它们的主张分为20个项目:主张振兴实业者13个,主张普及教育者11个,主张种族同化者9个,主张中央集权者7个,主张实行民生主义、征兵制度、政党内阁者各6个,主张实行社会政策、国社主义、社会主义(包括无政府主义)者各5个,主张实行军国主义、地方自治者各4个,主张实行国家主义、民生政策、男女平权、两党政治者各3个,主张实行共产主义者2个,主张实行军民分治、维护工权、各省自治者各1个。

---

① 张玉法:《民国初年的政党》,第42—46页,台北"中央研究院"近代史研究所,2002年。岳麓书社出版发行,2004年10月第1版第1次印刷。
② 黎澍:《辛亥革命前后的中国政治》,48—49页。
③ 李剑农:《中国近百年政治史》下,368页。

民国初年政党团体类型庞杂。由于民初国人关于政党政治的知识和实践都来自于西方，来自于英、美、法、德、日等国的两党或多党制度。拿民初政党与西方国家的政党来比较，几乎所有的西方政党类型都可在中国找到。西方国家的政党类型约可从六方面作对比，即群众的结合和少数人的结合，公开吸收党员和不公开吸收党员，地方势力直隶中央和地方势力与中央势力联合，注重一个阶层的利益和注意各阶层的利益，政纲突出而严整和政纲模棱而易变，以及党员主张自由和党员主张受党的控制。民国初年的政党，除"地方势力与中央势力联合"者少见外，其他11种类型几乎都有。[①]

综上所述，民国初年的政党正可谓光怪陆离。

民初政党的纷乱，有其政治因素在内，分析起来，有两方面可言：

其一，假政党为争夺权利之具。辛亥革命成功，同盟会出而组织政府，重要位置多由党员把持，慕势争权者欲捷足先登，纷纷请求加入同盟会。唯同盟会在未改组前，规定在1911年10月10日以前入会者始能登记，会外人士思所以进身之阶而不可得，一、二智杰之士欲发展其政治能力，遂以政党之名相号召，一般挟势利之见者群趋若鹜，其情况有若入同盟会然，故当时多视政党为势利团体。外人有论云：东西洋留学青年，学实业者寥寥，大抵皆法政家，谋归国而得官，于是政党多、报馆多。无官者借党而可得官，有官者因党而不失官。不得官者借报以噪官，既得官者倚官而办报。政党也，报馆也，有谩骂者，有狐媚者，无非欲得官而已。国人亦有论云：今之所谓政党……非真如欧美各国之政党以福国利民为主旨者，盖不过一二野心家借政党名目，以为争权夺利之具也。此类论调，似嫌过激，然一般党员，确是既无政治经验，又无政治节操，随声附和，各拥声望素著之人，以增进个人利益或地方利益而已。

其二，为政治树立对抗力。真正的民主国家，无不有政治上的对抗力，就政党而论，有政府党即有反对党，有的国家，反对党较政府党的表现更为出色，这些国家的政党领袖常认为在野比在朝更好。因此，有两个以上的政党为民主政治的常态，在此制度下人民较有选择的机会企图树立政治上的对抗力，为少数远见之士试图把西方政党制度移植于中国的根本原因所在。梁启超云："凡国民无政治上之对抗力或不能明对抗力之作用者，其国必多革命……今代各立宪国之健全政党其所以成立发达者，恃此力也。夫既自知对抗力之可贵，则于他人之对抗力亦必尊重之，故当其在野也，常对抗在朝者而不为屈；即其在朝，亦不肯滥施强权以屈彼与我对抗之人……岂知各方面对抗力销蚀既尽之后，全国政治力成为绝对的，其结果必为专制；而专制继起之结果，必为革命。"为了防止革命，必须培植政治上和平的对抗力。梁启超之扶持民主党、加入共和党、组织进步党，其动机在此。以袁世凯为首的官僚派虽不了解此义，于对抗力多所摧折，然亦未尝不注意以政党抗政党。民国初年的政党，部分是试图对抗政府或协助某党对抗政府而成立，部分则是政府主动组织或扶持而成。更有些人，欲谄媚政府而无所凭借，乃组织政党以为帜。故当时袒护政府的报纸曾指出，诸小党之所以发生，系同盟会震撼政府、动摇社稷所激起之反动力。造成此种反动力之人，多基于感情或意气，对树立政治对抗力的真意缺乏了解，终流于朋党之争。

《独立周报》文章也说明了民国初年政党的纷乱与庞杂，"甲党与乙党本无可以合并之理由，而欲利用以抵制丙党也，则姑牵率而与之合，故有不崇朝而集三数党为一党者，而甲党之声

[①] 张玉法：《民国初年的政党》，第33页，台北"中央研究院"近代史研究所，2002年。岳麓书社出版发行，2004年10月第1版第1次印刷。

势,乃立超乎丙党之上矣!丙党知其然也,即还用其术以制之,而丁戊以下之各党,亦不崇朝而被吸于丙党,丙党之声势,又突跨甲党而过之矣……既合并矣,而或一党之中有一部分之意未惬,而反对并党者有之,或一二党魁,以欲综揽党中之全权而不得,而宣告脱党者有之,故方集合三数党为一党,曾不数日而分离之局已成,忽又化一党为两党矣"。即使合并以后而无分之事矣,而一党之中内讧百出,遂寝寝分为数派矣!

四、民国初年活跃于国会的政党派别

民国初年的政党政治,以国会为运作的中心。而民初活跃于国会中的政党,可大致分为激进、保守两派。

在国会中,激进派的政党,严格说来,只有同盟会和国民党。统一共和党在并入国民党以前,是骑墙于同盟会与共和党之间的;民宪党则由国民党分出。同盟会原为具有理想的革命政党,在民初的政坛上,以激进的纲领,从事激进的政治运动,是可以理解的。统一共和党的党员虽有不少原属革命派,但以出身立宪派和旧官僚者为多,故在态度上较同盟会为温和。初时之所以与同盟会接近,后来之所以合并于国民党,实因同盟会和国民党在政坛上的势力强大之故。同样,与同盟会合组国民党的其他小党派,亦大多不是起于理想相同,而是因为眼见国民党将能在政坛上占优势。国民党的政纲之所以较同盟会更为温和,实系受组成分子温和派的影响。至于正式国会后期出现的民宪党,虽系自国民党分出,但已吸收了许多进步党党员,在态度上亦较温和。

作为激进派政党的同盟会和国民党,是使民初国会发挥功能的主要力量。如果在野党的功能是以言论和立法来监督政府,并以诉诸选民的办法促使执政者重视国利民福,同盟会和国民党确是具有这方面的资格与潜能。但执政者无限制地伸张行政权,在野党和立法者就愈伸展其监督权,结果使政治势力走向两个极端。当政治势力走向两个极端,而又不能取决于选民时,政治的危机即升高。民初国民党之策动"二次革命",以及"二次革命"失败后执政者一意伸张一己的权力,均为政治势力走向两极端的表现,亦为政治危机升高的表现。结果是两败俱伤。

就激进派政党本身而论,在袁世凯权倾一时时仍能继续发展,虽在受到武力弹压之后亦能再接再厉,证明自19世纪90年代以后所兴起的革命势力和改革势力,并不因为政治环境有利而懈怠,也不因为政治环境无利而退缩。如果把国民党视为革命势力的代表,进步党视为改革势力的代表,他们有时而分(如清末革命与立宪的对立、民初袁世凯当选正式大总统前拥袁与反袁的对立),有时而合(如武昌革命爆发后立宪派纷纷响应革命、国民党员与进步党员合组民宪党努力于制宪、国民党和进步党同为反洪宪帝制而奋斗),均为促使中国变革的重要势力。这种势力,有时不能为当政者所容,但从日后的历史看来,却是中国的一种希望。

民国初年的保守党派,分合无常,此落彼起,主要因为组党者的动机不同,态度互异,加以袁世凯从中操纵,益减低了保守党派的整合性。当时革命初成功,一般在政坛活跃的人富有锐气。如果同盟会初公开为政党时,能够像宋教仁组合国民党时的态度一样,不难网罗天下之才以为己用,但因为急于擎合内部,规定在武昌革命爆发之日以前入党者始准登记,于是一群与革命无渊源,但热衷于政治的人被排斥出去,这是使保守党派愈组愈多、愈组愈大的一种原因。

除南京临时政府时期由同盟会执政外,民国初建时期并无执政党,当时无论激进党派、保守党派均属在野。但就对政府的态度而论,激进党派是监督政府,并时思由政府手中取得政权;保守党派是依附政府,或冀为政府所用以申党见于一二。就中国的政治传统而论,除特别具有政治理想或特别富有权力欲望者外,一般有志于政治的人大多是依附当权者,自南京临时政府北迁,南北统一,袁世凯成为政治权力的中心,许多在政治上与同盟会和国民党系对抗的人,自知独力无法取胜,乃恃袁世凯为靠山。袁世凯虽出身军人,但亦在政海中翻转十余年,当知打击政敌不能全凭武力。加以梁启超从中劝使袁世凯扶植友党对抗敌党,故袁世凯对于各保守派的政党在可以利用的时机均着意扶植,这是保守党派能够此落彼起、一直足资与激进党派对抗的另一原因。

尽管如此,保守党派像激进党派一样,不能继续存留于民初的政坛,原因是多方面的。就保守党派本身而论,有些人的政治思想与激进派相当接近,只是由于人事的或意气的冲突,与激进派保持了一段时期的对立态度,如章炳麟在清末革命时期既为同盟会要员,又为光复会首领,后因光复会与同盟会发生冲突,章炳麟即别树一帜,于民初另组统一党,与同盟会对抗,一度受袁世凯的眷顾。但到袁世凯政府派人暗杀宋教仁后,章炳麟即幡然改计,再回到革命的一边。有些保守党派的人与袁世凯原为政敌,政治理想亦不相同,只是暂时依附袁世凯与激进派对抗,如梁启超,其维新派于戊戌时期曾为袁世凯出卖,到民国建立后,梁启超所提出的两党政治和政党内阁等主张亦不为袁世凯所重视,虽然在他的策划下先后组织了民主党和进步党,与激进派对抗,但当袁世凯破坏制宪、破坏国会之后,梁启超即与袁世凯分道。另如原属共和党一派的保守党,原以湖北人为核心,湖北为武昌革命策源地,湖北人在政治思想上应与激进派接近,但由于南京临时政府的权力分配使湖北人不满意,此后即拥护黎元洪倒向袁世凯一边,初有民社,继有共和党,后有进步党。但民社、共和党、进步党当中,不乏政治理想之士,亦不乏革命热忱之士,故民社社员并未全数加入共和党,共和党员亦未全数加入进步党,进步党员亦非全部拥护袁世凯,正式国会后期所出现的民宪党,就是由部分具有宪政理想的进步党员联合稳健派的国民党员所组。所以,保守派政党与袁世凯的合作是有其限度的。

五、民国初年两大政治势力对峙的原因

从上述可知,民国初年实际形成两大政治势力。民初两大对峙的政治势力肇始于清末。清末立宪派与革命派对峙,立宪派欲依附清政府,但清政府与立宪派之间的距离很大,特别是因为康梁为戊戌之首,他们所领导的立宪运动始终受敌视。后来清政府虽欲采行立宪措施,与康梁以外的立宪派人接近,但由于清政府的宪政措施迂回而保守,不能满足立宪派人的希望,立宪派与清政府之间实际上也是对立的。民初进步党与国民党对峙,进步党欲依附袁世凯政府,袁世凯政府与进步党的距离较小,至少在表面上甚愿与进步党接近,特别在1913年11月国民党被解散以前。清末立宪、革命两派,到民国成立后,由于积怨甚深,颇难和衷共济。另外,在1911年革命风潮中失位的中央和地方大吏,如盛宣怀、李准、张彪、张鸣岐、李经方等,此时一度与滞留日本的梁启超有所联络,这更壮大了同盟会的反对势力,也使同盟会警觉。

同盟会除与立宪派有宿怨外,在武昌革命爆发后不久又与袁世凯及其所代表的北洋军人和官僚集团处于对抗之中。袁世凯任清内阁总理,假拥清帝以自重,欲获民国总统之位。时同盟会总理孙中山在南京组临时政府,与清政府对抗。后虽因袁世凯迫清帝退位,孙中山让临时大总统之位给袁世凯,使南北归于统一,由于北京政府大体仍以晚清时代的军人和官僚为班底,因此与同盟会间始终格格不入。在这种情形下,自革命派游离而出的政治势力,以及早年与革命派对立的立宪派势力,转与袁世凯政府结合,对抗同盟会和国民党。

在民初的政党结合中，国民党以及与国民党接近的党派为一极端，袁政府以及与袁政府接近的进步党等为另一极端，双方狐疑仇视，终酿暴乱。

对抗的态势既然形成，国民党谋求诉于选民，希望能通过国会选举的胜利，在政治上取得优势。但袁政府及进步党都不相信选民，恃官僚和军人集团为靠山，与国民党对抗。国民党与官僚和军人集团的渊源，远较袁政府和进步党为浅，国民党虽亦拉拢官僚，且自树些许武力，但与袁政府和进步党相较，自然相形见绌，这是国民党与袁政府相争无法获得成功的最大原因。

六、民国初年政党消散

民国初年的党派数量虽多，然其兴也勃，其亡也忽。其兴与亡当然是民初政治发展的结果，尤其与民初袁世凯当政有直接的关系。就袁世凯的态度而论，其并无意扶植一个足以与激进派对抗的保守党，导中国于两党政治的轨道，他只是利用激进派的政敌打击激进派。当保守派的势力较小时，他分别扶持了统一党、共和党、民主党，并联合三党而成进步党。当进步党仍不足以与激进派对抗时，他另用分化的方法和行政命令的手段打击激进派，并不完全仰仗保守派。二次革命后，激进派势力转弱，他就不再器重保守派。时保守派以拥袁有功，欲推展宪政理想，袁世凯就另外扶植没有政治理想的保守派，冷落或打击具有政治理想的保守派。到梁士诒的公民党和大中党出，完全以卫护袁世凯政权的姿态出现，政党政治已无可为。而不久国会停顿，激进派的政党被禁，保守派政党不仅失去合法的斗争场所，也失去了被利用的价值，自然就逐渐消散。

民初国民党与进步党的对抗，历史的意义大于社会的意义，人的因素大于党义的因素。严格说来，同盟会放弃了民生主义、男女平权等激进的政纲，与许多政团合组为国民党，如果不是历史的和人为的因素，共和、统一等党亦未必不可与合并。但由于共和党主要是由革命派（民社）分出对抗同盟会者，统一党主要是由同盟会分出（章炳麟）对抗同盟会者，各结合了立宪派、官僚派、甚至军人。民主党直接由立宪派蜕变而来，承袭着清末立宪、革命两派对抗的传统，继续与同盟会对抗，并结合官僚派以厚实力。袁世凯因利乘便，拉拢共和、统一、民主三党对抗同盟会及由同盟会改组而成的国民党，乃形成民初政坛上两大对峙的势力。

七、民国初年政党政治活动

民国初建的两年间，先后成立的中央民意机构有4个。第一个是各省都督府代表联合会，1911年11月15日成立，1912年1月27日结束；第二个是南京临时参议院，1912年1月28日成立，4月5日结束；第三个是北京临时参议院，1912年4月29日成立，1913年4月8日结束；第四个是正式国会，1913年4月8日成立，11月4日停闭。除正式国会外，临时参议院及各省都督府代表联合会，亦扮演国会的角色。各省都督府代表联合会制定中华民国临时政府组织大纲，据此大纲组织南京临时政府及南京临时参议院。南京临时参议院制定《中华民国临时约法》，据此约法组织北京临时政府及北京临时参议院。北京临时参议院制定国会组织法及参众两院议员选举法，据此组织法及选举法，选举成立正式国会。正式国会谋制定宪法，然后依据宪法成立正式政府。因袁世凯不满宪法内容，将宪法会议停闭，仅制成大总统选举法，选举正式大总统，其他的政府组织及职权行使，大体仍以《中华民国临时约法》为依据。

上述四个行使国会职权的机构，各省都督府代表联合会及南京临时参议院的成员，皆由各省都督委派；北京临时参议院的成员，大体由各省临时省议会选举，亦有由各省都督委派者；正式国会的成员,众院议员由民选产生,参院议员由民选的各省议会(包括蒙藏选举会等)选举产生。就民意的代表性来说,正式国会较北京临时参议院为佳,北京临时参议院较南京临时参议院和各省都督府代表联合会为佳。然就其发挥国会功能来说,各有建树。以临时参议院与正式国会比较,临时参议院的议员虽非出自民选,但临时参议院存在的时间较正式国会长一倍,立法的数量较正式国会为多。在组织上,北京临时参议院开幕之初,即选出全院委员长,以及法制、财政、庶政、请愿、惩罚各股委员;正式国会成立后,由于党争激烈,全院委员长及各股委员的选举,迁延半年多,参议院在正式国会停闭前夕始公布当选人名单,众院则未及公布名单,国会已停闭。

正式国会的选举,是划时代的大事。具有选举资格的选民 4 000 余万人,仅占全国总人口的 1/10,因选举资格受财产及教育程度等限制之故。有些地区的投票率很高,有些地区的投票率很低。有的资料显示,全国投票人数,有 400 万人左右,约只占全人口的 1%。以此数字与 1909 年咨议局选举相比较,当时全国够资格的选民约只 160 万人,投票人更较此为少。部分因为投票人数增加,品类不齐,贿选作弊的情形较咨议局选举时为甚。正式国会议员的平均年龄为 36 岁,较清末咨议局议员(平均 41 岁)为年轻;教育背景方面,2/3 以上在国内或在国外受新式教育,此与咨议局议员 90% 以上具传统功名者不同;在经历方面,咨议局议员多来自士绅阶层,正式国会议员则多来自官僚、议员及教育从业人员;在党籍方面,清末咨议局议员多来自立宪派,民初正式国会议员以国民党居多数,然其间演变亦多。

各省都督府代表联合会及南京临时参议院时期,代表及议员以同盟会会员居绝对优势,当时无党争可言,但派系之争仍多,如宁汉或沪汉之争,以及南北之争,都造成轩然大波。宁汉或沪汉之争,虽因临时政府北迁而结束,南北之争一直存在,正式国会之召集,有倡言舍北京而就南京者,即为一例。北京临时参议院及正式国会时期,各党对峙,相争激烈。北京临时参议院开设之初,同盟会、共和党及统一、共和党呈鼎足而三之势。及同盟会合统一、共和党为国民党,临时参议院遂为国民党的势力所左右。除共和党势力较大外,统一党并无议员,新成立的民主党仅议员三四人。正式国会选举,国民党于参众两院皆居优势,共和党、民主党、统一党的势力次之。因国民党自始对袁世凯持不信任态度,而国民党又于国会占优势,如是政局难望稳定。在袁世凯的运用下,共和、民主、统一三党遂有联合之势。由于在参议院中,国民党的势力较三党联合为优越,故议长、副议长的选举,皆为国民党所得。众议院自三党联合后,三党与国民党有对峙之势,在金钱的运用下,得议长、副议长的席位。及三党合并为进步党后,其势于众院驾国民党而上之,于参院仍较逊于国民党。故国民党发动"二次革命"前,国会中国民、进步两党对峙,旗鼓相当。"二次革命"发生后,部分国民党籍议员南下讨袁,部分别组政团,国民党在国会中的势力稍衰,参院议长的改选,即为进步党人王家襄所得。自"二次革命"发生,国民、进步两党皆分化,由国民党分出者,除政友会、相友会等政团外,又有大中党;由进步党分出者,除新共和党以外,又有公民党;而国民、进步两党及新共和党中之对宪政抱理想者,又合组民宪党。国会停闭前,参院全院委员长及各股委员的选举,国民党人之所以获胜,可能即系受民宪党的支持。

正式国会,开会不过七个月,大部分时间消耗在党争上。开幕之初,议长、副议长选举,参院费时二周余,众院费时三周余。议长选出后,国会正式议事,各党派间对法律案件及政治案件的争执甚多。所谓法律案件,包括立法和司法两方面,立法为国会的职权,大部分法案为政府移送,少部分法案为国会自提。一般说来,政府移送者较国会自提者易于通过,因国会自提者,每有党派利益存乎其间。但政府移送之案件,若破坏国会职权或影响党派利益,国会或有关党派必加阻挠,如大借款案及中俄协约案等。法律案件的另一类,属司法范围,构成政治案件,国会只能质询,无权纠正,譬如宋教仁被杀事件,政府指为司法事件,一切听法律解决,国会即无能为力。又譬如"二次革命"期间,政府逮捕涉嫌参与革命之国民党籍议员,议员可做者,除质询外,仅提案通过"国会议员内乱外患罪逮捕法",以图自保。至于对革命起兵事件,拥袁派议员提议征讨,政府事实上亦派兵征讨,国民党籍议员虽以要求袁世凯退位案,以图对抗,并无效果可言。大借款案及中俄协约案等,系介于法律案件与政治案件之间的案件,其本身虽为法律案件,但因涉及国家利益、国会体制及党派利益,造成政治案件。有关大借款案,国民、进步两党皆不反对借款本身,反对的只是政府违法签约,即未经国会同意而借款。因此,众院通过将政府咨文退还,参院亦主退还,但因拥袁派议员的杯葛,皆无结果。及政府违法借奥款之案被发现,两党议员益愤激,纷提弹劾政府案,终引起国务总理赵秉钧、财政总长周学熙的免职,此案乃为无结果之结果。至于中俄协约承认外蒙自治一案,进步党从事实考虑,主张承认;国民党从影响考虑,反对承认结果。众院通过,参院否决,使中俄协约在法理上不能成立。此亦政党制衡中的一个收获。

一方面,由于党争激烈,各政党太重党派利益,缺乏有效的协调,使法案的制定多慢如牛步;另一方面,政府常争取舆论同情,多方对国会加以丑化,而为息事宁人,又多方对国会议员加以收买利用。在这种情形下,在清末被视为神圣的国会,到民初既有国会之后,竟被视为是非的渊薮、罪恶的泉源,国人多不再对国会抱热望。梁启超早年是国会制度的梦想者,当时他所办的《庸言》杂志,屡发言论丑化国会。吴贯因的丑化言论尤具代表性。在国会开幕月余后,吴贯因在《无能力之国会》一文中有云:"自国会召集以来,垂四十日矣,而两院之中,但闻灌夫之骂座而已,力士之决斗而已。若夫关于立法之事,未闻能为国家议决一法案,则所谓国会为立法机关者,征之我国全名不称实也。"又在国会开幕五个月后,吴贯因在《今后政治之趋势》一文中有云:"自两院开会以来五阅月矣,语其成绩,但闻灌夫骂座,角力屡行,以破坏议场之秩序;私改记事,捏电各省,以颠倒事情之是非;而于国家之大本大计,则未闻有所建白。其能踊跃议定者,则在于索取六千元之岁费,而匠心独运于岁费之外,发明万国所无之出席费,以为腹削民膏民脂之口实。国会之为害于政治上既如此其烈矣,而且投票视金钱为从违,卖身等牛羊之论价,狗苟蝇营,以破坏天下之廉耻也……故数月来自各省都督、民政长、自治团体,以至政党、学会、新闻杂志,对议员或严词训饬,或声罪致讨,皆冀其痛改前非,得以维持立宪之政体,而无奈彼之终不悟也。国民既已绝望于国会,于是对于议员但视之如禽兽,听其自生自灭。"

正式国会在不孚众望的情况下,被袁世凯停闭。停闭的原因很多,可从三方面加以分析:其一,国民党具有革命政党的性质,政纲及做法都较为急进。影响尤大的是革命政党喜以武力解决问题,自孙中山将临时大总统的位置让给袁世凯后,"二次革命"之说即此落彼起,使袁世凯不仅视国民党为反对党,且视国民党为革命党,袁世凯觉得其政权受到威胁,暗杀宋教仁、免国民党三督等事,皆由一种保位的心理所造成。及国民党发动"二次革命",即予袁世凯以摧折国民党的口实,更以停闭国会为手段,以消除国民党在国会中的反对势力。其二,宪法问题是促使国会停闭的重要症结,其他问题袁世凯尚可假进步党或其他党派对抗国民党,独对宪法的制定,国民党与进步党的立场几乎完全一致。袁世凯不欲受制于宪法,又无党派足以阻止宪法的制定,他只好假剥夺国民党籍议员证书为手段,使国会不足法定人数而停闭。其三,国会停闭乃是政治反动潮流下的必然结果。自国会成立,即与行政部门发生冲突,这与中国传统的政治体制有关。中国传统政治体制,行政权独大,虽有监察权稍事约束,其效力仅及于一般官吏。对于享有最后裁决的皇权,仍无能为力。国会在政治上的地位,或谓参政,或谓监督,皆系对行政权的干涉与制衡。主政者不了解制衡的意义,乃百般对制衡的力量加以摧折。尤为国会所不谅者,不仅制定官制官规不经国会议决,即对外借款亦不经国会同意。此种反动潮流,到国会停闭后,益为显露,随之而来的有省议会、地方自治的停止,继之则有祭天、祀孔、跪拜礼的恢复,更假肃政听以恢复都察院之职,甚至有恢复谥法、停办学校、撤销司法独立之议,终有帝制运动的出现。

国会停闭后,国家的形式即残缺不全,《中华民国临时约法》第四条规定:"中华民国以参议院、临时大总统、国务院、法院行使其统治权。"政府没有国会,在法理上不能行使统治权,因此袁世凯于国会停闭后,先后召集政治会议、约法会议、参政院,但皆非民选,在性质上亦仅为谘议机构而已。

八、民国初年内阁问题上的政党政治

民初政党政治的另一方面表现在内阁问题上。在南京临时政府成立时,有总统制与内阁制之争。总统制获胜后,孙中山网罗各派人士组织政府。当时同盟会以外之政党势力不大,争执亦少。南北统一后,依照《中华民国临时约法》,行内阁制。内阁制之实行,当时有两种困难:其一,袁世凯野心大,不甘为傀儡总统;其二,党派斗争激烈,阁员不易遴选。唐(绍仪)内阁之失败,由于前者;而陆(征祥)内阁之失败,乃由于后者。唐、陆皆为混合内阁,实行失败后,组织内阁之理想分为两派:其一为政党内阁派,赵(秉钧)内阁原欲走此路线,结果则形似而实非;其二为超然内阁派,熊(希龄)内阁原欲走此路线,终亦流于混合内阁。就当时情形论,诸党势成水火,勉强混合组阁,无法订定施政方针。而政界人物多有背景,所谓超然内阁,亦难处于超然地位,故较有价值者,为政党内阁。同盟会及由同盟会扩大而成的国民党,一直坚持政党内阁说,其宣传机关,无不以此说相鼓吹。1913年5月,岑楼氏于东京《国民杂志》第二号发表《中华民国非政党内阁不能救亡论》一文,就政党内阁的利弊反复说明。作者首就民国成立后的内阁实情,说明非政党内阁之大害,实系对民初历届内阁的综合评论:

溯自武汉起义,东南光复,定南京为国都,举孙文为总统,采美国制不设总理,内阁人人皆极一时之彦。吾人深幸同盟会以天之骄子,不以政权私于一党,而博揽群贤,中华民国可建筑于纯粹平民政治之上也,乃阁员张謇、汤寿潜辈挟以非嫌,延不就职,或就职而不列席,以致阁员意见不一,终其取消,无政绩可言。倘当时同盟会不事谦让,直接组织政党内阁,决不至毫无展布,如昙花一现而已也。此非政党内阁之害一。

南北统一,孙总统引退,推荐袁项城(世凯)于参议院前,得被选为总统,于是采法国制建责任内阁,在唐绍仪为总理,一时阁员又皆极人才之选。吾人深幸中华民国可以巩固,四万万人可以享真正之幸福也,无何借款事起,熊希龄心怀不仁,承认银行团严酷之条件,舆论攻击,党熊者不谅人情,反借此而攻评唐总理。党争之端开,内阁成为矢的之薮。袁总统且乘势而侵犯总理之权制。唐氏欲以一身当党界之冲,暴总统之罪,遂告病辞职。同盟会阁员以政策难行,亦相继承退,由是唐内阁倒,政绩无复可言。国势之危殆,朝异而夕不同矣!此非政党内阁之害二。

唐内阁既倒,国民党发生(按国民党成立在陆内阁成立以后),力主政党内阁,他党反对,袁总统从中破坏。国民党顾全大局之心切,退虚不问,继任提出者为陆征祥氏。吾人亦深幸陆氏熟于时务,敏于手腕,可以保临时政府之期间无使再变化也,不幸陆氏第一次到参议院宣布政见,言语琐屑,即遭打击。后提出阁员名单,悉数被参议院否认。袁总统恐国民党复主张政党内阁,用军警干涉参议院,各议员胆小如鼠,通过第二次提出之阁员。陆氏卒不胜任,未及月余,借病辞职,政绩更无可言,国势更危殆而不堪问。此非政党内阁之害三。

陆氏辞职,继其任者,印今赵秉钧氏。阁员仍旧,因循苟且。蒙藏风云,无所筹函,财政前途,徒仰借款,致令总统借内阁为傀儡,实行阴险之手段,良将劲弩守要害之处,信臣精卒,陈利兵而谁何? 吾人襄者希望之心顿若冷冰,此非政党内阁之害四。

在剖析非政党内阁的害处之后,作者进一步阐述了政党内阁的好处,约有四端:

其一,政治上富有弹性。政党内阁之能成,必其党于议会占过半数,党纲政策得社会赞同,其阁员又皆英伟俊杰之士,能代表党中之意见,影响于政府之政策。故其成立行政、立法两部,能互相策励,互相融洽。内阁对于议会负责任,议会对于人民负责任,志同道合,进行活泼,不至如混合内阁,飘摇靡定。设成立之后,两相昏庸,无效可言,人民可直起质问,宣布罪状,亦不至如混合内阁,今日成立明日即辞职者,致使人民问之而无可问,罪之而无可罪。

其二,专制政体难以发生。世界行政党内阁之国,英与法为最著,英为君主国,预防君主专制之发生;法为民主国,预防君主专制与民主专制之发生。故英之政体,学者多称其含共和之意义;法之政体,学者更不以其为非共和国。中国国情与法相似,稍一不慎,立招拿破仑二世之祸。混合内阁既不能稳固,政党内阁岂可俟诸后日? 杜目前之流弊,规久远之宏模,政党内阁自有行乎其所不得不行之势。总统不论属于何氏,凡有能力之政党,皆可起而组织,谓曰防君主专制可,谓曰防民主专制亦可。

其三,可以消灭党争于无形。中国之有党争,实由于混合内阁,然辑争者意气,非政策,鉴已往而戒将来,则政党内阁为尚。盖一党在朝负其责任,一党在野从事监督。甲党不善,乙党可出而代理;乙党不善,甲党可起而维持,随社会之欢迎与否以为转移。党争之端即无从发生,纵有所争,乃政策之比较,非意气之用事。论者谓吾国政党林立,万难组织政党内阁,不知英国当19世纪之中叶,有自由、保守两党外,又有社会党、工党之发生,不闻英国废政党内阁而采别种制度。英国既如此,中恒何独不能?

其四,足以清内患而御外侮。大凡内患之起,外侮之来,必国家政局不一,无负责之人,国无论君主、民主、立宪,莫不皆然。中国自唐内阁以至赵内阁一事未行,外而边患,内而各省,祸乱愈炽,殆由于内阁之不健全。内阁既不健全,故总统之逆迹日张。有人陈说者,推于不闻;有人规谏者,置之不理。一举一动,几有"满清朝廷"自有权衡之概。倘正式政府成立,不行组织政党内阁,恐民国前途不堪设想。

"超然内阁""政党内阁"在当时具属理想,实际政治,唐、陆、赵、熊皆为混合内阁。同时宪法尚未制定,总统制与内阁制尚在争论中,此亦分散国人对政党内阁的注意。主张总统制者,力言内阁制度易起党争,总统制则足以调和之。1913年1月7日《时事新报》有论云:"欲行内阁制,必有二大政党,此一定之理也。藉曰有第三党,则内阁制不能行;藉曰有第四党,则内阁制更不能行。盖有第三党,则势力之畸重畸轻,至不一定,譬之天平,忽而畸左,忽而畸右,则内阁之解散,将史不绝书。如用今日之约法,而内阁无解散议会之权,则内阁之解散,将如棋弈。忽而组织,忽而解散,忽而信任,忽而弹劾……即充极其量,修改今日之约法,而内阁有解散议会之权,则议会之解散,亦将如弈棋。忽而召集,忽而解散,忽而重选,忽而重解散……故欲行内阁制非有二大党不可。今日中国固已不止二党,试问国中大有力者,能使之为二党乎? 即强合之为二党,能保其不分裂乎?"

针对《时事新报》反对内阁制的论调,1913年1月9日《民强报》著论提出反击:"今数总统制之利,不过曰行政、立法两权相对待,总统、议会各有任期而已……昔满清季世,亦有所谓资政院焉,议员欲强政府对议会负责任,政府仅视议会为政府作顾问。非牛非马之内阁,不痛不痒之议会,实不啻为今之总统制铸一模型耳……大抵世界有政党内阁之国,行内阁制者则由一党之魁杰任组织内阁,行篝者则举一党之首领为候补总统。吾知无论何党,其属意者要有在。试问此国人之属意之大总统,果有党籍与否? 藉曰有之,其党人果能占国会之大多数,而预决选举之得胜利与否?"此不过略举一例,当时报刊对总统制与内阁制讨论者尚多,如有署名亮公者于《政党内阁决定论》中谓内阁制具有七种优点,其中"总统制以非国会所能纠责,故易流于颛制;而内阁制则起伏升降悉仰国会之鼻息,而无颛制之隐忧,此总统制之不及内阁制者一也"。

总统制与内阁制之争,系就立法之目的言。就当时政治情形而论,表面上是内阁制,实际上为总统制。盖袁世凯自逼唐绍仪出走津门之后,即完全以一身当政治之冲。所谓阁员,不过为其御用之机械。凡一切军政财务,皆以己意为之,对公开的讨论,皆不之顾。及其当选为正式总统以后,即逼令总理熊希龄署名,解散国民党,以为解散国会地步,使内阁与国会永远绝迹。故当时曾为众议院议员的王恒有云:"袁世凯时代之内阁,可谓为美国式之内阁无疑也。"袁世凯不肯稍稍抑制行政权,以及欲永久把持政权,是民初政党政治的致命伤。制宪之争是另一明显的例子。综观制宪期间的政潮,大概在1913年四五月间,国会初开时。在国民对国会的热望下,国会意气昂扬,其表现在制宪上者,为对于行政部门的抑压,如主张解散众院须求参院同意,如不信任投票,如国务员任用须由国会同意等,不仅民权派之国民党有是类主张,即国权派之进步党人士,亦有人倾向此种论调,论者称此两个月为"国会神圣时代"。此后至于10月间,国会初则因大借款案、中俄协约案等喧闹不休;继则因国民党发动"二次革命",部分议员因革命嫌疑被捕,国会议员人人自危,为制定议员逮捕法,以及争取岁费5 000元等,又喧闹不休,对议决重要法案反无成就。部分政界人士,在袁世凯政府不断丑诋国会的情况下,渐觉国会不可恃。及袁世凯有电征求各省对宪法的意见,反对宪草、反对国会的文电乃溃涌而出,如反对国会有不信任投票权、反对任命国务员须经众议院同意等,虽是各省军民长官、御用政客,见意希旨,国会实有大不理于人口之势,论者谓此期为"国会厌弃时代"。

就1913年的政象观之,国会由神圣而转受厌弃,与国会在制宪过程中,图引进西方三权制度很有关系。传统中国政治行政权独大,今欲以立法权限制行政权,一般国民固难理解,行政部门尤直接受其害,故不惜破坏国会,以达到破坏制宪的目的,时人梁启超有论云:"第一次国会之夭折,虽原因复杂,更仆难数,而宪法起草委员大多数皆非识时俊杰,不能将顺政府之意旨,为其原因之最大者也。"政府因宪草不合己意而破坏国会,假口国民党曾发动"二次革命"而剥夺国民党议员证书,使国会因不足法定人数而停顿只是手段。梁启超分析宪草委员会之结构,初虽国民党占比较多数,但任何委员,皆发表其个人主张,无所谓党议。其后由于国民党分裂,新党发生,国民党籍之委员转居少数,经常出席开会者不过五人。故梁启超曾说:"宪法草案之不为政府所容,事实上并非因一党之关系。"证之前述各项史实,梁启超在当时的观察,可谓相当深入。

九、民国初年政局和社会乱象

民国初年,政党林立又庞杂,派别类型多样,政见与政治活动纷乱,是民初的重要政象。此种现象,乃是社会分歧与不统一的表征。

民国初年,政府和官员看起来是一票票选出来的,但实际上,有枪杆子里面出选票的,如袁世凯;也有金钱出选票的,如曹锟。结果是帝国主义支持下的军阀之间打来打去,你方唱罢我登场。中国四分五裂,一盘散沙。

民国初年,整个社会处于新旧交替、社会转型时期。在政治局势方面,民主与专制、进步与落后、传统与现代、光明与黑暗并存,进行了激烈的交锋,政局混乱,构成了民国初年独有的时代特征。辛亥革命所带来的希望在民国初年或在徘徊中反复,或在曲折中前行。中国向何处去?充满矛盾的社会将孕育新的社会转折。一方面,社会习俗的移风易俗体现了历史的进步,自由、平等的时代变化也使中国更进一步融入世界潮流;但是另一方面,政治舞台上演着的丑剧,这是历史的倒退。《时报》1912年3月5日文章描述,"共和政体兴,专制政体灭;中华民国成,清朝灭;总统成,皇帝灭;新内阁兴,旧内阁灭;新官制兴,旧官制灭;新教育兴,旧教育灭;枪炮兴,弓矢灭;新礼服兴,翎顶补服灭;剪发兴,辫子灭;盘云髻兴,堕马髻灭;爱国帽兴,瓜皮帽灭;爱华兜兴,女兜灭;天足兴,纤足灭;放足鞋兴,菱鞋灭;阳历兴,阴历灭;鞠躬礼兴,跪拜礼灭;卡片兴,大名刺灭;……律师兴,讼师灭;枪毙兴,斩绞灭……"

从辛亥革命到国民党北伐后在形式上统一中国,民国初年的中国政府在17年间经历了《中华民国临时约法》时期、《中华民国约法》时期、南北政府时期、临时执政时期和军政府时期几个阶段。其间曾出现过1916年的"洪宪帝制"和1917年的"张勋复辟"两次短暂的君主制。先后产生过7任总统,1任临时执政,1任军政府大元帅,44届内阁,29位国务总理。从中央政府的形式上看,除两次短暂的帝制复辟外,表面上一直维持着三权分立的民主共和形式,大部分时间实行形式上的责任内阁制。国务院为国家最高行政机关,由国务总理和各部总长组成。各部总长由国务总理提名,经国会批准后,以大总统名义任命。国务院下设行政各部,各部设总长、次长各1人总领部务。但是,整个民国初年的中央政府基本上形同虚设,政令根本无法下达到各地方。民国初年的地方行政制度采取省、道、县三级政权的管理体制,但道一级并未实施。由于军政不分,除山西、江苏、福建、湖北、江西、四川等省专设省一级民政行政公署首长外,其他各省均以军事首长都督兼民政长。但无论各省实行军民长官分职还是军民长官兼职,各省的权力都掌握在有军权的督军手里。"20世纪实际上是中国不停实验各种外来政治制度的年代:1912—1913年的议会共和,1913—1916年的军事独裁,1916年的君主立宪,蒋介石的'儒家法西斯主义',毛泽东和其继承者的各种共产主义。"①

民国初年官场风气颇能反映社会政局。最为突出的就是在民国初年官场嫖赌风气盛行,反映了社会病态。民国初年的中国社会可分为霄壤之别的两极———社会剩余和社会缺乏。对于妻妾成群的官场贵人们来说,是过剩;而对于挣扎在死亡线上的城乡工农而言,是匮乏。作为社会过剩的人格表现,最明显的是两大社会病态:一是赌博,二是嫖娼。民初民谣说,"无官不赌,无官不嫖,不赌不嫖,哪能成交,不赌不嫖,怎能入朝"。北京最大的赌窝是袁世凯总统府秘书长梁士诒家,财政总长王克敏家和陆军总长段祺瑞家。其中段祺瑞还雇用了专门陪赌

---

① 陈意新、柯伟林:《认识二十世纪中国》,《二十一世纪》,双月刊,2001年10月号。

的仆人,月送干薪800元。袁世凯也曾几次下令禁赌,可是法不治众,结果无异于抱薪救火,赌风也因此愈禁愈炽。至于官场嫖娼,袁世凯就不好意思板起面孔下令禁止了,因为他自己也有"寡人之疾"。他仿照齐桓公设立"女闾"的做法,承认娼妓为合法,并且默许各地可参考前代成例,根据本地实际情况制定有关娼妓管理的一系列规章制度,使民女从娼、妓女定期查体、领取执照、交纳税费的整个流程都有"法"可依。从袁世凯到其所属衮衮诸公几乎全是帷薄不修的家伙。当时,北京的八大胡同和十大青楼里聚满了原产南京、苏州一带的南国金娃,吴侬软语,似水带枝。官僚们如蝇逐臭,趋之若鹜,政府的各个部门几乎都要搬到花楼上挂牌办公了。于是,民国的政治又荣获了"奶奶救国""花枝通天"等美誉。

民国初年官场的赌博风气,实际上是权力关系异常紧张的外在表现。当时的政治,实质仍然是袁世凯的专制独裁统治。凡是袁世凯的下属,无一例外的都是西装革履的"奴才",看上去一个个风光满面、招摇过市,实际上都是木偶傀儡,毫无独立性和自主权可言。这就决定了他们在官场中精神与人格的残缺,这种精神的病态反映到私人生活中,就是发泄为逐强奸胜的偏执。只有沉醉在赌场中的虚拟"平等"和暂时胜利,才可以作为一贴"壮阳药",让自己也体验一下做"主人"的快感和占有欲的满足。

对于女色的追求,也是专制条件下人性扭曲的"高等"表现。民国肇造,国人都伸长了脖子盼望着民主平等的光临,但是袁世凯费尽心机与聪明,利用各种矛盾和斗争,最终把大总统的权力恢复到以往皇权的水平,凌驾于社会之上,把整个社会变成了他的绝对支配对象。尤其对于民国政坛的官僚们来说,他们唯一能做的事,只有服从。这就使所有官僚在灵魂深处,对于不可预测的命运风险黑箱有了刻骨铭心的恐惧,说到底还是对于专制的恐惧。这种恐惧最终以下流占有的形式表现出来。黑格尔曾经分析过拿破仑的内心世界,他说这些官场中人整日处在危机四伏之下,不仅要与上级斗,还要与下级斗,好像整个世界都不安宁,只有在女性的占有上,才能得到一份百依百顺、毫无反抗的安宁体验。

而民初官场的这种"含金量"极高的消费和生活,反过来又强烈地刺激着官僚们无休止的铤而走险,去窃取权力,去攫罗钱财。这样,一个恶性循环就形成了,并且以自由落体般的加速度膨胀,进而吞没和毁坏所有社会秩序,以其巨大的破坏能量,把一切阻力和道理轧成齑粉。因此在近代中国,就像托尔斯泰在《艰难的历程》中所说的那样,"我们的民族注定是要在清水里煮一次,在咸水里煮一次,再在碱水里煮一次"。

参考资料

[1] 张玉法. 民国初年的政党. 长沙:岳麓书社,2004.
[2] 陈意新,柯伟林. 认识二十世纪中国. 二十一世纪,2001(10).
[3] 党彦. 民国初年总统制与内阁制之争. 魅力中国,2011(3).
[4] 张永. 民国初年的进步党与议会政党政治. 北京大学出版社,2008.
[5] 谢彬,戴天仇. 民国政党史,政党与民初政治. 北京:中华书局,2007.
[6] 金冲及. 二十世纪中国史纲:第一卷. 北京:社会科学文献出版社,2009.
[7] 汪朝光. 中国近代通史:第六卷民国的初建. 南京:江苏人民出版社,2007.

思考讨论题

1. 民国初年为什么会出现那么多政党、派别、团体？
2. 民国初年政党林立及其迅速消散说明了什么？
3. 民国初年多样的政党类型与政局动荡的关系如何？
4. 民国初年政党政治夭折的原因与启示有哪些？
5. 民国初年政党政治与共和政体试验失败对我们的启示有哪些？

分析思路和要点

1. 民国初年那么多的政党，他们代表谁？他们为什么争来打去？这些说明了什么？历史事实证明了什么？
2. 民国初年多党议会制因何宣告彻底失败？它的出现为何如此脆弱？为什么具有历史进步性的政党制度在中国的尝试会失败？以中国的历史和国情，有没有实行政党政治的必要社会基础？
3. 政党间的斗争就是社会力量间的互相厮杀和彼此争斗，必然产生什么样的客观结果？
4. 一个国家的政治能否靠移植或效仿实现进步发展？对当今世界尤其是西亚、北非政局动乱的思考。
5. 政党及其成员的应然状态应如何？证之民国初年中国的政党又如何？作为政党，民国初年政党最严重的问题或最缺乏的是什么？这对其政治主张、对政局又有何影响？
6. 20世纪中国社会存在的最大的两个问题是什么？因而有什么样的需要？民国初年政党政治尝试在解决这些问题上有什么样的努力？存在什么样的问题或缺陷？
7. 民国初年的多党政治模式的特点是什么？
8. 可否描述一下1912—1927年政党组织模式多样性的表现？

教学建议

1. 教学准备。提前将案例正文、相关参考和思考讨论题发学生，要求学生做好充分准备。着重于熟悉和分析相关材料，将自己的分析认识进行整理，形成思路。必要时，可督促学生进行小组讨论。
2. 教学环节。为便于研究分析，首先要做好教学布置，指导学生自主或划分小组并进行小组讨论（3~5人为一组），课堂集中讨论交流。
3. 教学时间。共6课时；教学布置1课时，个人学习研究、挖掘资料等2课时，小组讨论1课时，集中交流2课时，含教师点评小结。这6课时主要在课下进行，可酌情占用课内课时，最多2课时，主要用于精彩观点展示与交流和教学点评。
4. 教学成绩。建议将分析提纲和讨论发言各按50%的比例计入本案例教学考核，此成绩再按20%或30%的比例计入相关课程的平时成绩。

本教学案例具综合性，可安排在"中国近现代史纲要"课第三章或第八章后进行，或专门进行专题研究教学。

民国乡村建设运动

教学目的

　　了解20世纪20到30年代中国社会除中国共产党之外的各种关于乡村的主张和实践,分析其性质,尤其是分析基于教育与技术而进行的乡村建设运动失败的原因,认识其缺陷与问题,认识理论上分析和看起来都很好的主张,如科教兴国、教育救国等实行的条件,深刻认识在近代中国,实现中华民族伟大复兴必须首先完成民族民主革命,农村包围城市、武装夺取政权是中国革命的正确道路。

教学用途

　　主要用于本科生"中国近现代史纲要"课程教学,也适用于马克思主义理论专业硕士研究生了解更加真实的中国国情及更加丰富的中国历史。可用于学生课下拓展学习。

内容提要

　　20世纪二三十年代,由于外侵内战,中国农村经济萧条、民生凋敝的状况日益严重。一批有识之士纷纷为救活中国农村而加紧奔波,他们或注重农业技术传播,或致力于地方自治和政权建设,或着力于农民文化教育,或强调经济、政治、道德三者并举,殊途同归,旨在为破败的中国农村寻一条出路,在中国不少地区相继兴起了一场声势浩大的被学术界称之为"乡村建设运动"(Rural Reconstruction)的乡村建设事业。改造乡村、建设乡村的实践,根本来源在于民国时中国农村的破败。乡村建设运动在中国最早起于晚清米氏父子的"村治"活动,此后有山西省长孙发绪在督军阎锡山支持下于山西搞的村政建设,地方实力派人物的乡村建设实验,如彭禹廷与河南乡村治理学院、国民党元老沈定一于浙江萧山东乡自治区进行的实验等,一直到国民政府时期乡村建设风起云涌,各派别阐发了各自关于乡村问题的主张,进行了广泛讨论。在民国乡村运动高潮中,影响较大的有晏阳初等在定县、衡山和新都的实验,梁漱溟等在邹平、菏泽和济宁的实验,卢作孚在重庆北碚的实验,黄炎培、江恒源等在徐公桥、黄墟、善人桥、沪郊的实验,高践四等在无锡黄巷、北夏、惠北的实验,陶行知创办的晓庄学校以及国民党中央和地方政府主持的五大实验县。而国民党中央和国民政府由不予认可到共同商讨,并将定县、邹平两个著名实验区纳入到政府主办的县政改革实验县序列;国民政府行政院还成立农村复兴委员会,设计、指导和推动乡村建设;进而参与"乡村工作讨论会",在工作研讨中"灌输"政党和政府意图;并进行考察督导,也积极参与和掌控乡村建设。民国各种乡村建设活动中出现了最具代表性的人物,如晏阳初、梁漱溟、卢作孚等,各有侧重,却对中国问题尤其是乡村问题有大致相同的认识。民国乡村建设运动对中国革命和中国社会发展以及今天的新农村建设都有很积极的意义,但它自身也存在着缺陷和不足,给我们留下了许多深刻的教训,对我们深刻认识国情,并学习用马克思主义的观点和方法判断国情,在具体的历史环境和条件下分析和解决问题,具有重要启发。

案例正文

20世纪二三十年代,由于外侵内战,中国农村经济萧条、民生凋敝的状况日益严重。一批有识之士纷纷为救活中国农村而加紧奔波,他们或注重农业技术传播,或致力于地方自治和政权建设,或着力于农民文化教育,或强调经济、政治、道德三者并举,殊途同归,旨在为破败的中国农村寻一条出路,在中国不少地区相继兴起了一场声势浩大的被学术界称之为"乡村建设运动"。提倡和参加乡村建设的人员,既有进步的社会学者、经济学者、农业专家和有志青年,也有资产阶级、地主阶级中的改良派,也有地方实力派,还有一些则是国民党政府大大小小的官员。主办乡村建设的机构,既有学术机关、高等学府,也有政治机构、民间团体,其成分极其复杂。在这场运动中,最有影响的当首推四川巴中人、"海归派"晏阳初的中华平民教育运动及梁漱溟的乡村建设运动,而持续时间最长的则是由实业家、被誉为"中国船王"的重庆合川人卢作孚主持的以重庆北碚为中心的嘉陵江三峡地区的乡村建设。这些活动在一定程度上改善了乡村的状况,扭转了乡村破败的趋势,收到了相当的效果,取得了相当的成就。

一、乡村建设运动兴起的背景或原因

民国乡村建设运动的兴起,源自于对农村凋敝、衰败或崩溃局势的认识和判断,表现为改造乡村、建设乡村的实践,根本来源在于民国时中国农村的破败。

民国时的农村,用"衰败"两个字形容一点都不为过。晚清和民国时期,中国被西方拖入了它们的世界体系里,农村出现了新的问题。虽然说,工商业更加发达了,但中国的市场,已经被纳入世界贸易体系之内,容易受世界市场的影响,出现强烈的波动。本土的资本主义性质的工商业,由于各种原因,一直在成长,但发展速度有限,还不足以吸纳大量的农村人口。总地说来,这一时期的中国,出现了各国工业化和现代化过程中都常见的现象,一方面是沿海沿江城市的兴起,一方面是内地农村的凋敝。也就是说,这一时期的农村衰败,本身是一种常见的现代化病,任何国家都免不了,并不值得大惊小怪。但是,作为一个后发国家,一个殖民时代半殖民地的国家,一个被多个强国共同掠夺又被各自逐利的强国分割剥削的国家,在现代化的过程中,制度、文化和经济模式的改变,给乡村带来很大很深的影响,出现了特殊的问题。民国期间,由于城市化程度加速,农村精英离乡的比例提高,加之战乱的因素,农村精英劣质化程度比晚清更加明显,整个农村的武化、黑化程度都在大幅度提高。民国时期,由于战乱和割据的原因,农村社会被高度武装起来,原有的乡绅,可能武装化,变成当地武装的首领。而由于民国的建立,原来边缘化的帮会和秘密宗教合法化,也大幅度地渗入农村社会,以至于改变了传统农村的乡绅自治的格局,帮会人士、私盐贩子,甚至土匪和流氓,都可能成为新的乡村精英,成为

局部地区乡村的统治者。乡村的武化和黑化,虽然未必达到很深的层次,但势必在一定程度上改变乡村的社会结构,甚至破坏乡村自治的文化,使得需要这种文化和社会结构帮助的农民,陷于困境。

民国农村的"衰败"尤其从农民生活中表现出来。农民的生活跟晚清一样,相当困苦,基本上可以用"糊口经济"来概括。相当多的人家,每年得依靠薯类和瓜菜弥补粮食的不足。20世纪30年代初一些学者对全国14个地方的农民收入情况做了调查,这14个地区分别为成府、休宁、挂甲屯、北满、海宁、上海忠区、黑山县、冀中、宿县、仪征、江阴、吴江三县、峨眉山、成都附近、芜湖、盐山,应该说,他们所选择的点,已经排除了中国最贫困的地区。然而,调查结果显示,当时农家平均每年最低生活费用为292.21元,超过这个标准的只有两个地区——成都和芜湖。其余地区均离最低生活线差了很大一截,其中成府和休宁差得最多,分别只有93.12元和88.80元。14个地区农家平均年收入为262.97元。① 在这期间,著名学者张培刚、李景汉和千家驹等人的调查,以及很多官方的农村调查,也证实了这一点,农民的生活,并没有改善,而且相对来说还有所下降。多数农户的经济状况相当脆弱,仅仅是糊口,稍有灾害,就会破产,流离失所。赶上世界市场波动,也会因此而破产。同时,政府的税收,不仅税额提高了,而且征收手段变得更加劣质化,在相当长的时间内采用为人诟病的包税制;各地军人统治,良莠不齐,差的统治,横征暴敛的程度,往往令人发指。因此,凡是摊上暴政的农民,他们的负担都加重了。为了获取更多的现金,应付税收,很多地区的农民广泛地种植"特种经济作物"鸦片,造成鸦片流毒,遍及全国。应该说,在那个时期,农村的贫困化是普遍的,不仅一般农民穷,就是所谓的地主也不富裕。

乡村建设学派、国民党、中国农村派、共产党,对当时中国农村凋敝、衰败甚至崩溃这一大趋势是有共识的。孔雪雄在《中国农村今日之运动》(1933)一文中描述:"最近在'农村经济破产''农村崩溃'的叫嚣号呼中,'乡村建设''农村复兴'的口号弥漫全国。"中国共产党早期文献中能够找到大量关于农村衰败的论点、论据;国民政府成立农村复兴委员会,也是建立在这个判断上的。但是,对农村凋敝和衰败的表现形式的概括,特别是对其形成的原因的分析有较大差异。比如,晏阳初概括为愚、穷、弱、私四大病害,梁漱溟不赞成,他说:"中国问题在哪里? 有人说在'帝国主义与军阀',又人说在'贫、愚、弱、私',这二说都不正确。……今日中国的问题在其千年相沿袭之社会组织构造已崩溃,而新者为未立。"他认为乡村建设运动"起于救济乡村运动","起于乡村自救运动","起于积极建设之要求","起于重建一新社会构造的要求"。诸如此类,乡建各学派的认识分歧,导致乡村建设方式方法的多样性,进行这方面的梳理、比较、评价和研究,尽管十分困难,但却十分有意义。

二、乡村建设运动在中国的发展

(一)晚清米氏父子的"村治"活动

中国的乡村建设实验可以上溯到晚清米氏父子的"村治"活动。光绪三十年(1904年),河北定县米鉴三、米迪刚父子通过乡村教育和发展农业来推动乡村建设:在教育方面,创设国民初级小学与女子学塾,又有农村识字班,后改为简易识字班、半日学校、乐贤会、宣讲所等;在农业方面,他们仿效《吕氏乡约》制定了看守禾稼、保护森林、禁止赌博等乡规。民国3年,河北定

---

① 李宏略:《数字中底农家生活》,《东方杂志》第31卷,第7号,第97页。

县县长孙发绪对翟城村的乡村工作极表同情并加以提倡,所以,除了教育和农业以外,对于乡村卫生、保卫、路政风俗等都加以改善,还创设了利协社与村公所。20世纪20年代初,晏阳初从美国获得硕士学位回国后即提出"乡村建设"这一概念,并创办了"中华平民教育促进会",逐渐把其工作重点放到农村,于1926年选择河北定县进行以识字教育为中心的乡村建设试验。但这都属于乡村建设的萌芽状态。

(二)山西村政及其发展

孙发绪于民国5年(1916年)离开定县到山西任省长,他到任后,关注山西村政建设,又得到督军阎锡山的支持。山西的村政建设实际上是通过建立邻(5家为邻)、闾(25家为闾)、村的体制,达到更严密控制乡村和农民的目的,所办村政除编查户口以外,尚有禁赌、禁蓄辫、禁裹足、植树、开渠、养牛等6项。山西村政经过了官厅提倡村治和村民自办村治两个阶段,但在当时的条件下,"村民自办村治"也是在官厅严格控制下的。山西村政建设的政治因素很明显,又因为毗邻陕西,1935年,太原绥靖公署阎锡山从巩固割据目的出发,呈请国民政府实行"土地村公有制",企图通过解决农民土地问题,以防止"共匪即以土地革命为夺取农民心理之要诀",堵死农民"亦受共匪之煽惑"的通途,在武力防共之外构筑"政治防共、思想防共"的防线。可以看出,出于政治和军事斗争需要,"山西村政"得到了国民政府的支持和推崇。

(三)地方实力派人物的乡村建设实验

一是彭禹廷与河南乡村治理学院。彭禹廷是河南镇平七里庄人,1921年加入冯玉祥的西北军,曾任文书及军法官等职。当时镇平是土地猖獗的世界,全县民众饱受土地蹂躏践踏。1929年1月,河南省政府任命彭为河南自卫团豫南第二区区长,统辖豫系西9县(南阳、南召、方城、唐河、邓县、内乡、淅川、新野、镇平)的民团。他联络内乡民众自卫武装司令别廷芳、邓县民团首领宁古先、淅川乡绅陈重华等地方实力派人物,从剿匪自卫做起。但土匪肃清后他发现农村问题仍然很多,如农业改良、工业提倡、农村经济调剂等,而要解决这些问题,就必须办理地方自治。于是在冯玉祥部下、时任河南省主席韩复榘的支持下,成立了河南乡村治理学院,彭禹廷为第一任院长(梁漱溟其时为主任教授),于1930年1月开学。彭禹廷以乡村治理学院为骨干,在镇平开展了以调查户口、编查保甲、整理田赋和财政、倡办合作、推广农业、修桥筑路、发展教育、改良风俗的工作,直到1933年彭禹廷被人暗杀。中原大战之后,支持村治学院的韩复榘于1930年调任山东省政府主席,乡村治理学院的主要骨干如梁漱溟等也到了山东,于1931年6月在邹平组建山东乡村建设研究院,从村治运动转向乡村建设运动。可以说,宛西的乡村建设是从自卫开始的。山东乡村建设研究院是河南乡村治理学院的延续和扩展。

二是国民党元老沈定一与浙江萧山东乡自治区。沈定一,字剑侯,曾任国民党中央委员,1928年初,他感到国民党中央政事已"无可为",毅然辞职回乡,致全力于东乡的地方自治,想从东乡做起,为国民党的政治找到一条出路。但由于东乡自治组织与国民党及浙江省府的有关法令不合,因此遭到一些人的怀疑与反对,沈定一也于1928年被暗杀,东乡自治会被取消。但乡村建设毕竟没有就此而结束,"1927年以后,民国的乡村建设运动逐渐成为一种潮流,进入30年代后形成高潮"(虞和平,2006)。

(四)国民政府时期乡村建设风起云涌

根据南京国民政府实业部的调查,高潮时期,全国从事乡村工作的团体有600多个,先后设立的各种实(试)验区有1 000多处。但乡村建设团体和机构非常复杂,用梁漱溟的话说,"各有各的来历,各有各的背景。有的是社会团体,有的是政府机关,有的是教育机关;其思想有的左倾,有的右倾,其主张有的如此,有的如彼"。对于这种鱼目混珠的乡村建设运动,陈序经先生曾尖锐批评:"今日一般所谓乡村建设,很多名不符实,因为能够埋头苦干、实事求是的团体,实在很少。有好多人与好多团体,从来没有丝毫注意到农村问题,可是一听到乡村运动,是一个新运动,于是立刻改变方针,更换名义,以从事乡村工作,推进运动。然而事实上,他们不但好多对于乡村建设没有相当的认识、充分的诚意,以至没有好的效果……其更甚者,是见得自己本来所做的事业不能久持,就要失败,以至无路可跑,于是也利用乡村建设这个招牌,以掩人耳目。"晏阳初先生在乡村建设工作讨论会第二次集会中也担忧,"今日乡村建设运动的风起云涌之势……可以说是乡村建设的极好现象。但同时不能不为此运动担忧。盖深恐热烈过度,忽略了实际,如以往一般的运动,同归消沉也"。可以说国民政府时期乡村建设风起云涌,但却鱼目混珠,大多中途夭折。

(五)国民政府时期各派别关于乡村建设的讨论

1932年,中华职业教育社镇江黄墟乡村改进试验区倡议召开乡村工作会议,后经过山东乡村建设研究院、中华平民教育促进会、江苏省立教育学院等大力促成,1933年7月14在山东邹平成立了"乡村工作讨论会"(原拟定名"乡村建设协进会"),其性质为"国内从事实地乡建事业者工作讨论团体"。团体的宗旨,"由各地同道分别报告工作情况,然后详加讨论。籍借彼此聚首之机会,作学术意见之交换,庶使各地得失经验,互相切磋,期于不同之环境中,收集思广益之效果"。工作讨论会连续召开过三次全国性会议:团体成立时召开第一次集会,共63人出席,分别属于35个团体;1934年10月10—12日在河北定县召开第二次乡村工作讨论会,"共有代表一百五十余人,其所代表的团体机关七十余处";1935年10月在江苏无锡召开第三次乡村工作讨论会,"到会人数一百七十人,到会团体九十九个,会员籍贯十九省市,外籍会员二人,旁听约二百人,工作单位散布十三省市"。参加这三次集会的一百多个团体和机构,集中了当年乡村建设运动中最活跃、最有思想和纲领、最有成就者,而且每次讨论会的工作报告和论文都由章元善、许仕廉、江问渔、梁漱溟等分别编辑,结集经中华书局出版,留下了《乡村建设实验》(1—3集),为我们保留了异常珍贵的史料。

(六)民国时期最有影响的乡村建设实验

民国时期的乡村建设运动,大体上有三种类型:一是以教育和学术团体、大中专院校、民众教育馆等构成的乡村建设主流派;二是教会组织、慈善机构、地方实力派人物开展的乡村建设(如前述);三是国民党中央部门和国民政府参与或主办的实验县(区)。在民国乡村运动高潮中,影响较大的有晏阳初等在定县、衡山和新都的实验,梁漱溟等在邹平、菏泽和济宁的实验,卢作孚在重庆北碚的实验,黄炎培、江恒源等在徐公桥、黄墟、善人桥、沪郊的实验,高践四等在无锡黄巷、北夏、惠北的实验,陶行知创办的晓庄学校以及国民党中央和地方政府主持的五大实验县。

(1)晏阳初和中华平民教育促进会在定县、衡山和新都的实验,被称为定县模式或"青年会式"。晏阳初和他的"博士团"在定县认真进行社会调查,诊断出当时中国农村普遍存在的"愚、贫、弱、私"四大病症,然后采用学校教育、家庭教育、社会教育三大方式,来推行"文艺、生计、卫生、公民"四大教育;同时推广合作组织,创建实验农场,传授农业科技,改良动植物品种,创办手工业和其他副业,建立医疗卫生保健制度;还开展了农民戏剧、诗歌民谣演唱等文艺活动。

(2)梁漱溟及山东乡村建设研究院在邹平的实验,被称为邹平模式或孔家店式,一度成为全国乡村建设的中心之一。其办法是,把乡村组织起来,建立乡农学校作为政教合一的机关,向农民进行安分守法的伦理道德教育,达到社会安定的目的;组织乡村自卫团体,以维护治安;在经济上组织农村合作社,以谋取"乡村文明""乡村都市化",并达到全国乡村建设运动的大联合,以期改造中国。

(3)卢作孚在重庆北碚实验——北碚模式。卢作孚走的是实业救国的路子,他以民生公司为后盾,于抗日战争期间在重庆北碚开展了乡村建设实验。十几年间,他带领村民修建铁路、治理河滩、疏浚河道、开发矿业、兴建工厂、开办银行、建设电站、开通邮电、建立农场、发展贸易、组织科技服务等,又重视文化、教育、卫生、市容市貌的建设,使北碚在短短的20年间,就从一个穷乡僻壤变成了一个具有现代化雏形的城市。

(4)黄炎培、江恒源等人和中华职业教育社在徐公桥、黄墟、善人桥、沪郊的实验区——徐公桥模式。黄炎培等注重乡村改进,于1928年4月成立了徐公桥乡村改进会,制定章程,使之成为改进乡村的唯一机关和主持改进事业的重要团体,然后在它的组织下,实施乡村的普及教育,推广合作,改良农事,提倡副业和推行新农具,建设道路、桥梁、卫生等公共事业等。

(5)高践四等人和江苏省立教育学院在无锡(黄巷、北夏、惠北)的实验——无锡模式。该模式首先从事乡村教育,包括设立民众学校、建设乡村小学、举办青年学园和训练班;其次,成立乡村自治协进会,开展地方自治,进行民众教育与保甲合一的实验;第三,指导农事和进行农业推广,与江苏省农业银行无锡分行合作设立北夏农民借款储蓄处和惠北农村贷款处流通金融;第四,推进农民合作,发展家庭副业,建设农村公共卫生等。

(6)陶行知和中华教育改进会创办的晓庄学校——晓庄模式。晓庄学校积极支持师生的民主革命活动,声援共产党领导的工人运动,最终被国民党当局关闭。

(7)更多的乡建团体与实验。以上列举的6个著名团体及其实验模式,只是根据国内外目前的研究而做出的经验判断,绝不是乡村建设运动的全貌,还有更多值得深入挖掘和研究总结的。

各学派、团体、政党争论最激烈的甚至导致政治分野的是解决农民、农村问题的办法。乡村建设学派用的是改良或再造,通过乡村教育、自卫和自治、合作、农业改良的方式;国民政府企图通过县政改革而达到农村复兴;中国农村派和中国共产党则采取革命。革命派和所谓改良派势不两立。用薛暮桥先生的话说,革命知识分子"同帝国主义学者(以卜凯为代表)和托派分子、乡村改良主义分子等进行的论争,争论的中心是中国是不是半殖民地、半封建社会,中国革命是不是反帝反封建的民主革命,挽救农村经济破产的办法究竟是发展农业生产力还是改革农村生产关系,用改良主义的办法能不能发展农业生产,使中国农村经济免于破产"。

(七)国民党中央和国民政府对乡村建设的参与和掌控

(1)由不予认可到共同商讨,并将定县、邹平两个著名实验区纳入到政府主办的县政改革实验县序列。各地实验区如雨后春笋般涌现,但大多没有官方背景,所以运动之初,国民党当局不予认可。但随着乡村建设尤其是上述实验区的影响日益扩大,国民党当局转变策略,于1931年分别邀请晏阳初、梁漱溟南下,商讨乡村建设问题。同时派内政部长黄绍竑、次长甘乃光等分别到定县、邹平考察,随后召开国民党第二次全国内政会议(1932年12月10—15日),通过了《县政改革案》,1933年7月经过国民党中央政治会议批准下发各地执行,先后在全国成立了5个县政建设实验县——河北定县、山东邹平与菏泽、江苏江宁、浙江兰溪,将乡村建设运动纳入了当局的控制之中。江宁和兰溪实验县更是由国民党直接掌控,分别派遣中央政治大学(蒋介石任校长)政治系和法律系主任任县长,选派该校教师或毕业生40余人分别任两县县直机关的科(局)长和各区的区长,把持了实验县的一切权利。

(2)国民政府行政院成立农村复兴委员会,设计、指导和推动乡村建设。20世纪30年代,我国农业生产处于严重的窘困状态,"救济农村""复兴农村"成为当时人们关注的热点。行政院农村复兴委员会梁定蜀在乡村工作讨论会第一次集会上介绍:1933年4月11日,汪精卫在行政院第96次院会上提出"救济农村"一案,要组成委员会,经议决交由内政、实业两部,会同行政院秘书、政务两处会商组织方法,于当年5月成立了农村复兴委员会,附属于国民政府行政院,汪精卫兼任会长。下设秘书处,彭学沛任秘书处主任;经济组,负责农村金融、农产品价格调剂问题;组织组,负责农村自治方面的问题;技术组,负责改良农业增加生产等方面的问题。复兴委员会的任务是为行政院制定农村政策提供参考依据。它"是一个设计与推动的机关,并不是一个执行的机关,本会的委员、专门委员的提案或计划,经过行政院通过,就交由行政院两个主管部执行"。今天看来,尽管农村复兴委员会的成立有一定的政治目的,但它对农村复兴还是起了一定的作用,尤其是它所组织的一些农村调查及出版的一批著作,为日后研究中国农村经济留下了颇有价值的历史资料。

(3)参与"乡村工作讨论会",在工作研讨中"灌输"政党和政府意图。"乡村工作讨论会"的核心骨干或多或少与国民党和国民政府有联系,除主要发起者被委以职务外,比如邀请晏阳初、梁漱溟参加国民党的内政会议,并分别委任为河北省和山东省地方自治指导员,邀请国民党实业部全国经济委员会农业处吴仕廉、中国华洋义赈救灾总会的章元善等参加这个讨论团体的筹组。乡村工作讨论会的每一次集会,农村复兴委员会、实业部都要派员参加会议,发表演讲,试图"引导"乡村建设。比如:第一次集会上梁定蜀除了介绍本会的工作之外,还对全国的乡村建设提出了"中国救亡的办法,就是改造农村了"等"个人意见";第二次集会,中央党部韦立人参加会议,农村复兴委员会孙晓村和实业部徐廷瑚分别发表了演讲,绥远省政府、青岛市政府和五大实验县等政府官员出席会议;第三次也是如此。这种做法,无疑把政府的主导意识带给了这个团体,进而通过该团体影响全国乡村建设运动。

(4)考察督导。1934年,国民党中央执委会委员、江宁实验县设计委员会中央指导员李宗黄带领考察团(7人),从5月20日出发,历时34天,分别考察了江宁、邹平、青岛、定县的乡村建设实验(试验)。每到一处,考察团都要对当地的乡村建设提出建议。回南京后,于当年9月24日在国民党中央149次纪念周上,李宗黄做了题为"考察各地农村后之感想"的报告,分别对四县的乡村建设理念、方法、内容、成绩、问题等做了介绍和评价。认为"据实而论,邹平定县,似有独创一格,自成一种学说之趋势……就国家前途、本党立场、中央法令而论,则县市单位建设,应以江宁、青岛为张本,区村单位建设,应以无锡、昆山为模范。无论其为平民教育、乡村建设、民众教育、乡村改进,统不为过"。鲜明地表达了他的政治立场。他在报告结尾时提醒:"全党的革命同志,认清农村破产即国家破产,无论在朝在野,为官为民,有职务无职务,互相观摩,互相策励,各尽心力奔赴复兴农村之一途,为乡党尽瘁,为自己努力,政府党部,以是为考成。……少谈空论,多干实事,坚定主义,勇往直前,勿视为时髦,勿假公济私,屏除身居都市高唱农村之投机分子,接近胼手胝足可爱可怜之劳苦民众……"这种提醒在今天仍然有现实意义。如果撇开政治立场,单从统治者巩固政权的视角观察和评价,国民党中央和国民政府对乡村建设运动的主导和控制是无可非议并可借鉴的。

三、民国各种乡村建设运动的主要代表人物及其理念、思想

众所周知,"五四"新文化运动的一个重要核心思想便是人的觉醒。其中一个重要方面便是三大发现,即儿童的发现、妇女的发现与农民的发现。这三大群体在中国传统社会文化结构中,是没有多少地位的。但是,五四运动发现了这三种人的价值,体现了一种人道主义和平民主义的思想。"孩子的发现"与"妇女的发现"自有其魅力,而"农民的发现"则更有一番深意。1919年2月,五四运动前夕,激情澎湃的启蒙者李大钊为这一发现专门撰写了一篇题为《青年与农村》的文章。他在这篇发表于北京《晨报》上的著名论文中写道:"我们中国是一个农国,大多数的劳工阶级就是那些农民。他们若是不解放,就是我们国民全体不解放;他们的苦痛,就是我们国民全体的苦痛;他们的愚暗,就是我们国民全体的愚暗;他们生活的利病,就是我们政治全体的利病。"于是李大钊提出,知识阶层应该与劳动阶层达成某种结合,并号召中国有志青年到农村去,走与农村相结合的道路。基于这一学术思潮和文化背景,近现代中国乡村建设思想除了孙中山和中国共产党的乡村建设思想,民国时期代表性人物及其理念,最系统、影响最大的主要有以梁漱溟、晏阳初和卢作孚等为代表的"乡村建设派"的乡村建设思想,梁、晏、卢三人被并称为"乡建三杰"。

尽管在不同的理念支配下,各派别、各实验区的重点各不相同,但民国乡村建设还是有公认的共同内容。从当时报刊的有关记载和报告来看,乡村建设的具体内容包括以下几方面:改善农村政权,组织乡村自卫;组建各种合作社,推广先进的农业生产技术;设立各种教育机构,推进基础教育;改善卫生和医疗状况,整治村容和道路,禁绝鸦片和赌博,破除迷信;等等。这些内容可以概括乡村政治、经济、文化、社会建设四大部分。

(一)晏阳初及其乡村建设思想

晏阳初(1890—1990年),平民教育家,四川巴中人,出生于一个世代书香之家。1913年就读于香港圣保罗书院,1916年秋转至美国耶鲁大学,主修政治学与经济学,1919年入美国普林斯顿大学研究院,主修历史学,翌年获博士学位,完全可以凭此谋求富贵舒适的生活。但这位洋博士却从他的三C信仰(孔子Confucius、基督Christ和苦力Coolies)出发,坚信自己毕生的追求在于广大乡村的建设和平民的教育事业。1920年8月回国后,晏阳初在上海基督教青年会全国协会智育部主持平民教育工作,1923年与陶行知、朱其慧、蔡元培等人在京发起成立中华平民教育促进会,并任总干事。晏阳初是世界著名平民教育家,在20世纪20年代初兴起的中国乡村建设运动中,他的实验在时间上坚持最长,空间上扩展最广。他不但有丰富的实践经验,而且创造了完整的理论体系。第一,"民为邦本,本固邦宁"是晏阳初平民教育运动的基本信念。第二,"三C"(即孔子Confucius、基督Christ和苦力Coolies)是晏阳初平民教育思想的理论基础。第三,"四大教育""三大方式"的定县经验是晏阳初平民教育思想的集中体现。

与梁漱溟阶段性地从事乡村建设运动不同,晏阳初毕生致力于乡村建设和平民教育运动,不仅在国内,而且在国际上也产生了巨大影响。1926年开始在河北定县主持乡村改造实验工作,并因此闻名遐迩。以后又在多处主持平民教育、乡村实验及为乡村建设培养人才的工作。由于在乡村建设中取得的成绩,晏阳初于1943年曾被美国百余所大学和科研机构的代表评选为"现代世界最具革命性十大伟人"。对于自己献身乡村建设的原因,晏阳初在1940年有过动情的表述。"中国的农民负担向来最重,生活却最苦;流汗生产是农民,流血抗战是农民,缴租纳粮的还是农民,有什么'征',有什么'派'也都加诸农民,一切的一切都由农民负担!但是他

们的汗有流完的一天,他们的血有流尽的一日。到了有一天他们负担不了而倒下来的时候,试问:还有什么国家?还有什么民族?所以,今天更迫切的需要培养民力、充实民力的乡村建设工作。"在致力于乡村建设运动中,晏阳初还相继创办了中国乡村建设学院、菲律宾国际乡村改造学院等民间教育机构,国际社会尊称他为"国际平民教育之父"。

晏阳初从事乡村建设实验的理论依据,是他及平教会提出的"愚穷弱私"论。晏阳初认为,乡村建设的使命既不是"救济乡村",也不是"办模范村",而是要立足于"民族再造"这一艰巨而长期的使命。他说:"中国今日的生死问题,不是别的,是民族衰老,民族堕落,民族涣散,根本是人的问题,是构成中国的主人,害了几千年积累而成的很复杂的病,而且病至垂危,有无起死回生的方药问题。"而中国社会的问题主要是农村问题,其根本问题则是人的问题,是占国家人口绝大多数的农民受教育程度太低。乡村建设就是为解决这一问题而起,"所以说中国的农村运动,担负着'民族再造'的使命"。如何完成"民族再造"的历史使命呢?晏阳初认为,中国社会的症候是人民有"四大病",即愚、穷、弱、私。所谓"愚",即是指中国最大多数的农民,不但缺乏知识,简直是目不识丁;所谓穷,是指中国最大多数人民的生活,简直就是在生与死的夹缝里挣扎着,根本谈不到什么有质量的生活;所谓弱,是指中国最大多数人民毋庸讳言简直就是病夫,现代科学医疗、公共卫生等,根本谈不上;所谓私,是指中国最大多数人民不能团结,不知合作,缺乏道德陶冶以及现代公民知识的训练。他提出以"除文盲,做新民"为宗旨,以"民为邦本,本固邦宁"为核心,实施生计、文艺、卫生和公民"四大教育",即以文艺教育攻愚,培养农民的知识力;以生计教育攻穷,培养农民的生产力;以卫生教育攻弱,培养农民的强健力;以公民教育攻私,培养农民的团结力。具备了这四种力,才可以算作"新民",才可以达到"固本强国"的目的。在实施四大教育的过程中,晏阳初特别指出,必须坚持两个原则:一是四大教育不能独立开展,必须连锁进行,整体推进,一环扣一环。二是四大教育应切合农民生活,从真正为农民解决实际问题出发,"要在生活里实地试验,要看是否真能帮助农民的生活,换言之,研究试验的对象与结果,必须切合(农民)生活"。遵循这两个原则,实际上就避免了当时一些人在乡村建设运动中一味鼓吹向西方学习,照搬西方模式的做法。他还具体提出了四大教育的内容,以文艺教育治"愚"——通过学习人文与自然科学知识开发民智;以生计教育治"贫"——举办实验农场,改良猪种和鸡种(比如中国土鸡一年只能生 68 个蛋,晏阳初便引入美国的来杭鸡与本地鸡杂交,新品种鸡一年可下 168 个蛋)等,对农民进行"生计训练";以卫生教育治"弱"——创建农村医药卫生制度,村设保健员,联村设保健所,县设保健院;以公民教育治"私"——养成人民的公共心与合作精神。与四大教育相配合的是运用"三大方式"来具体落实四大教育,即学校式、社会式和家庭式,其中"学校式教育"是主体,通过普遍设立平民学校来进行。在《中华平民教育促进会定县试验工作报告》中,他写道:"四大教育的实施方式,有学校式以教育青年为主要工作,因青年是国家今日建设之主力军;同时又顾到教育儿童,因儿童系民族复兴的后备队。学校式之外有社会式及家庭式,其目的在使整个社会尽是教育的环境,以免一曝十寒之弊害。"

不同于大多数纸上谈兵的中国知识分子,晏阳初一生身体力行,学以致用。他认为要想"化农民",必先"农民化",抱着"走出象牙塔、住进泥巴屋"的理念,1929 年,他甚至带着他的美国妻子和 4 个孩子举家搬迁至河北定县,与普通农民生活在一起。榜样的力量是无穷的,此后不久,中国便出现了轰轰烈烈的"博士下乡运动",一批受到晏阳初影响的高级知识分子,包括一些著名的留学归国博士、硕士、大学校长,纷纷离开繁华的都市走入乡村,从事艰苦的乡村教育和建设工作,展开了大规模的旨在"培育国本,振兴民族"的平民教育与乡村建设实验。他们把定县作为"社会实验室"(抗战爆发后迁至重庆北碚),认真进行社会调查,扫除文盲,开办平民学校,推广合作组织,创建实验农场,传授农业科技,改良动植物品种,倡办手工业和其他副业,"博士下乡"标志着中国现代知识分子对传统的"学而优则仕"观念的超越,反映了那个时代的知识分子希望服务他人,以艰苦扎实的实干精神报效国家的崇高精神境界。晏阳初一生致力于平民教育,他所讲的"平民教育",就其具体内容与实施方式而言,实际上是社会学理论上所讲的对"再社会化"的工作。这项工作涉及农村生活的方方面面,是一项全面的农村建设。

(二)梁漱溟及其乡村建设思想

梁漱溟(1893—1988年),原名焕鼎,字寿铭。曾用笔名寿名、瘦民、漱溟,后以漱溟行世。广西桂林人,生于北京,系出元室梁王系,先祖为元世祖六子忽哥赤,故入籍河南开封,清中叶官游广西桂林。现代著名思想家、哲学家、教育家,现代新儒家的早期代表人物之一,社会活动家,爱国民主人士,同时他还是一位社会改造实践家。作为"最后的儒家",梁漱溟在儒学传统面临崩溃的局面下仍深刻地挖掘和高扬中国儒家理念的精华,并试图通过乡村建设将其变为现实,对推动乡村建设不遗余力。梁漱溟认为,中国的问题说到底是农村问题。因此要复兴中华民族,首先就是复兴农村。他认为中国的根本出路不在向西方学习,而在以复兴传统文化尤其是儒家思想为旨趣的"乡村建设"。

梁漱溟认为,中国社会是"以乡村为基础,并以乡村为主体的",但近代以来,由于中国农村屡遭天灾人祸,已破败不堪,"所以中国近百年史,也可以说是一部乡村破坏史"。他把破坏农村的力量分为国内与国际两方面,国际列强的经济侵略,对农村经济崩溃的影响尤其深远。他用三分法把破坏力分为:①政治属性的破坏力——兵祸匪乱苛捐杂税;②经济属性的破坏力——外国经济侵略为主,洋行买办等为破坏乡村的助手;③文化属性的破坏力——礼俗制度、学术思想的改变所带来的种种破坏力。梁漱溟的分析的确反映了当时的现实,有关数据表明,1924—1937年间,占总农户3.11%的地主占有土地41.47%,6.38%的富农占有土地19.09%,24.02%的中农占有土地25.87%,而61.4%的贫雇农则只有20.77%的土地。土地的高度集中使大部分农民流离失所,农村经济日趋破产,农村社会动荡不安。乡村破坏的严重现实引起了梁漱溟等的高度关注,对其破坏原因的认识又使他采取改良的建设办法来拯救乡村,并希望通过乡村建设来拯救整个中国,正如梁漱溟所言:"乡村建设运动实是图谋中国社会积极建设的运动。"

梁漱溟还认为,中国较一般的社会,其特殊性体现在两个方面:伦理本位,职业分立。所谓"伦理本位",照梁漱溟的看法,中国自秦以来,人与人之间的根本关系是人伦、情谊和义务关系。伦理关系的温情充斥了社会生活的各个层面。在经济上,中国社会"隐然有一种共产",并以"伦理关系之亲疏、厚薄为准"。在政治上,"不但整个的政治组织放在一个伦理的关系中,抑且其政治目的也全在维持大家伦理的相安"。所谓"职业分立",梁漱溟认为中国没有阶级对立,只有职业分立,"无论为士、为农、为工、为商,各有前途可求,贫富贵贱升沉无定"。由是,可以通过改良的办法,而非暴力革命之途,就可以实现拯救农村(乃至整个社会)的理想。

梁漱溟又认为,20世纪中国社会已然崩溃,而旧社会构造崩溃的原因是中国文化的失败。具体表现为缺乏科学技术和团体组织。"中国失败,就在其社会散漫、消极、和平、无力"。因此,必须从乡村入手,以教育为手段来改造社会,梁漱溟在乡村建设运动中就着力于传播科学技术,并培养农民的团体精神,以儒家文化中的精义来塑造梁漱溟心目中的"新农民"。

基于以上认识,梁漱溟认为,中国的前途必然是乡村建设,"必走乡村建设之路者,即谓必走振兴农业以引发工业之路,换言之,即必从复兴农村入手"。简言之,就是搞乡村建设。1931年3月,梁漱溟等在邹平县成立山东乡村建设研究院。之前梁漱溟曾在广东倡导"乡治"、在河南尝试"村治",到山东则改称为"乡村建设"。之所以选址邹平,是因该县靠近胶济铁路,离济南又不远,县本身既不大也不小,各方面条件有利于乡村建设实验。但由于他认为中国缺乏阶级,不赞成用暴力革命解决中国社会问题,到头来他虽付出"一生心血、全副肝胆"的努力,仍没有也不可能实现他的夙愿。新中国建立后,他"醒悟"到自己走的改良主义的道路是行不通的。尽管如此,梁漱溟那种"改造旧中国,建设新中国"的爱国初衷和为之奋斗的不懈努力是值得人们称道的。

梁漱溟著《中国民族自救之最后觉悟》和《乡村建设大意》《答乡村建设批判》、《乡村建设理论》(又名《中国民族之前途》)等一系列著作,尤其是后者,全面阐述了他的乡村建设理论。其出发点是改造农民的思想与道德素质,塑造新型农民。其基本思想如下:首先,从组织结构上,打破传统的行政区划,代之以乡学村学。原有的区、镇、乡各公所及区长、乡长全取消,改为新的乡村组织。其次,在思想意识上,注重培养农民的团体组织精神。这是针对中国农民存在的散漫、不注重发挥团体力量而做的努力。第三,在精神上,让农民振奋起来。梁漱溟认为当时的农民处于"精神破产"的状况,必须解决"让乡下人活起来"的问题。第四,在物质建设上,给农民传授先进的农业发展技术。建立近代化意义的金融流通组织,以遏制当时农村猖獗的高利贷活动。引进科学技术,向农民推广优良品种。第五,在行为习惯上,帮助农民革除陋习,养成健康的生活习惯。其乡村建设方案是,把乡村组织起来,建立乡农学校作为政教合一的机关,向农民进行安分守法的伦理道德教育,达到社会安定的目的;组织乡村自卫团体,以维护治安;在经济上组织农村合作社,以谋取乡村的发达,即"乡村文明""乡村都市化",并达到全国乡村建设运动的大联合,以期改造中国。

在邹平,山东乡村建设研究院分三部分。第一部分是乡村建设研究部,由梁漱溟任研究部主任,该部招录大学毕业生或大专毕业生40名,2年毕业,主要教材是梁漱溟著《中国民族自救之最后觉悟》和《乡村建设理论》,学员毕业后分配到实验县任科长和辅导员等职务。第二部分是乡村服务人员训练部,负责训练到乡村服务的人才,招录对象是初中毕业生或同等学力者,每期1年结业,主要课程有乡村建设理论、农业知识、农村自卫、精神陶炼、武术等科目。学员由每县招考10~20名,结业后各回原县,担任各县乡村建设的骨干工作。第三部分是乡村建设实验区,以邹平县为实验地。实验区有县政府,隶属乡村建设研究院,县长由研究院提名,省政府任命。1932年邹平由乡村建设实验区改为县政建设实验县。乡村建设研究院于1935年还成立了一个乡村建设师范,地址在研究部内,梁漱溟曾任校长半年。课程除乡村建设理论、乡村教育和精神陶冶外,其他与普通师范课程相同。

邹平实验县的行政区划经过撤并,整改为14乡。全县整个行政系统实行教育机关化,以教育力量代替行政力量。县以下设乡学,取消乡(镇)公所,几个村或10个村有一乡学,乡学就是"政教合一"的机构,乡学下设村学。设置乡学、村学的目的是培养农民的新政治习惯——农民对团体生活及公共事务的注意力与活动力。梁漱溟说:"我们乡学村学的组织,如能发生作用,乡村真正活起来,则对于中国地方自治问题的解决,不啻发明了一把锁钥,找着了它的诀窍,岂不是一件很伟大的事业吗!……我们山东乡村建设研究院在邹平作乡村建设实验,什么时候才算成功呢?直截了当地说,就是乡学村学真正发生组织作用,乡村多数人的注意力与活动力均行启发,新政治习惯培养成功而完成县自治,研究院实验县的大功就算告成。"

梁漱溟特别强调,发挥传统伦理精神在培养农民新政治习惯时的作用。梁漱溟认为,中国伦理是从情谊出发,以对方为重,人与人间的关系可以做到连锁密切、融合无间的地步。中国从前有五伦之说,现在再添一伦,就是团体对个人,个人对团体,彼此互相尊重,互有义务。梁漱溟通过自己编定的"村学乡学须知",来要求大家各尽自己的义务,使自己的行为符合伦理情谊。梁漱溟还认为,今日乡村组织必须是一教学组织,最根本的是要提倡农民"求进步""向上学好"。梁漱溟废掉乡镇公所而成立乡学、村学,用意即在此处。乡学行政上受县政府的领导,同时接受研究院的指导,是"政教合一"的机构。全乡组织董事会,推出乡中德高望重、有文化、年龄较高的人当学长,学长由县政府下聘书,实际大都是由地方乡绅学者名流担任。乡学里还有教导主任一人,负责管理教育工作。再有研究院直接派来的辅导员一人(大都是研究部的学生),负责指导协助乡理事和教导主任,在各项工作中贯彻乡村建设理论思想。乡学内设以下组织:乡队部、户籍室、卫生室。各村的村学组织与乡学差不多。乡学村学中的成员,包括全乡全村的农民,统称为学众。

在乡村建设运动中主要为农民做些什么呢?梁漱溟概括为"团体组织、科学技术"。"团体组织"即把分散谋生的农民组织起来,主要是组织合作社,在这个方面邹平做得很好,影响很大。"科学技术"即改良农业品种、提倡植树造林等。梁漱溟在邹平提出"大家齐心向上,学好求进步"的口号,就是"团体组织、科学技术"这八个字精神的具体体现。"大家齐心向上"是提倡团体精神,其中"向上"指道德礼俗,"求进步"指生产技术和良好风尚。中国农村长期存在一些陈规陋习,如求神拜佛、吸毒、女孩缠足、男孩早婚等,乡学村学教育就是要纠正这些陋习。梁漱溟主张在这些方面下功夫,事实证明,确实收到较好的实际效果。

(三)卢作孚及其乡村建设思想

卢作孚(1893—1952年)是我国著名的爱国实业家、教育家和社会活动家。卢作孚出生于四川省合川县一个小商贩之家。自幼好学,天资聪颖,因家境贫寒,小学毕业就被迫辍学。他自学成才,做过中学教师,当过记者,26岁就担任了《川报》报社社长兼总编。卢作孚少年时期即怀救国之志,年仅17岁就加入了同盟会,为推翻清王朝而奔走呼号。以后又积极投身五四运动,从五四运动中他看到了民众的力量和国家的希望。他认识到要救国必须唤起民众,要使民众觉悟,必须广开教育。几乎与晏阳初同时,卢作孚开始了教育救国的实践。在四川泸州担任永宁道尹公署教育科长时,即开展以民众为中心的通俗教育与新教育试验,影响全川。但因四川军阀混战,川南新教育实验被迫中止。1924年,卢作孚又到成都创办通俗教育馆,继续推进民众教育。然而红火了一阵,又蹈川南教育实验的覆辙。这些实验都是依靠军阀势力的支持,很快就因为政局更替而夭折,使卢作孚深感"纷乱的政治不可依凭",必须寻找新的出路。他苦苦思索,并到上海等地考察,通过对中国历史和现实的分析,他认为要解决中国内忧外患的根本出路在于"促使中国完成现代化的物质建设和现代化的社会组织。此在中国应成一种极其鲜明的运动,分析起来,第一是产业运动,第二是交通运动,第三是文化运动,第四是国防运动",使国家强大起来。怎样才能使国家强大呢?首先要兴办实业。他决定办一两桩事业或经营一两处地方作为现代化建设的实验场所,找出方法为实现国家现代化做参考。1925年秋,卢作孚弃学从商,回到合川,创办了民生实业公司,设想以办轮船航运发展交通作为现代化的前驱。当晏阳初、梁漱溟等在华北掀起乡村建设热潮的时候,卢作孚也在自己的家乡积极谋划乡村建设。

卢作孚是我国著名的乡村建设理论家和实干家。在民国时期的乡村建设运动中，卢作孚是我国最早从"现代化"和"都市化"的视角思考乡村建设，并取得突出成就的人。他所开创的"民生-乡村现代化"模式与以梁漱溟为代表的知识分子所从事的"教育-乡村社会改造"模式相比具有不同的价值。他提出重视乡村建设，认为忽略农村问题会导致工业之失败，导致城市问题，一个乡村问题放大起来，便是国家的问题。卢作孚的"乡村现代化"思想，实际上是他"国家现代化"思想的延伸，是卢作孚乡村建设思想的核心，是他开展乡村建设运动的终极目标和高度概括。卢作孚的"乡村现代化"建设模式，概括起来，就是以经济建设为中心、以交通建设为先行、以乡村城市化为带动、以文化教育为重点的建设模式。卢作孚主持的乡村建设在民国时期众多乡村建设实验中之所以成就大、成效好，与他的"乡村现代化"思想和以经济建设为中心的建设模式是分不开的。他把经济建设放在其他建设的首位，因地制宜，以发展本地资源丰富的矿业和需求大、成本低、收益快的纺织业为龙头，通过激化和扩散效应，带动整个乡村经济大发展。他以工辅农、特别是重视文化教育事业发展的种种举措，使其乡村建设基础更加厚实。

抗战时期，北碚被称为"陪都的陪都"。然而20世纪20年代，这里还是一个贫穷落后、交通闭塞、盗匪横行的偏僻乡村。1927年春天，34岁的卢作孚来到这里，担任江（北）、巴（县）、璧（山）、合（川）嘉陵江三峡峡防团务局局长，这本只是一个清理匪患、维护治安的职位，但是，却为卢作孚提供了又一个进行社会改革，实现"理想社会"的实验场所，开始着手他的以北碚为中心的乡村建设实验。他借此机会，在清剿匪患的基础上，在峡区开展以经济建设为中心，综合发展文化教育事业和社会公益事业为特点的乡村建设实验。他的心中有一个大梦，就是要把中国内地的这个贫穷而混乱的乡村地区当作他在中国进行现代化建设的一个试验平台。卢作孚乡村建设实验的宗旨十分明确："目的不只是乡村教育方面，如何去改善或推进这乡村的教育事业；也不只是在救济方面，如何去救济这乡村里的穷困或灾变"，而是要"赶快将这一个乡村现代化起来"以供中国"小至乡村，大至国家的经营参考"[①]。可以说，"乡村现代化"，是卢作孚乡村建设的最高目标。为此，他"以经济建设为中心"，以交通运输为龙头，在北碚开展了大规模的经济建设。十几年间，他修建铁路、治理河滩、疏浚河道、开发矿业、兴建工厂、开办银行、建设电站、开通邮电、建立农场、发展贸易、组织科技服务，等等。在北碚的综合经济实力迅速增长的同时，又很重视文化、教育、卫生、市容市貌的建设，致使北碚很快就发生了巨大变化。在乡村经济建设上，卢作孚注意因地制宜，发挥地方优势。如北碚的煤炭资源异常丰富，但矿区皆在深山老林之中，运输全靠肩挑背扛，效率极低。卢作孚召集各矿业主，以招股办法筹集资金，修建了四川第一条铁路——北川铁路，使日运量由200吨迅速提高到2 000吨，煤矿得到大发展，成为抗战时期陪都的主要燃料供应基地，有力地支援了抗日战争。卢作孚以交通运输为龙头的模式进行乡村建设，使北碚在短短的20年间，就从一个歹徒横行的穷乡僻壤变成了一个具有现代化雏形、充满现代化气息的城镇，成为与定县、邹平齐名的乡村建设实验区。"北碚"这个名字"三年即闻名于全川，四年即闻名于全国，抗战时期它甚至于闻名于世界"。1931年5月24日，北碚的《嘉陵江日报》载文称，"国内外人士讲评，全中国有三大干净的地方：一个是定县，一个是济南，一个便是北碚。"这三大干净地方都是乡村建设实验区，这里所指的"干净"不仅是清洁卫生，更指这些地区充满着生机与活力，"处处透露着新生的光芒"。

---

① 《卢作孚文集》，西南师范大学（今西南大学）出版社，1989年，196页。

四、民国乡村建设运动的历史评价及其经验教训

根据上述,乡村建设团体的复杂性,决定了乡村建设模式的多样性,但乡村建设运动的性质是由主流派决定的。它是在半殖民地半封建社会条件下,以知识分子为先导、社会各界参与的救济乡村或乡村社会改良运动,是乡村建设救国论的理论表达和实验活动。有学者则认为,民国乡村建设运动是"在维护现存社会制度和秩序的前提下,采用和平的方法,通过兴办教育、改良农业、流通金融、提倡合作、办理地方自治与自卫、建立公共卫生保健制度以及移风易俗等措施,复兴日趋衰落的农村经济,实现所谓的'民族再造'(晏阳初语)或'民族自救'(梁漱溟语)"。这个判断既概括了乡村建设的性质,也概括了民国乡村建设的内容。

(一)乡村建设运动的进步意义

20世纪20年代后期到30年代前期,既是土地革命轰轰烈烈进行的时期,也是乡村建设运动如火如荼开展的年代。历史恰似在前进的过程中为我们进行了一次非常有趣的分类讨论:面对当时中国农村凋敝的状况,来自不同阶层、接受不同思想的人们对于如何改变并发展这片广阔的天地,分别给出了自己的思考和回答。历史的结果只有一个,那就是,乡村建设运动最终走向没落;而通过与土地革命一脉相承的暴力革命,中国共产党最终取得了全国政权,改变了国家性质,并利用政权的力量进行了彻底而激烈的土地制度变革。较之乡村建设,土地革命这种解决中国农村凋敝状况的途径,似乎具有更为强大的生命力。乡村建设学派的知识分子,带着对中国农村深切的同情心和强烈的使命感,深入乡村,开展了大量的理论研究和实地工作,他们不仅切实改变了当时一部分农村地区的经济状况和社会面貌,也为日后的农村建设和发展积累了宝贵的经验。

总结乡村建设派代表人物的主要思想、主张和工作,乡村建设运动的积极意义,表现在以下几方面:

首先,乡村建设积极分子的出发点和落脚点是准确的,他们对中国农村问题的高度重视应该被充分肯定。近代中国绝大多数人口集中在农村,农村经济发展和农民生存问题极端严重。乡村建设派把视线投向广大农村,强调农民和农村对中国的重要性,认为中国的国命"寄托在农业、寄托在乡村",从而提出了"救国先救农村""复兴农村""民族自救"以及"知识分子下乡"等主张。他们对广大农民给予了深切同情,怀着振兴农村、改造社会的良好愿望,从城市走到农村,以埋头苦干的精神,做了不同程度的有益于农民的工作。

其次,乡村建设运动积极分子重视传统文化的作用,积极探索传统文化和现代发展的结合途径。中国农村受传统文化的影响根深蒂固,许多传统文化已经内化为广大农民自发的价值判断和行动准则。在这样的条件下,全盘引进西方的思想、照搬国外的经验,很难与中国农村的实际情况有效匹配,甚至会造成梁漱溟所说的"文化失调"。只有从中国的实际情况出发,探寻符合中国国情的农村发展道路,才有可能获得成功。

再次,乡村建设运动积极分子重视发挥调动农民的积极性,他们使生活在农村的人民大众主动参与到涉及自身的现代化进程中去。在乡村改造的实践过程中,乡村建设派的理论家和实践者们,十分强调启发农民的自觉意识,调动他们自我创造、自我建设的积极性。他们认为"培养具有现代民主与科学意识的新民才是乡村改造的正皓";他们强调乡村建设"不是救济,而是发扬";他们坚持乡村改造就是要发扬民力,发扬人格平等的精神。他们从农民的所知开始、从文化条件出发,改良农村环境,改良农民生活,尽力做到简单化、经济化、实际化,具有很

强的实践意义和可操作性。

最后,乡村建设运动积极分子的行动确实使当时中国农村的面貌得到了一定的改善。晏阳初在定县开展的平民教育运动,确实改善了当地的教育条件,提高了农民的文化素质,为以后更深层次的乡村改造打下了基础。阎锡山在山西的"村政建设",规范了山西的基层政权建设,促进了山西农村社会的安定,使得政令一直能够贯彻到村,让村民通过一系列的参与活动感受到政治的影响,有利于实现农村社会从无序走向有序。

民国乡村建设对世界也产生了一定的影响。民国乡村建设创造的平民教育理念、农民合作理念、群众参与理念,以及公平土地制度、推广农业技术、发展家庭副业、建设乡村道路桥梁等公共设施、改善农村教育医疗条件等方面的探索,不仅影响了中国乡村经济社会的变迁,而且对当代世界农村发展管理理念和社会实践产生了不可低估的贡献,在国内外享有盛誉。比如:罗斯福时代通过了以晏阳初名字命名的《晏阳初法案》,在美国推行他倡导的平民教育;里根时代评选20世纪最伟大的10位人物,晏阳初与爱因斯坦等齐名;晏阳初创建的菲律宾国际乡村建设学院,至今仍活跃在这一领域。梁漱溟的《乡村建设理论》在日本翻译出版后,影响很大。在近现代我国乡村遭遇列强文化单向渗透和冲击的局面下,唯有中国乡村建设理念反过来对世界近现代乡村发展产生了如此重大影响,这是非常值得总结的历史经验。

(二)乡村建设运动的不足之处

乡村建设运动的衰落,除了与当时国内、国际的动荡局势密切相关以外,也部分根源于其自身的不足。

首先,乡村建设运动分子没有也从未打算对中国农村的土地制度进行根本的改革。虽然我们不应该简单基于主导人物的"阶级立场"来武断地评判一种学术思潮,但不可否认当时中国农村普遍出现的贫富差距问题,在很大程度上与土地分配的不公平有着密切的联系。而在当时的情况下,乡村建设运动积极分子基于其自身的阶级立场,不可能从根本上变革土地分配制度,这使得乡村建设运动难以从根本上解决当时中国农村社会日益扩大的贫富差距问题,而这个问题与乡村社会能否实现全面进步与长期发展密切相关。乡村建设的具体组织形式是"政教合一"的乡学村学,这一机构的特殊性表现在,达到领袖与农民的结合,政事与教育的结合,并寓事于学,把人生向上之意蕴涵其中。梁漱溟乡村建设的构想是一个政治原则和伦理原则的混合体,充满了儒家的理想色彩。"而实际上的表现,则是政治化的儒家,即不是用道德理想转化政治,而是在通过其他途径取得政治权力后,用政治来干预、歪曲学术,使'道统'变为对人民进行思想控制的工具。"在历史上儒家的这种理想从未在现实中造成实质性的影响,自然在乡村建设中也难见其成。1981年梁漱溟在给原山东乡村建设研究院工作人员卢资平的一封信中写道:"邹平为我过去致力乡村建设之地——在邹平首尾不满八年,幸承地方父老不弃,而实未能为地方造福,思之歉然。"这确实说出了梁漱溟的心里话。也就是说邹平乡村建设试验的效果与梁漱溟的期望目标,距离是很大的。由于梁漱溟对帝国主义和中国军阀、中国社会结构、土地问题存在理论误区,导致其乡建理论和实践并不能解决当时中国社会的根本问题,最终造成山东乡村建设运动"号称乡村运动而乡村不动"的尴尬局面。

梁漱溟在邹平推行的乡村建设的结果如何呢?他于1935年10月25日在研究院讲演中谈到了这个问题。他说,在乡村建设中有两大难处,头一点是高谈社会改造而依附政府,第二点是号称乡村运动而乡村不动。他自己就说,高谈社会改造而依附政府,这是一个矛盾。说是要社会大改造,那就不应当接近政权,现在既作社会改造运动,则明明是你看它(现政权)改造不了,它既改造不了,你就应当否认它,你就应当夺取政权来完成社会改造,你既不否认它,而顺随地在它底下活动,那么,你本身就失掉了革命性,又怎么能完成社会改造? 你不但在它底下活动,而且依附于它,这怎么能完成社会改造呢? 政府最代表那个惰性、不进步性。而大凡新的潮流、新的运动、新的创造,都是从社会发生的。像长江一带搞的"政教合一",一面借行政上强制的力量办教育,尤其是办民众教育;一面拿教育的方法、教育的工夫,来推行政府所要推行的各项新政,乡村工作变成地方下级行政,那还有什么社会改造可谈? "号称乡村运动而乡村不动"的表现是,在无锡、定县召开的乡村工作讨论会上,乡村农民的代表差不多没有,最多的还是教育界的人,政府的人也很不少,而乡村来的农民代表真是凤毛麟角,由此可见乡村之不动。仿佛乡村工作讨论会和乡村没大关系,乡下人漠不关心。

　　本来最理想的乡村运动,是乡下人动,我们帮他呐喊。退一步说,也应当是他想动,而我们领着他动。现在完全不是这样。现在是我们动,他们不动;他们不惟不动,甚至因为我们动,反来和他们闹得很不合适,几乎让我们做不下去。此足见我们未能代表乡村的要求! 我们自以为我们的工作对乡村有好处,然而乡村并不欢迎;至少是彼此两回事,没有打成一片。即如邹平,假定提出这么一个问题,来征求乡下人的意见——乡村建设研究院要搬家了,你们愿意不愿意? 投票的结果如何,我亦不敢担保。自然也有一些人觉得研究院多少还没有劣迹,仿佛在这里也还不错,县长也很不坏,不走也好。顶多如此。或者他简直不表示,仿佛无成见,走也不留,不走也可以。真正的老乡,恐怕就是这个态度的。这个就足见你运动你的,与他无关,他并没动。此种现象可以反证出我们是未能与乡村打成一片;让他知道我们是为他,而造成一种不可分离的形势。……我们乡村运动天然要以农民作基础力量,而向前开展;如果我们动而乡村不动,那有什么前途呢? 不能代表乡村的要求,不能发动乡村的力量,那怎么能行呢?

　　社会学家吴景超当时就指出,搞乡村建设运动解决不了中国农民的问题。他认为由于中国农村人口占全部人口80%左右,乡村建设的力量所能达到的农民,在全体农民中不过九牛一毛,即使这些农民得救,于大避还是无补。"最重要的,就是这个问题的性质,大过于复杂,牵涉的方面太多,不是几个私人团体所能解决"。

　　其次,乡村建设派的理论家和实践者,过分强调"上层建筑"对"经济基础"的推动作用,相应忽视了"经济基础"对"上层建筑"的推动作用。乡村建设派的理论家和实践者,过分看中了文化和思想对农村社会进步的推动作用。他们提出了许多改善农民政治思想水平,提高农民文化道德素质的措施,却没有提出实现农村经济现代化的道路和途径。没有良好的生活条件和雄厚的财力基础,乡村建设理论是不可能走出试点,在全国普遍展开的。梁漱溟的乡村建设是一个以社会为本位的建设方案,他把中国问题的症结归于文化的衰弱,于是以振兴儒家文化为旨归,达到改良社会的目的。梁漱溟始终抱着"故我以为中国问题的内涵虽包括有政治问题、经济问题,而实则是一个文化问题"。之所以从农村着手,则因为"中国原来是不象国家的国家,没有政治的政治,国家权力是收起来不用的,政治是消极无为"。所以中国建设不能走自上而下的路,只能从下面做起,从社会运动做起,最直接的则是从乡村建设开始。而之所以采取改良手段,则因为梁漱溟认为,中国不仅缺乏革命力量,也没有革命对象。这种分析抹杀了现实中存在的阶级对立,显然没有看到中国社会的本质,这是其乡村建设理论充满矛盾、其实践必然失败的主要原因。

　　主张"全盘西化"的陈序经毫不客气地批评乡村建设运动。他认为十多年的乡村建设工作没有超出空谈计划与形式组织的范围,实际工作很少,就是做了也是空而无用。乡村建设的目标是救济乡村农民,然而结果却变为救济工作人员,养出一个吃乡建饭的新阶级。他认为梁漱溟照搬西方的组织方式和科学技术,没有一点纯粹的中国的东西。他还把梁漱溟的工作与罗维特·欧文的工作加以比较,认为它们都是由空想走向失败。

中国农村经济研究会(主要成员为钱俊瑞、陶直夫、薛慕桥、孙冶方等)对梁漱溟的乡村建设做了客观公正的评价,认为梁漱溟认识到帝国主义与军阀是促使中国农村破产的主要原因,而且明白了农民的自动组织是乡村建设的基础动力,认清了农民必须有组织才会有力量。但他不了解农村的阶级关系,把乡村看成是抽象的整体,只看到了乡村的外部矛盾,而看不到乡村的内部矛盾。乡学、村学不过是旧日的豪绅政权的变相,不能代表农民的利益,农民不会拥护它。

毛泽东在1938年接见梁漱溟时,对梁漱溟的乡村建设提出了自己的看法。毛泽东认为,梁漱溟对中国社会的认识有不少是对的,但乡村建设是改良主义运动,一方面它依靠的是现政权,另一方面不能发动起广大的农民群众,不了解农村的阶级关系,更不能改变农村的生产关系,尤其是土地制度,因而不能代表广大农民的利益,不能发动农民。这种改良运动根本不能解决中国的问题,中国社会需要彻底的革命。毛泽东的评价是中肯的,基本上点到了梁漱溟乡建实践的关键穴位,梁漱溟对中国乡村的关怀虽然是当时时代问题使然,但他的乡村建设仍是主要源于其对中国传统文化和哲学的独特理解,他的农村是哲学视野里的农村,是抽象的农村,他"不了解农村的阶级关系"。

最后,乡村建设派大多被当时的实力派所利用。梁漱溟的乡村建设试验,离不开山东军阀韩复榘的支持;而山西的"村政建设",则基本上贯彻了阎锡山的意志。但是,军阀的着眼点不可能真正是农村经济的全面进步和社会的和谐发展,他们更多地将着眼点放在怎样利用村治加强对农村的控制以及对乡村资源汲取,为其军阀统治服务,而相对忽视乡村百姓的生活和利益、乡村社会发展以及对村民"自治"能力的培养,从而使"村治"表现出更多的"官治"色彩,使自治的意义大打折扣。虽然社会秩序的稳定、农村经济发展以及社会风气的转变客观上有利于农民,但从其主观目的来讲,政权的军阀性质根本不可能造就实质上的现代乡村民主自治。

(三)乡村建设运动的经验教训

乡村建设运动有其积极的进步意义,但在中国并未能获得完全成功,固然有其不可避免的缺点,但也与当时的国际、国内形势密切相关。

第一,当时支持开展乡村建设的地方实力派,多半想利用这一运动来扩充自己的力量,他们的支持地方建设运动的根本初衷,并非完全为了协助整个中国农村走出凋敝,而在于追求更强的财政实力。一旦他们积攒起足够的财政实力,依然会进行军事扩张,引发军事冲突,从长远来看,在那样的局势下,乡村建设运动自然不可能获得成功。

第二,在当时内战频仍的动荡社会环境中,乡村建设运动难以实现有序、高效和平稳发展。史料表明,即便是乡村建设派的代表人物本身,他们的人身安全都难以得到充分的保证,比如晏阳初就曾因拒绝为张学良效劳而遭到追捕。在这样的条件下,很难想象乡村建设运动能够顺利推广并取得圆满成功。

第三,乡村建设的衰落,与日本人侵入中原地区有着直接的关系。乡村建设的重要阵地"定县平民教育协会",正是在1936年为躲避步步进逼的日寇而撤离的。在当时的情况下,拥有武装的共产党人所建立的抗日根据地,不仅为将来的农村土地制度重构预伏了基础,更在战火纷飞的年代里直接肩负起了避免民族灭亡的责任;而乡村建设运动虽然从根本上也是为了加强民族生存发展的活力,但在当时激烈军事斗争的环境中尚且难以自保,因而也就不可避免地要走向衰落。

当然,仅看结果就认为乡村建设运动不适合中国发展的观点无疑是片面的。乡村建设运动没有在当时的中国起到预期的作用,并不说明这些理论和思潮没有借鉴的价值。相反,基于乡村建设运动的理论和经验,在我国台湾地区以及菲律宾、印度、泰国等一大批发展中国家成功地指导了实践。晏阳初于1976年在菲律宾创办的"国际乡村建设学院",至今还在发挥作用。而改革开放以来,我国张家港等地依靠"两个文明"共同作用带动城市发展的实践经验,也在某种程度上表明了乡村建设理论在今天的中国仍然具有现实意义。

"以铜为镜,可以正衣冠;以史为镜,可以知兴替。"任何事物的发展,都离不开一定的历史条件,乡村建设在当时的中国没有成功,并不构成对其进行全盘否定的理由。只有站在一个客观的立场上去评析它的得与失,我们才有可能获得真正有利于社会主义新农村建设的启示。

参考资料

[1] 陈序经. 乡村建设运动. 上海:大东书局,1946.
[2] 梁漱溟. 乡村建设理论. 上海:世纪出版集团,2011.
[3] 梁培宽. 梁漱溟先生纪念文集. 北京:中国工人出版社,2003.
[4] 吴相湘. 晏阳初传——为全球乡村改造奋斗六十年. 长沙:岳麓书社,2001.
[5] 郑大华. 民国乡村建设运动. 北京:社会科学文献出版社,2000.
[6] 李宗黄. 考察江宁邹平青岛定县记实. 南京:正中书局,1935.
[7] 陈瀚笙,薛暮桥,冯合法. 解放前的中国农村. 北京:中国展望出版社,1985.
[8] 虞和平. 民国时期乡村建设运动的农村改造模式. 近代史研究,2006(4).
[9] 金冲及. 二十世纪中国史纲:第一卷. 北京:社会科学文献出版社,2009.

思考讨论题

1. 民国时期为什么会出现乡村建设运动?它对我们认识中国近代尤其是20世纪二三十年代的中国社会及解决中国问题的探索有何启发?

2. 乡村建设运动的思想与实践对认识和解决中国问题存在什么样的缺陷?对我们认识和把握历史情况及其发展趋势有何启发?

3. 乡村建设思想和实践对我们今天认识和解决中国农村问题,尤其是在全面建设小康社会进程中关注和解决农村问题有何启发?

分析思路和要点

作为中国近代史上首次聚焦于农村的社会发展运动,乡村建设运动提醒我们注意:农村社会是中国现代化进程中不容忽视的一块重要阵地。

从背景和原因认识问题的发生,可知乡村建设的必要性和可能性,认识乡村的需要,而乡村的需要又有什么样的条件规定性。同时又可将些背景和原因置于历史情境中,分析认识历史的要求,认识乡村建设与历史要求的偏差。

从乡村建设产生发展的历史情况,尤其是其兴起和形成高潮,认识解决乡村问题对于中国问题解决的重要性和迫切性。同时又可深入分析乡村需要与乡村建设运动的入手点及展开面间的距离,明白乡村问题其根源及由此规定的手法,认识非革命不足以建设。

从当时人、亲历者和后来人对民国时期乡村建设运动的代表人物及其实践活动的分析、评价等,可以获得基本的结论,并获得运用马克思主义的立场观点分析解决我国农村问题的基本方法。

乡村建设运动的成功之处对我们有什么启发?乡村建设运动其失败又告诉我们什么?乡村建设运动的积极实践者的态度和作风对我们有什么启发?

分析乡村建设运动的一个代表,如梁漱溟的乡村建设活动。①梁漱溟的乡村建设方案,关于问题的症结,于是其解决问题的出发点和落脚点。②梁漱溟的乡村建设理论观点、思想主张、活动方案的优点、缺陷、矛盾,与其实践成败的关系。③梁漱溟的乡村建设其具体组织形式的特殊性,反映了他的构想的特性,这种特性致其实践在效果上与期望目标的距离很大。④梁漱溟的乡村建设存在的理论误区,其理想性和幼稚性。⑤梁漱溟的乡村建设与时局应运的关系,因而其理论和实践的突出特性。⑥领袖(毛泽东)、学者等对梁漱溟的乡村建设的认识和评价。⑦我们如何认识。

教学建议

1. 教学准备。提前将案例正文、相关参考和思考讨论题发学生,要求学生做好充分准备。着重于熟悉和分析相关材料,将自己的分析认识进行整理,形成思路。必要时,可督促学生进行小组讨论。要求学生自主查阅更多相关资料,同时注意收集一些现今关于建设社会主义新农村问题的认识和实践活动的资料,尤其是今人以乡村建设为旗帜所做的努力,思考不同历史条件下关注问题的重点及实践要求。

若作为专题研究问题和作业进行,在教学准备阶段需要学生课下进行有相当广度和深度的自主学习。最好能够形成学生要求下的教师帮助、引导和开发、启发。

2. 教学环节。为便于研究分析,首先要做好教学布置,指导学生自主或划分小组并进行小组讨论(3~5人为一组),课堂集中讨论交流。

3. 教学时间。共6课时:教学布置1课时,个人学习研究、挖掘资料等2课时,小组讨论1课时,集中交流2课时,含教师点评小结。这6课时主要在课下进行,可酌情占用课内课时,最多2课时,主要用于精彩观点展示与交流和教学点评。

鉴于本教学案例对于近代中国为什么要革命、怎样革命、走什么道路等问题具有直接证明和启发意义,尤其可以从另一个角度证明中国历史和人民选择中国共产党及其领导人民走出的并取得成功的革命道路,可酌情安排更多的时间,尤其是可以指导学生自主学习研究,用大量历史活动家的亲身经历,用他们对自己人生中重要历史段落的历史活动的基本认识,提供更广阔更深刻的思考空间,给学生以更大更深远的启发。

4. 教学成绩。建议将分析提纲和讨论发言各按 50% 的比例计入本案例教学考核,此成绩再按 20% 或 30% 的比例计入相关课程的平时成绩。

本教学案例具综合性,可安排在"中国近现代史纲要"课第五章或第十章后进行,或专门进行专题研究教学。

第四部分
只有中国特色社会主义才是中华民族复兴的正确道路

资本主义及其在中国的发展

教学目的

了解资本主义发家史及其基本特征,了解资本主义在中国艰难发展的历程,分析中国资本主义发展受到的制约、资本主义发展道路的罪恶性及其在中国的难以发展性,结合新中国成立初期中国发展道路选择中的实际,认识社会主义是中国发展的必由之路。

教学用途

主要用于本科生"中国近现代史纲要"课程教学,也适用于马克思主义理论专业硕士研究生了解更加真实的中国国情及更加丰富的中国历史,适用于硕士研究生学习理解中国特色社会主义制度的由来及深刻的国情和历史依据。可用于学生课下拓展学习。

内容提要

资本主义(Capitalism)是以资本为主体的社会制度。资本主义的发展,从英国资产阶级革命算起,至今已有360多年的历史。资本主义作为一种社会制度产生以后,先后经历了原始积累、自由竞争、私人垄断和国家垄断等阶段,逐步达到成熟的程度。资本主义的基本特征:经济上,以私营经济为主,没有政府干预或者政府干预很少;政治上,资产阶级政党掌权,或实行资本主义的民主政治制度。资本主义的最大缺陷是不确定性。我国的资本主义萌芽,发生于16,17世纪,即明代嘉靖、万历年间,发展历程大致可以分为4个阶段:1840—1894年,从鸦片战争到甲午战争,主要是洋务运动时期,为近代中国资本主义的兴起阶段;1895—1911年,从甲午战争到辛亥革命,尤其是清末新政时期,为近代中国资本主义的初步发展阶段;1912—1927年,北洋政府时期,是近代中国资本主义进一步发展的阶段;1927—1949年,国民党政府时期,近代中国资本主义发展成为国家垄断资本主义,特别是抗日战争及战后达到最高峰。在资本主义发展进程中,中国自然经济解体,国内市场也发生了变化;而伴随着近代企业的创建,形成了中国资本主义的3种资本形态:外国资本、官僚资本、民族资本。另外,要看到,当代资本主义在生产力、生产关系、上层建筑诸方面都发生了明显的变化,可以说,在基本矛盾的推动下,资本主义大体经历了自由资本主义(1640—1871年)、私人垄断资本主义(1872—1945年)、国家垄断资本主义(1946—1974年)、国际垄断资本主义(1975—)4个阶段。资本主义的4

个发展阶段伴随着4次科技革命,资本的扩张推动着资本主义的改革和体制创新,资本主义的改革和体制创新为科学技术的发展提供了动力机制和制度支持,但资本的私人属性决定了它的历史局限性,因而资本主义如同历史上相继更替的社会制度一样,也要被新的社会制度所代替。

案例正文

资本主义是"资本家占有生产资料和剥削雇佣劳动的社会制度"。[①] 资本主义,又称自由市场经济,生产资料大都为私人所有,生产引导和利益分配决定于市场运作。[②] 资本主义一词来源于"capital"一词,来源于对动物及人的买卖及占有,"capital"源于拉丁词语"capitalis","capitalis"则源于原始印欧语的"kaput",意思是"只"。"只"是一种在远古年代的欧洲测量财富的方式:一个人拥有越多"只"牛和人,那么此人也就越富有。"chattel"(意思是商品、动物或奴隶)和"cattle"(牛)这两个词也是从"kaput"衍生而来的。

所谓"资本主义"是指资本主导社会经济和政治的意义,即资本主义是以资本为主体的社会制度,这种以资本为主体的制度是尊重资本和财产为私人所有,任何人都不得非法侵占,这就是私有制的含义。私有制是资本主义最重要的内容,没有私有制就不能叫资本主义。一般而言,资本主义指的是一种经济学或经济社会学的制度,在这样的制度下,绝大部分的生产资料都归私人所有,并借助雇佣劳动的手段以生产工具创造利润。在这种制度里,商品和服务借助货币在自由市场里流通。投资的决定由私人进行,生产和销售主要由公司和工商业控制并互相竞争,依照各自的利益采取行动。

一、资本主义的产生、发展及其基本特征

资本主义的发展,从英国资产阶级革命算起,至今已有360多年的历史。资本主义作为一种社会制度产生以后,先后经历了原始积累、自由竞争、私人垄断和国家垄断等阶段,逐步达到成熟的程度。

(一)资本主义在西方产生、发展

资本主义生产关系产生于封建社会内部,萌芽于市场发达地区。封建社会经济结构的解体使资本主义的要素得到解放。意大利从中世纪起即拥有欧洲商业中心的地位,地中海沿岸的某些城市如佛罗伦萨和威尼斯都拥有一定的国内外市场,商品经济发展到一定程度后,就于十四五世纪稀疏地出现了资本主义生产关系的萌芽,但是资本主义时代是从16世纪才开始的。在封建社会末期,商品经济的发展,促进了封建社会自然经济的解体,引起小商品生产者的两极分化,资本的原始积累加速了这种分化。造成资本主义生产的基本条件有以下两方面:一方面,产生大批失去生产资料而不得不出卖自己劳动力的无产者;另一方面,巨额的货币和生产资料集中在少数人手里转化为资本。所谓资本原始积累,就是强制地使劳动者同他们的生产资料分离的历史过程,而对农民土地的剥夺是全部过程的基础。其产生的途径有两个:一是从小商品经济分化出来,二是从商人和高利贷者转化而成。自给自足的自然经济被破坏,大

[①]《辞海》,上海辞书出版社,2000年。
[②]《不列颠百科全书》,1993年。

量农民和手工业者破产,从而既给资本主义造成了劳动力市场,又给它造成了商品市场。剥夺农民和手工业者的历史在不同国家有不同的特点,经历不同的阶段。劳动力转化为商品和生产资料转化为资本,标志着简单商品生产向资本主义生产的过渡,也标志着对劳动者的剥削形式的变换,即由封建剥削变成资本主义剥削。资本原始积累还包括对殖民地的侵占和掠夺,以及其他利用国家权力的暴力手段。从15世纪末至18世纪,早期殖民侵略为资本主义发展开辟了广阔的海外市场。英国在18世纪中叶确立了世界殖民霸权,由于日益增长的"市场"需求,工业革命应运而生;工业革命后生产力的迅猛发展又促使资本主义工业把许多殖民地半殖民地国家和地区卷入了资本主义世界市场体系,成为其经济附属,世界市场初步形成。

资本主义生产方式同封建制度的地方特权、等级制度和人身依附相矛盾,因而酝酿发生资产阶级革命。随着资本主义的发展,资产阶级的经济、政治力量不断壮大,为各国的资产阶级革命准备了条件。荷兰在16世纪末,英国在17世纪中叶,法国在18世纪末,德国及其他一些国家在19世纪中叶,先后爆发资产阶级革命,变革了封建制度,从而为资本主义生产方式取代封建的生产方式扫清了道路。

资本主义制度经过工业革命,由工场手工业过渡到机器大工业以后最终确立。15世纪末的地理大发现以及随之而来的殖民地的开拓,使销售市场扩大了许多倍,加速了手工业向工场手工业的转化。资本主义工场手工业由于在工场内部实行劳动分工,比资本主义初期实行简单协作的手工业,大大地提高了劳动生产率。到18世纪,在英国等先进的资本主义国家里,国内市场与世界市场的迅速扩大,越来越同工场手工业的狭隘的技术基础发生矛盾。资本家为了在竞争中获取更多的利润,要求进一步改进生产技术。在这种情况下发生了工业革命。工业革命诞生的机器大工业,标志着资本主义生产的物质技术基础已经建立。资产阶级和无产阶级两大对抗阶级成为资本主义社会基本的阶级结构。科学技术的不断进步和应用于生产,促进了生产力迅速发展,使资本主义生产关系扩展到一切生产部门,同时也使无产阶级和资产阶级的对抗进一步升级。资本主义的产生和发展,在各个国家具有共同的规律并带来类似的结果,但是各个国家由于具体的历史条件不同,也具有各自的特点。

社会化生产和资本主义所有制之间的矛盾还表现为个别企业生产的组织性和整个社会生产的无政府状态之间的对立。简单商品生产已经包含着社会生产无政府状态的萌芽,资本主义生产方式把这种无政府状态推向极端。大工业和世界市场的形成使资本家之间的斗争具有普遍性和空前激烈性。资本家为了占有更多的剩余价值,同时也在竞争规律的支配下,竭力应用科学技术的成果,不断改进机器,加强自己企业中社会化生产所具有的组织性,其结果是不断加剧整个社会生产的无政府状态。资本主义大工业巨大的扩张遇到了资本主义占有所造成的市场相对狭小的限制,社会化生产所必需的客观比例遇到了整个社会生产无政府状态的破坏,冲突便不可避免。1825年以来,资本主义经济危机周期性地爆发,就是这种冲突的突出表现。在危机中,资本主义生产方式的全部机构在自己创造的生产力的压力下失灵了。周期性经济危机表明,社会生产力以日益增长的威力要求摆脱它作为资本的那种属性,要求在事实上承认它作为社会生产力的性质。生产力的这种反抗,迫使资本家阶级不得不在资本关系内部可能的限度内,部分地承认生产力的社会性质。由资本集中而产生的股份公司、垄断组织以及国家占有就是这种趋势的表现。19世纪70年代后,随着资本主义制度已牢牢取得世界统治地位,资本主义市场再度急剧扩大,促使工业革命进入新的时期,生产力进一步提高。各国争先恐后争夺殖民地、划分势力范围,世界差不多被瓜分完毕,世界市场最终形成。19世纪末、

20世纪初,资本主义从自由竞争阶段过渡到它的最高阶段,即垄断资本主义(帝国主义)阶段。

二战后,发达资本主义国家仍然通过加强国家资本输出、私人资本对外投资、建立跨国公司等手段占领第三世界国家和地区市场;同时抬高高技术产品价格,压低初级产品和原材料价格,恶化第三世界国家对外贸易环境,继续操纵控制国际市场。当今世界经济的区域集团化和全球一体化趋势不断增强,世界经济的发展更加离不开世界市场了。

资本主义以国家垄断的"重商主义"(mercantilism)为前奏,发展成为以市场供求为主导的商业资本主义、工业资本主义和国家资本主义。资本主义依靠工业化而发展成为一种社会制度和一个历史时代,从1733年发明"飞梭"开始纺织机械化算起,到2006年已经有270多年的历史,可以分为五个发展阶段:

(1)第一阶段(52年:1733—1785年),从1733年发明"飞梭"和1765年发明蒸汽机,到1785年建成第一座"近代炼钢厂",主要成就是纺织机械化。人类走出了手工业时代。

(2)第二阶段(82年:1785—1867年),从1785年建成"近代炼钢厂"到1867年发明"发电机",主要成就是发展钢铁工业,以及利用钢铁的机械制造、轮船、铁路。工业化国家成为世界强国。

(3)第三阶段(52年:1867—1919年),从1867年发明"发电机"到1919年一战结束,主要成就是发展被称为第二次工业革命的电气化。人类生活焕然一新。

(4)第四阶段(26年:1919—1945年),从1919年一战结束到1945年二战结束,这期间发生经济大萧条,实行"新政"大改革。资本主义陷入困境,自救更生。

(5)第五阶段(1945年以后),从1945年二战结束到现在,主要成就是新科技突飞猛进,信息化,全球化,出现没有工人的工厂,被称为后资本主义。

另一种分期方法:①一战之前是资本主义的初级阶段(1733—1919年);②两次世界大战之间是资本主义的中级阶段(1919—1945年);③二战之后是资本主义的高级阶段(1945年之后)。

还有一种看法,在基本矛盾的推动下,资本主义大体经历了自由资本主义(1640—1871年)、私人垄断资本主义(1872—1945年)、国家垄断资本主义(1946—1974年)、国际垄断资本主义(1975年)四个阶段。

(二)资本主义的基本特征

资本主义的基本特征:经济上,以私营经济为主,没有政府干预或者政府干预很少;政治上,资产阶级政党掌权,或实行资本主义的民主政治制度。具体表现如下:一是生产力高度发展,社会富裕,鼓励自由的市场经济,政府对经济的干预尽量少。二是商品生产发展到很高的阶段,成为社会生产普遍的和统治的形式,劳动力变成了商品。三是资本家占有生产资料,用雇佣劳动的方式剥削工人阶级,生产的目的是创造利润(用马克思的表达式:生产的目的是攫取工人创造的剩余价值)。四是以使用机器的大生产为特征,生产社会化同资本主义的私人占有之间的矛盾构成资本主义社会的基本矛盾,这一基本矛盾贯穿于资本主义发展的始终,它在经济上具体表现为个别企业生产有组织和整个社会生产的无政府状态的矛盾,在政治上表现为资产阶级和无产阶级的矛盾。资本主义的发展经历两大阶段——自由竞争的资本主义和垄断资本主义。五是与资本主义生产关系的统治形式相适应,资本主义以前的各种上层建筑被资产阶级的上层建筑所代替,产生了资产阶级的国家政权、法律制度和思想体系,形成包括资本主义生产方式和与它相适应的上层建筑的社会制度。

资本主义拥有以下的特点:私营决策部分、私人所有权、自由企业、利润、财富的不平等分配、竞争、自我组织、市场(包括劳工市场)的存在,以及追求私人利益。借由对利润的追求来达成自我利益是资本主义的必要特点。

资本主义的最大缺陷是不确定性。从一开始,资本主义就存在的最大缺陷是,创造性冒险活动不仅给企业家,也给全球经济的每一个成员带来了不确定性。冒险活动的波动制造出一种起伏不定的经济环境。法兰克·奈特(Frank Knight)在他1921年的著作中对美国的资本主义进行了观察。他表示,除了一些常规决策,一家企业在做出任何决定时,都面临现在所称的"奈特不确定性"(Knightian uncertainty)。在创新型经济体中,没有足够的先例来帮助你估算这种或那种结果出现的概率。约翰·梅纳德·凯恩斯(John Maynard Keynes)在1936年强调,用于衡量投资价值的许多"知识"都具有"不确定性"——因此投资者的信念是脆弱的。(但如今,他被视为"斯密加上心理摇摆"。)

在两次世界大战之间,资本主义失去了大部分声望,如今资本主义陷入了第二场危机。有一种解释称,无论银行家是否理解资本主义,他们都明白,要保住自己的工作和奖金,就必须借越来越多钱来放越来越多的贷,以完成利润目标并支撑股价。其含意是,造成危机的原因是公司治理未能对奖金设限,而监管未能把银行资本的杠杆操作控制在适当水平,导致银行很容易受到房屋价格暴跌的影响。现在美国和英国的许多体系已经失效:金融部门背叛了商业部门,随后又导致了自身的毁灭,而商业部门则受到短期主义的困扰。如果我们还保有人文主义的价值观,我们会努力重组这些部门,让资本主义能够再次健康运转——更好地防止人们忽视金融部门中的不确定性,同时恢复商业部门的创新能力。

二、中国资本主义的产生和发展

中国封建社会,较早地废除了领主割据,较早地由农奴制转入租佃制,并较早地实现土地自由买卖,生产力的发展比较迅速。11世纪到13世纪,我国的农业生产、基本手工业生产和科学技术的许多部门,都居于世界先进水平,商业繁荣,堪称发达的封建社会。但也因为是发达的封建社会,封建的经济结构十分坚固,自给性完整,城乡矛盾不尖锐,而且很早就是大统一的中央集权国家,上层建筑比较严密。因而,资本主义生产关系的萌芽比较迟,其发展也比较缓慢。

(一)中国资本主义的萌芽

我国的资本主义萌芽,发生于十六七世纪,即明代嘉靖、万历年间。可以得到确切证明的还只有苏州、杭州的一些丝织作坊和广东佛山的一些冶铁炉坊,它们已具有工场手工业的性质。到18世纪和19世纪初期,即清代乾隆、嘉庆年间,我国的资本主义萌芽有了发展。能够得到直接证明的,有如下一些手工业行业:某些地方的制茶、制烟、榨油和酿酒业,某些地方的制糖、造纸和木版印刷业,江苏、浙江某些城市的丝织业,江苏某些城市的棉布踹染业,陕西南部的木材采伐业,广东佛山、陕西南部的冶铁业、铁器铸造业,江西景德镇的制瓷业,北京西部和山东博山的煤矿业,四川的井盐业、河东的池盐业,上海的沙船航运业。可以说,这种萌芽一经在封建社会的母体里形成,便有逐渐孳生蔓延之势,如果没有外力的摧折,便会随着中国社会经济的发展的特点引导中国社会进入具有中国特色的资本主义社会。正如毛泽东所说:"中国封建社会内的商品经济的发展,已经孕育着资本主义的萌芽,如果没有外国资本主义的影响,中国也将缓慢地发展到资本主义社会。"这种观点高度概括了20世纪30—40年代以后密切观察近代中国社会发展历程的人们,尤其是用唯物史观观察近代中国历史的人们的看法。由于鸦片战争打断了中国社会经济发展的正常秩序,使近代中国历史偏离了本应向资本主义社会发展的轨道,而逐渐沦入半殖民地半封建社会的异途。外国资本主义的入侵,在摧残中国社会内部原有的资本主义萌芽的同时,又加速了封建社会经济结构的分解。一方面,破坏了中国自给自足的自然经济的基础,破坏了城市的手工业和农民的家庭手工业;又一方面,则促进了中国城乡商品经济的发展。这些情形,不仅对中国封建经济的基础起了解体的作用,同时又给中国资本主义生产的发展造成了某些客观的条件和可能。因为自然经济的破坏,给资本主义造成了商品的市场,而大量农民和手工业者的破产,又给资本主义造成了劳动力的市场。正是在中国封建社会自然经济解体的基础上,在帝国主义与封建主义的夹缝中,产生了近代中国资本主义。截至鸦片战争前,手工业中的资本主义萌芽也只是稀疏地存在。

(二)近代中国资本主义的发展历程

近代中国资本主义的发展历程大致可以分为四个阶段。

第一阶段:1840—1894年,从鸦片战争到甲午战争,主要是洋务运动时期,为近代中国资本主义的兴起阶段。1840年是近代史学界基本上公认的中国近代史的开端,但并不是近代中国资本主义产生的确切年代。在近代中国半殖民地半封建社会这样特殊的历史条件下,最早在中国建立近代资本主义企业的并不是中国自己的民族资本,而是外国资本,如英国人1843年在香港创办的墨海书馆和1845年在广州建立的柯拜船坞,是最早在中国建立的近代印刷机构和近代船舶修造工厂。中国民族资本主义的产生则与洋务活动密不可分。19世纪60年代,清政府内部一批洋务派官僚如奕䜣、文祥、曾国藩、李鸿章等人,在"求强""求富"的口号下,开始了洋务活动。他们先后创办了一批近代军事工业和民用工业企业。这些企业虽然在资金来源、产品销售以及经营管理等方面都还难免浓厚的封建性,但由于使用了现代机器及与之相联系的产业工人进行生产,因此在一定程度上采用了资本主义的生产方式,带有一定的资本主义性质,从其与国家政权的关系方面来看,可谓国家官僚资本主义的初始形态。随着一批与外国资本主义有关系并且积聚了一定资本的买办的出现,以及一些官僚、地主、商人投资近代企业的出现,产生了近代中国的民族资本主义工业。近代中国民族资本主义自产生之日起,就受到外国资本主义和本国封建主义、官僚资本主义的压制和排挤,因而发展极其艰难、缓慢,力量相当弱小。据统计,到1894年,中国产业资本的总额约8 952.6万元,其中外国资本5 433.5万元,占60.7%,本国官僚资本2 796.6万元,占31.2%,民族资本722.5万元,占8.1%。

第二阶段:1895—1911年,从甲午战争到辛亥革命,尤其是清末新政时期,为近代中国资本主义的初步发展阶段。甲午战争的失败,标志了清政府以"自强"为目标的洋务运动的破产,但是这并不是说所有洋务企业一夜之间便都销声匿迹了,事实上也并没有阻止中国民族资本主义的发展。相反,由于外国资本取得在内地投资办厂的条约特权对民族工业的刺激,更由于清政府实业政策的调整,尤其是清末新政时期政府对发展民族工商业实行鼓励政策,因而掀起了一个民族资本投资持续发展的高潮。据统计,1858—1911年,中国产业资本共设立创办资本额在1万元以上的工矿企业953家,创办资本总额20 380.5万元,其中1895—1911年有804家,占总数84.4%,创办资本额16 757.1万元,占总数82.2%,分别是1858—1894年的5.4倍和4.6倍。这一时期民族资本主义的初步发展,为民族资产阶级的维新变法运动和民主革命运动提供了物资条件和阶级基础。

第三阶段:1912—1927年,北洋政府时期,是近代中国资本主义进一步发展的阶段。其中,一战前后为其"黄金时代"。辛亥革命推翻了清王朝的封建专制统治,建立了中国历史上第一个资产阶级民主共和国——中华民国,以孙中山为首的南京临时政府颁布了一系列振兴民族工商业的政策法令,燃起了民族资本家振兴实业的热情,为民族资本主义的进一步发展提供了历史契机。虽然从政治上来说,刚刚诞生的革命政权很快落入以袁世凯为首的北洋军阀手中,连年军阀混战,兵连祸结,政治黑暗腐朽,近代中国历史沉沦到半殖民地半封建社会的谷底,但是,中国民族资本主义经济却出现了一个"经济奇迹"。究其原因,一方面,一战的爆发暂时缓解了西方列强侵略的压力,进口贸易大为衰落,出口贸易急剧增长,为中国民族资本主义的发展提供了一个千载难逢的机会;另一方面,中国民族资本投资潜力与国内市场的扩大,以及生产技术、设备与经营管理方式的改进,加上民族资本家在反对军阀内战和抵制外货运动中激发的民族热情高涨等因素,这些都有利于促进中国民族资本主义的进一步发展。据统计,在1912—1927年的16年中,中国历年所设创办资本额在1万元以上的工矿企业共有1 984家,创办资本总额约45 895.5万元,无论创办企业家数还是创办资本总额,均为1858—1911年53年的1倍以上。这一时期,近代中国民族资本主义的发展进入了它的"黄金时代"。因此,尽管军阀政治混乱不堪,却发生了五四爱国民主运动,产生了中国共产党,从而使近代中国历史开始从黑暗的谷底上升,并渐渐透露出一缕光明。

第四阶段:1927—1949年,国民党政府时期,近代中国资本主义发展成为国家垄断资本主义,特别是抗日战争及战后达到最高峰。北伐战争以后,国民党政府实现了政治上的基本统一,便开始对全国经济进行控制。以蒋介石为首的国民党政权实行国家垄断资本主义政策,其垄断势力从金融业开始,逐渐渗透到重工业、轻工业各产业部门。抗日战争时期,蒋、宋、孔、陈四大家族利用战争的机会,紧紧控制了全国的金融、交通、能源、制造、矿冶及其他产业部门等经济命脉。据统计,在全国近代产业资本(包括近代工业和交通运输业资本,含外资)结构中,官僚资本所占的比例,1894年为39.14%,1911年为26.76%,1920年为25.96%,1936年为35.87%,1947—1948年为64.13%;在全国金融业资本(含外资)结构中,官僚资本所占的比例,1894年为0,1911年为6.32%,1920年为16.04%,1936年为58.89%,1947—1948年为88.85%。显然,抗日战争以后,国民党政权对全国经济命脉的垄断达到登峰造极的地步。国家垄断资本主义的形成,桎梏了自由资本主义的正常发展,改变了近代中国资本主义发展的道路,以至于使中国社会再也不能继续沿着资本主义方向前进,因而转向社会主义道路便成为历史的必然趋势。毛泽东在1947年分析当前的形势时认为:"蒋宋孔陈四大家族,在他们当权的二十年中,已经集中了价值达一百万万至二百万万美元的巨大财产,垄断了全国的经济命脉。这个垄断资本,和国家政权结合在一起,成为国家垄断资本主义。这个垄断资本主义,同外国帝国主义、本国地主阶级和旧式富农密切地结合着,成为买办的封建的国家垄断资本主义。这就是蒋介石反动政权的经济基础。这个国家垄断资本主义,不但压迫工人农民,而且压迫城市小资产阶级,损害中等资产阶级。这个国家垄断资本主义,在抗日战争期间和日本投降以后,达到了最高峰,它替新民主主义革命准备了充分的物质条件。"以蒋介石为首的国民党政权的国家垄断资本主义即官僚资本主义,与帝国主义、封建主义一样,是中国共产党领导的新民主主义革命的对象。中国的社会主义现代化建设事业,正是在新民主主义革命胜利以后,在没收官僚资本的基础上起步的。正如列宁所说:"国家垄断资本主义是社会主义的最完备的物资准备,是社会主义的入口,是历史阶梯上的一级,从这一级就上升到叫作社会主义的那一级,没有任何中间级。"历史充分证明了列宁的这个论断。

三、自然经济的解体和国内市场的变化

小农业与家庭手工业的结合,并集中表现为耕织结合的自然经济,是我国封建生产方式的广阔基础。这种自然经济的解体和商品市场的扩大,是我国资本主义发展的决定性条件。我国早就有了资本主义萌芽,自然经济也早就有了一定的破坏。不过,自然经济的解体,基本上还是鸦片战争以后随着外国资本主义的入侵开始的。

我国自然经济的解体,主要表现在两个方面:首先是耕织结合的分离,即通常所说洋纱代替土纱、洋布代替土布过程。其次是农产品的商品化,而这也就是国内市场的扩大。

洋纱代替土纱、洋布代替土布的过程,最初是很缓慢的。鸦片战争后半个世纪,直至甲午战争前的1894年,土布生产中使用洋纱的比例只有23.4%,并且主要是发生在非产棉区织户,那里原来是运进商品棉,后为商品纱所代替,因而瓦解自然经济的作用不大。但是,此后20年,代替的过程加速了。到一战前,即1913年,土布生产中使用洋纱(包括国内生产的机纱)的比例已达70%,农民家庭手纺业濒于瓦解。而在20世纪20年代初,土纱的生产又一度略增,直到1936年,土布生产中使用洋纱的比例仍保持在72%,农民每年纺制土纱仍有130万担。洋布代替土布的过程更为缓慢。到1894年,全国棉布消费量中,还只有14.7%;1920年,减退为28.2%。值得注意的是,这种代替,只是代替了农民手织业中的商品部分,并未触及农民自给布的生产。农民织户自给布的生产反而从1840年的2.9亿匹增为1920年的3.1亿匹,耕织结合的体系并未根本破坏,只是从自纺自织改变为买纱自织而已。从20世纪30年代起,农民自给布的生产由于织户的减少而减少。到1936年,全国棉布消费量中已有58.9%为机制布,而土布和改良土布年产仍有3.7亿匹。

纱、布以外,进口的煤油、染料同样对农村植物油、蓝靛的生产发生代替作用。这也主要是以新的商品代替原来的商品的性质。当然,农民原来的生产受到打击。其他进口消费品,则主要是销往城市,对自然经济的冲击不大。

再来看农产品的商品化。鸦片战争以后,农产品商品化加速。从1840年到1894年的半个世纪中,几种主要农产品的商品值(减除不可比的烟叶)增加了2倍,合年率不到1.5%。若按不变价格计,只增加70.66%。说明农产品商品化的过程仍是很慢的。还可以看出,这种增长主要是由于外贸市场的扩大,而不是国内经济发展的结果。丝和茶是当时占出口第一、第二位的商品,其商品值增加6倍以上,柞蚕丝和大豆则是这期间新增加的外销商品。

在1894年到1919年的25年间,农产品商品化的速度加快了。这几种商品的价值增加了1.76倍,年率几近5%。若按不变价格计算,亦增43.4%。这期间,茶叶出口惨跌,丝亦由盛趋衰,而大豆兴旺;依靠外销的商品,受国外市场的选择,生产者不能自主。唯棉花颇坚挺。它和蚕茧、烟叶(精选烟为此期间新产品)的增长都是国内资本主义工业发展的结果。当然,从农民来说,又是以家庭手工业为牺牲的。粮食仍是占第一位的最重要的农产品。粮食的商品率,1840年约为10%,1894年约为16%,1919年增为22%左右。

这时期是中国资本主义初步发展和进一步发展的时期,也是进口工业品迅速增长的时期。农产品商品化和农村市场扩大的速度落后于资本主义工业发展的速度,更远远落后于进口工业品增长的速度。这就招致了20世纪20年代和20世纪30年代的市场危机。

20世纪30年代的一些调查,农民出售的农产品达产量的一半以上。这显然是包括税赋、

还债、地方小市场的调剂和返销粮在内,是不足为据的。从消费方面估计,1936年粮食的商品量大约不过800亿斤,占产量不到30%;棉花的商品量可能近150万担。其他经济作物,丝、茶处于停滞局面,大豆因东北沦陷而一蹶不振,唯新商品桐油跃居重要地位,花生亦发展较快。估计1936年这些主要农产品的商品值在45亿元左右,即从1920年到1936年的16年间增长1倍多,约保持年率5%的速度。

据韩启桐同志统计,1936年国内商品流通价值额中,工业品占34%,手工业品占42%,农产品只占24%。① 这个统计限于轮船运输的商品,有局限性。它是指埠际贸易,亦即长距离贩运贸易。它说明,我国这种国内贸易,大部分是城市之间的流通,只有小部分是城乡之间的交换,所以农产品比例较低。同一统计还显示,在埠际贸易额中,上海、汉口、天津、青岛、广州五埠占70%左右,而西南各埠仅占3%。1933年,我国农业总产值约为工业总产值的6.16倍,手工业总产值约为工业总产值的2.35倍。② 而依上述统计,农产品流通额只有工业品流通额的0.71倍,反映农产品商品率的低下;手工业品流通额也只有工业品流通额的1.24倍,说明几乎有半数的手工业品是供应地方市场,未进入埠际贸易。市场的偏在和农村市场的狭隘是显然易见的。

大约在1894年以后,我国传统的商品流通渠道逐渐改变,形成了一个以上海等通商都市为中心的、从通商都市到内地和农村的商业网。工业品由通商都市流往内地,农产品由农村流往通商都市,而两者都是由通商都市(一般也是工业基地)这一头发动的,商品的品种和数量主要决定于外商和都市厂商的需要。其经济关系,则是通商都市通过各级商人,剥削内地和农村。这是因为,我国殖民地型的对外贸易,基本上是进口工业品和出口农产及其加工品的不等价交换,这反映在国内市场上,就是工业品的价格高于其价值,而农产品的价格低于其价值。工业品的价格,是由洋货的到岸价格支配,从通商都市到内地,各级商人逐级加价出售。农产品的价格,也不是决定于农民生产成本,而是决定于通商都市的批发价格,也多半是决定于国际市场,如茶价决定于伦敦,丝价决定于巴黎。棉花和小麦主要是国内纱厂和面粉厂所用,但其价格也是决定于纽约棉市场和芝加哥小麦交易所。那里的价格,反映世界性(包括比较先进农业)的竞争和国际垄断资本的作用。其作用可以一例说明:1931年我国棉花比上年减产27.4%,但这年纽约棉价比上年猛跌37%,因为上海连同汉口等专用国产棉花的纱厂仍能抑制棉价,提高布价。粮食,在鸦片战争前除供应城市人口外,长距离贩运主要是输往东南经济作物区,换取农产品,这基本上是等价交换。现在,则主要是运往上海等通商都市,成为劳动者工资的物质基础,因而也受到国际市场和人为的价格控制。雇主为了压低工资,都是压低粮价。从1913年到1919年,上海批发物价上升了50%,而米价下跌了3.7%;1921年到1936年,上海粮食价格指数经常比一般物价指数低20%左右。

总之,鸦片战争后,我国自然经济的解体,主要是由于外国资本主义入侵引起的,这就决定了商品的选择性,市场的偏在和价格结构的不合理。甲午战争后,中国资本主义的发展对扩大国内市场起了一定的作用,但无力突破上述限制,形成一种半殖民地半封建的市场模式——从通商都市到内地和农村的具有买办性的商业剥削网,进行着不等价交换。

这种市场结构,加剧了城乡矛盾,限制了农业的商品化,限制了农村市场的扩大。20世纪

---

① 《中国埠际贸易统计》,1951年版。
② 巫宝三:《中国国民所得》1933年修正值。

30年代,许多地区发生农村入超,即农产品的输出不能抵偿工业品的输入,造成农村金融枯竭,购买力降低,成为市场危机的一个重要因素。我们还可以四川省为例,从1891年到1935年,45年来四川省的进出口贸易是逐步增长的。进口以棉布、棉纱为主,出口以生丝、猪鬃、桐油为主。在进口货中,以国产机制品为主,这与沿海地区有所不同。1925年以后,国产占80%以上,成为上海一带资本主义工业的重要市场。但是,四川的贸易年年都有入超,并逐步加大,30年代每年入超达2 300万元。本地产品不足以抵付进口,市场也逐渐缩小,从1930年到1935年,贸易总额下降了44%,进口也下降了40%。① 这种情况具有普遍性。在不等价交换下,农村被迫力求自给,直到全国解放,仍保持着半自然经济状态。

四、近代企业的创建和中国资本主义的三种资本形态

(一)近代企业的创建

1840年到1894年,是中国近代企业的创建时期。所谓近代企业,是指使用机器和机械动力的制造业、矿业和交能运输企业。在当时的中国,它代表新的生产力,它的创建,标志着中国资本主义生产方式的确立。

鸦片战争后,外国资本主义列强就陆续在中国设立各种洋行,到1893年,约有580家,其中英国占354家。1894年,外国在中国的制造业约有80家,投资额约合2 791.4万元。② 外国在中国的航运企业有21家,据陈正炎同志估计,投资额约合2 642.1万元。两项共计5 433.5万元。

19世纪60年代,清政府开始创办近代军工业。到1894年,共创办军工厂和船厂24家,所费不下6 000万元。它们的产品是分拨给军队使用,而非商品生产。从70年代起,开始以官办、官督商办等形式创办采矿、冶炼、纺织、轮船、电信等民用企业。至1894年,据黄如桐同志统计,共办有工矿企业15家,投资额1 545.7万元;交通运输企业7家,投资额1 250.9万元。两项合计2 796.6万元。这就是所谓洋务派民用企业。

19世纪60年代末,开始有商人、地主等投资于近代企业。至1894年,共创办制造业160家,有不少夭折,投资额约460.5万元,主要是缫丝、棉纺、火柴等轻工业。又创办采矿业20家,投资额约261万元,主要是煤矿。也有些小火轮经营,投资额微不足道。以上两项合计,不过723.5万元,较之洋务派企业,相差甚远。

以上所用投资额,原则上是近截止年实存企业的资产净值,即企业自有资金估计的。但由于资料限制,往往不能贯彻这一原则,并且愈到后期,估算愈难,误差愈大。上述制造业(包括公用事业)、矿业、交通运输业的投资额合计,可以代表"产业资本"这个概念,作为观察中国资本主义发展的标志之一。甲午战争前一年,即1894年,中国资本主义的3种资本形态——外国资本、官僚资本、民族资本——就都依次登场了,产业资本总额约8 952.6万元。

(二)中国资本主义的三种资本形态

1. 外国资本

我们把外国在中国的投资也作为中国资本主义经济来考察,这是中国半殖民地半封建社会的特点决定的。外国资本是这个社会资本主义经济的组成部分,并在长期内是它的主要部

---

① 甘祠森:《最近四十五年来四川省进出口贸易统计》,1937年。
② 孙毓棠:《中国近代工业史料》上册,1957年。

分。在中国的外国资本有一个发展过程,它大体经历了3个阶段,在每个阶段又有不同的特性。

西方早期的殖民主义者,是在重商主义的支配下活动的。重商主义认为,金银即货币,是财富的唯一形态,他们在殖民地开金矿、办种植园、从事黑奴贸易和海盗行径,都是为了攫取黄金。直到19世纪60年代,西方还没有任何商品能在中国畅销,他们在对华商品贸易上一直处于逆差。然而,在60年代,贩卖一名中国苦力,成本约100～150元,售价达400～500元。19世纪后期,被掠贩的中国苦力有205万人。鸦片贸易时间更长,数量更大,利润更厚。从1821年到鸦片战争前,输入中国的鸦片约值2.1亿元。早期在中国的三大洋行——怡和、宝顺、旗昌,都是贩卖鸦片起家的。怡和、德记还是贩卖苦力的行家。还有沙逊等洋行,在鸦片之外,又从上海租界的地产投机中致富;慎美查等洋行,则是以"冒险家"的身份在中国变成了百万富翁。

这时期在华外资企业的特点是,它们在本国并无资本,它们的全部活动都在殖民地,可以说是在东方土生土长的一种资本主义。英商麦加利银行的正式名称是"特许印度、澳洲、中国银行",它在英国只有一张特许证。汇丰银行更是这样:"就汇丰也在此地诞长。它的根是寄生在中国的土壤,而不是在英国的土壤。"[①]

因此,早期的外国资本,是一种殖民主义制度,它既不是以商品输出为主要职能,更谈不上什么资本输出,列宁说是一种资本掠夺。它们从战争、掠夺、苦力贸易、鸦片贸易、军火贩卖、地产投机中积累了大量资本。这种积累,基本上是属于资本的原始积累性质。

19世纪70年代以后,外国商品大量在中国倾销,在中国的外资企业也主要是从事商品输出,具有了为外国产业资本服务的职能资本的性质。1894年,据陈正炎同志估算,外国在华直接投资中,进出口业占38.5%,银行和保险业占31.1%,航运业占12.2%,制造业占12.1%。制造业中,有80%是船舶修造厂和缫丝、砖茶等加工厂,也是为贸易服务的。

进入20世纪以后,外国在华资本又逐渐具有了新的性质,即资本输出性质。这时新兴的外资企业已有不少是外国产业托拉斯和财团资本所设,新开的外商银行也主要是外国金融资本的分支机构,出现国际银行团,并以债券形式输出资本,在中国建筑铁路。

外资企业虽然已具有资本输出的性质,但它们的投资仍然大部分在中国国土上聚集起来,也并未完全摆脱原始积累的性质。它们大量利用中国人的"附股",或是在中国公开募股,或发行公司债。外国银行在中国吸收了大量存款,并发行钞票,用以支持外商在中国的投资。20世纪初,在瓜分中国的狂潮中,帝国主义者直接掠夺中国的矿产和土地尤为明显。日本原是个资本输入国,由于中国的战争赔款改变了它的国际收支,1913年,它在中国的直接投资已超过4亿元,约相当于它从中国获得赔款加利息。吴承明曾估计,到1930年,外国在中国的企业投资约值10.8亿美元,而截至这年,外商从国外输进中国的企业资本累计不过9.4亿美元。[②]

外国资本首先垄断中国的进出口贸易,并通过买办的商业网,支配着国内商品流通。外国银行长期垄断着中国的外汇,并以雄厚的财力,控制着中国的金融市场。在铁路和轮船运输上,外国资本占有85%左右的比例。外国的工业投资并不多,但它集中于基本工业部门,到20世纪30年代,也掌握了主要资源和能源。这种情况,到抗日战争后才有改变。

[①] 《汇丰的五十年》,《北华捷报》1916年3月15日。
[②] 吴承明:《帝国主义在旧中国的投资》,1955年。

外国资本和本国资本的关系,实际上是一个市场上垄断资本和中小资本的关系。它们是互相对立又互相依存的矛盾统一体。它们在市场上的竞争十分尖锐,这只是事物的一方面。另一方面,它们又互相依存。本国工商业,在机器设备、动力和某些原材料上依存于外商,有些就是专为外商加工或为推销外商商品而开设的。同样,如果没有众多的华商工厂和庞大的商业网,外商企业也不能单独存在和发展。

因此,外国资本的存在,不仅是我国民族资本发展的一个外部条件,同时也是中国资本主义经济的一个内部因素。事实上,直到1936年,外国资本乃是中国资本主义经济的主要部分,或者说,是它最集中的和掌握经济命脉的部分。

2. 官僚资本

官僚资本这个名称是1940年才盛行的,当时是指蒋、宋、孔、陈四大官僚在抗日战争中搜刮民财、垄断工商业的事情,一时报刊揭批,于是家喻户晓。1947年,毛泽东同志论述新民主主义革命三大纲领中的没收蒋、宋、孔、陈四大家族的垄断资本时指出:"这个垄断资本主义,同外国帝国主义、本国地主阶级和旧式富农密切结合着,成为买办的封建的国家垄断资本主义。"并说,"这个资本,在中国的通俗名称,叫作官僚资本。"由于这个名称通俗易懂,在后来的正式文本中,如《中国人民解放军宣言》,建立中华人民共和国的《共同纲领》,也都是把四大家族的国家垄断资本主义称为官僚资本。

四大家族的官僚资本并不是从20世纪40年代开始的,它是自1927年起,继承北洋政府的官办企业而来的;而后者,又是继承清政府的洋务派企业而来的。1958年,作者曾把洋务派企业、北洋政府官办企业统称为官僚资本。这里,笔者是利用官僚资本这个通俗名称,来概括半殖民地半封建政权下的国家资本主义。中国这种资本主义也有一个发展过程,并形成3个发展阶段。

洋务派企业是当时洋务运动的物质基础,而两者在阶级性质上又是有所不同的。洋务运动,作为一个政治运动,是一部分大地主阶级倡导的,目的在挽救濒于崩溃的清王朝的封建统治。而洋务派企业,作为一种经济活动,尽管它的创办人的主观意图是为了巩固封建王朝,但它既然应用了近代生产方法,生产力就必然使它突破封建的生产关系,导向国家资本主义。

不仅是洋务派的民用工业,即使其前期的军工业,也多少带有同样性质。这种军工业基本上不是商品生产,当然不是完整的资本主义。但它的雇工,大部分已是劳动力出卖者,有的原来就是外资企业的工人;它的工资结构和工资水平,也和当时中外资本主义企业一致。这些军工业的投资不下6 000万元,这样大量的经济支出,在鸦片战争前是不可想象的,那时清政府的全部财政支出每年还不过4 000万元。笔者倾向于把洋务派企业,包括军工业和民用工业,看作是从鸦片战争开始的中国资本原始积累的产物。原始积累过程,是小生产者特别是农民被剥夺的过程。这种剥夺,使社会生产资料和生活资料转化为资本,还使直接生产者转化为工人。鸦片战争以来一系列外国侵略中国的战争,清政府镇压太平军和捻军的长期战争,对小生产者是一场空前的浩劫。这期间,清政府除不断增加田赋和各种捐税,同时开辟了新财源,即海关洋税,发行钞票和银行信用。60年间,清政府的财政支出增加10倍,每年达4亿元。这绝不是依靠传统的封建财政所能做到的,因为那种封建财政收入,无论何种形式,都不外是地租的转化形态,是有一定的限度的。截至1894年,洋务派的7家最大军工业的经费5 896万元中,有85.5%是来自海关洋税。这种收入,已不是封建财政收入了,而是一种新的财源,它之用于兴办企业,已是具有原始积累性质的资本了。

19世纪后期，正是西方资本主义要按照自己的面貌改造世界，而封建的东方受到剧烈冲击，处于大变动的时代。有人形容这时候动荡的中国是"资本主义呼之欲出"，这是符合历史发展以使用机器和动力为标志的新的资本主义生产方式。在中国是分别由两个途径出现的，它一开始就分为官僚资本和民族资本两个体系。洋务派企业，就是官僚资本的原始形态，它是继承封建社会的官工业而来的，时代条件和新的生产力促使它逐步向国家资本主义转化。稍晚出现的民间近代企业，则是继承了封建社会的资本主义萌芽，随着生产力的引进，它转化为民族资本主义。

我们把洋务派企业作为官僚资本的原始形态，或其最初阶段，因为在这个阶段，它还不具备完整的国家资本主义的性质。它是依靠国家政权建立的，并且也是从重工业开始，这与一般国家资本主义的道路相同。但这时的国家还是封建国家，它的创办人李鸿章、张之洞等还是属于大地主阶段。和同时代日本明治维新的"殖产兴业""文明开化"的要求不同，他们的口号是"中学为体，西学为用"，也就是要求把资本主义生产方式纳入封建制度。这就决定了洋务派企业必然走向失败。

1895年以后，盛宣怀在主持洋务派经济活动中，力求与商人合作，他经营的企业，封建性有所减轻，也取得一定的成绩。但受到帝国主义的压力，依靠外国资本，企业的买办性加强了。结果，除有的企业通过商办逐渐转化为民族资本外，大部分变成了帝国主义经济势力的附庸。盛宣怀可称为中国官僚资产阶级的第一个代表人物。

辛亥革命以后，北洋政府继承了洋务派的衣钵。北洋政府是帝国主义卵翼下的政权，它的官营企业也具有了比较完全自主的、半殖民地半封建的国家资本主义的性质，并奠定了以银行为中心来扩展经济势力的道路。但因战争频仍，政府屡易，实际无所作为，当然也还不具有垄断条件。1927年蒋介石取得政权后，即沿着从金融控制到产业垄断这条国家资本主义发展的道路，扩张官僚资本，并于抗日战争时期，发展到它的最高阶段，也是最后阶段——买办的封建的国家垄断资本主义。

3. 民族资本

继承封建社会的资本主义萌芽而来的民族资本主义经济，也经历了几个发展阶段，这里只分析一下它的资本来源和性质。1913年以前民族资本企业（包括少数官督商办企业）的创办人或主要投资人中，有一半以上是地主，有18.3%是商人，有24.8%是买办。如果不计轮船业（这时多是小火轮）和其他（包括缫丝、榨油、卷烟、水电、煤矿等），在棉纺和面粉两个主要行业中，则地主占44%，而商人和买办合计已占一半以上了。这是指有记载可查的较大企业。在一些小企业中，亦有由手工业者或小业主转化为资本家的，如1913年上海民族资本机器修造业的91个资本家中，出身于小手工业者的有15人，占16.5%。不过，就较大的投资来说，其资本主要是来自地主、商人和买办。

中国封建社会的历史很长，社会上有一部分封建性积累，即地租及其转化形态转化为资本，这是不足为奇的。但地主转化为资本家，也只是在1870年以后的一个不长时期比较显著。这是和当时借助于暴力的资本原始积累过程分不开的。事实上，投资于近代企业的地主，大都有某种官僚身份，很多是二、三流的洋务派或洋务派的幕僚，绝少是土地主。他们的投资，主要还不是土地经营，或者还扩大了土地经营，像张謇、聂缉椝都是这样。1914年以后，地主投资就日益不成为中国资本的重要来源了。庞大的封建经济和地主阶级的存在，实际上不是本国资本主义发展的力量，而是个巨大的阻碍力量。

1913年以前,投资于近代企业的商人有两种。一种是封建社会原有的商人,尤其是盐商、钱庄老板等,他们把原来的商业资本和高利贷资本转化为产业资本。但是从荣宗敬、荣德生等一些著名的资本家来看,他们投资于工业时,也有一个积累资本的过程,其积累也是与帝国主义入侵后的市场变化分不开的,而他们耗来的商业资本或高利贷资本毕竟是有限的。另一种是鸦片战争后新兴的商人,主要是经营纱布、煤油、五金、西药等进口货以及贩卖鸦片的商人。也有小商贩起家的,如叶澄衷,他更是在贩卖、包销洋货中积累资本的。买办即洋行雇佣的经纪人是当时一种特殊商人。据王水同志研究,1895年以前,买办的收入累计不下6.4亿元,这是中国社会未曾有过的巨额货币积累。这种积累是来自帝国主义掠夺中国的余沥,自不待言。

总地看来,早期的民族资本同样具有不同程度的资本原始积累的性质,只是不像外国资本、官僚资本那样明显而已。

在这以后,1914年到1922年的情况,就有所不同了。地主投资于近代企业的大大减少,买办亦式微,而商人变成主要投资者。这时的商人,已很少是封建社会原有的旧式商人,而主要是新兴商人,并有一部分是随着国内工业发展而来的商业资本家了。这时期,华侨资本占一定比重,并出现了新的投资者,包括有工业资本家、银行家8人,还有技术人员、文教人员各1人。这表明,民族资本的来源中,已逐渐有剩余价值的转化,即资本主义积累的性质了。

五、当代资本主义新变化

在基本矛盾的推动下,资本主义大体经历了自由资本主义(1640—1871年)、私人垄断资本主义(1872—1945年)、国家垄断资本主义(1946—1974年)、国际垄断资本主义(1975—)4个阶段。资本主义的4个发展阶段伴随着4次科技革命,资本的扩张推动着资本主义的改革和体制创新,资本主义的改革和体制创新为科学技术的发展提供了动力机制和制度支持。但资本的私人属性决定了它的历史局限性,因而资本主义如同历史上相继更替的社会制度一样,也要被新的社会制度所代替。

进入国际垄断资本主义阶段,跨国公司成为世界经济的主导力量,国际直接投资成为国际投资的主要形式,生产和资本的集中正在形成全球寡头垄断市场,资本家国际垄断同盟的形式更加高级化,以美国为首的西方发达资本主义国家建立了以综合国力为后盾的全球霸权。资本主义在生产力、生产关系、上层建筑诸方面都发生了明显的变化。

(一)当代资本主义在生产力方面的新变化

20世纪70年代中期以来,随着以信息技术为代表的新科技革命的发展,当代资本主义生产力诸要素发生了质的飞跃,经济形态开始从工业经济向知识经济过渡。

以信息技术为代表的新科技革命的迅猛发展,引起了当代技术领域的巨大变革,形成新兴技术群。信息技术、生物技术、新材料技术、新能源技术、空间与海洋技术等许多领域均获得突破性进展。这次科技革命从美国兴起,迅速推向日本、西欧并波及世界各国。

现代社会生产力是诸要素按一定比例和结合方式组合而成的、复杂的、多层次的系统。以信息技术为代表的新科技革命的迅猛发展,使得当代资本主义的生产力诸要素产生了不同于以往的质的飞跃。生产工具发生了革命性变革,现代大工业生产进入智能化阶段;劳动对象不断扩大,人类生产活动的空间范围在不断拓宽;劳动者素质日益提高,劳动力结构发生深刻的变化;企业管理方式发生重大变革。

在新科技革命的推动下,当代资本主义经济正在经历一场前所未有的深刻变革——从工业经济迈向以知识为基础的崭新经济。知识经济代替工业经济是一场划时代的产业革命,一场比当年工业革命更加广泛、更加深刻、更加波澜壮阔的革命。它不仅推动了社会生产力的巨大发展,而且给当代资本主义带来了诸多方面的巨大变化。社会产业结构发生巨大变化,知识产业异军突起并成为发达国家的主导产业;社会就业结构发生巨大变化,知识型劳动者成为社会劳动的主力军;生产的组织形式发生变化,速度经济正在取代规模经济;劳动方式发生了深刻变化,灵活工作制将打破传统的整齐划一的工作制度;经济危机呈现新的形态,经济发展的波动性越来越小。

生产力诸要素的质的飞跃和经济形态的深刻变革,促进了经济的快速增长和生产率的进一步提高。据统计,在第一次科技革命前,世界GDP年均增长率极低。公元初年至1000年仅为0.01%,1000—1820年为0.22%,1820—1898年达到2.21%。二战后,世界经济增长速度明显提高,1950—1973年世界GDP年均增长4.91%,1973—1988年为3.01%。20世纪90年代,美国在IT革命的推动下取得了10年的持续繁荣,在1996—2000年间GDP年均增长率超过4%。科技进步还促进生产率的提高。1995—2001年美国非农业部门生产率年均增长2.6%,相当于1973—1995年(1.39%)的近2倍。到2003年,全世界国内生产总值达到36.46万亿美元,其中西方发达国家所占比例达3/4,仅美国一国国内生产总值就达10.9万亿美元,占世界总值的30%。

(二)当代资本主义在生产关系方面的新变化

社会生产力的发展水平,决定着社会劳动方式和生产资料所有制形式以及与之相适应的整个社会经济结构的状况。20世纪70年代以来,随着新科技革命的发展和社会生产力的质的飞跃,资本主义发达国家在生产资料所有制形式方面、经济运行方面以及分配关系等方面都发生了重大变化。

(1)发达资本主义国家的所有制形式出现了多元化趋势。资本家私人占有生产资料是资本主义的本质特征,也是资本主义最为核心的经济基础,但这并不意味着资本主义所有制结构和资本占有形式的一成不变。事实上,在资本主义发展的历史进程中,每次社会生产技术基础的重大变革和由此引起的生产力的飞跃,都不可避免地会引起资本主义所有制结构和资本占有形式的变化。20世纪中期以来,发达资本主义国家的所有制结构日趋多元化,资本占有形式日益社会化。在当代发达资本主义国家中不仅存在一定数量的国家所有制、合作所有制、职工股份所有制以及其他经济成分,而且私人资本所有制由于资本主义生产方式内在规律的作用,也在不断扬弃自身,显现出新的特点。当代资本主义国家的所有制形式呈现出由以私有制为基础的垄断大公司占统治地位、多种经济成分并存、大中小企业竞争共处的格局。

(2)发达资本主义国家的经济运行出现了政府宏观调控的趋势。随着经济形态从工业经济向知识经济的转变,发达资本主义国家为了实现经济增长、充分就业、物价稳定、国际收支平衡,提高本国的总体竞争能力,不仅更加重视对经济的宏观调控,而且更加注重实效。他们综合运用经济手段、法律手段和行政手段,适时对经济进行调控,从而使发达资本主义国家的经济运行不再具有无政府状态,而是日益呈现出有序化和可调控的特点。发达资本主义国家对经济的宏观调控主要通过计划调节、产业政策、财政政策、货币政策、法律规范等途径来进行。

(3)发达资本主义国家的收入分配关系出现了兼顾公平的趋势。在资本主义条件下,由于大部分生产资料归资本家所有,所以按资分配是基本原则。在资本主义自由竞争时期,国家对经济生活基本上采取自由放任的态度,资本家对剩余价值的无限贪欲,造成社会的两极分化,引发了一次又一次的经济危机和政治动荡。第二次世界大战后,发达资本主义国家在凯恩斯主义的影响下,加强了对经济的干预,为了缩小过于悬殊的收入差距,国家通过累进制税率,对高收入者课征高税收,并用转移支付手段,即把富裕纳税人的钱转给弱势群体,逐步弥合社会上日益加深的裂痕。特别是20世纪中期后,发达国家普遍实行了社会福利制度。在德国、瑞典等西、北欧国家中,已建立了包括生、老、病、死、失业、贫困、住房、子女抚养等各个方面,覆盖全民的社会保障体系。这一体系把雇员的生、老、残等问题交给社会,由国家来管理,使私人企业能在一个较安定的社会环境中,按市场经济的原则去"轻装"运行,既有利于企业优胜劣汰,提高效率,保留"动力机制",也使市场竞争必然带来的贫富差距拉大部分地得到抑制,调节和缓解了社会不公,使资本主义获得一种"平衡机制"。

(三)当代资本主义在上层建筑方面的新变化

当代发达资本主义国家的上层建筑是建立在资本主义经济基础之上并为其服务的。随着资本主义生产关系诸方面的变化,发达资本主义国家在阶级结构、政权结构、政党体制、管理社会的形式以及社会意识形态等方面都发生了明显的变化。

(1)发达资本主义国家的阶级结构出现了多层次化的特点。随着科学技术和生产力的发展,当代资本主义国家普遍进行了生产关系的调整。这种调整不仅引起了经济结构的变化,也引起了阶级结构的重大变化。资产阶级和无产阶级两大对立的阶级依然存在,但同时出现了阶级结构多层次化的情况。组成现代资产阶级的,除了传统的大资本和中等资本占有者外,还有大企业和大公司的高级经理、高技术"新贵"、行政官僚机构的高级官员等。在工人阶级内部,传统工业中的工人数量持续减少,新兴工业中的工人数量逐步增加;物质生产部门的工人逐渐减少,金融、保险、证券咨询、会计、信息、文化、教育等非物质生产部门的工人大幅增加,白领工人成为工人队伍的主导力量。尤其是在两大阶级之间则出现了庞大的中间阶层。在当代资本主义社会中,不仅传统的中间阶层即中小农场主、手工业者、小企业主、小商人、小食利者以及自由职业者依然存在,而且产生了成分复杂的新中间阶层,它主要包括中小公司及大公司的中小部门的经理和主管,拥有较高科学文化知识或技术专长的专业人员,政府中的中下级公务员,独立营业的律师、会计师等。

(2)发达资本主义国家的政治制度出现了民主化的趋向。当代发达资本主义国家为了维护和巩固资产阶级的政治统治,适应社会经济基础的变化需要,在权力结构、权力运行机制、民主制度等方面进行了一系列调整,这些调整使资本主义社会政治领域出现了一些新的现象。战后发达资本主义国家通过宪法和法律,使国家权力的行使和政权结构的布局,权力结构中各权力主体的活动,官员的任免、提升、奖励和监督等,都纳入法制的轨道,使国家政权结构及其运行日益表现为法制化。资产阶级民主在组织形式、完善程度、制度化法律化等方面,形成了从普选制到议会立法,到政府监督等一套较完备的制度。选举制、议会制、政党制等资产阶级民主制在二战后都出现了一些新的变化。选举制度更为完善;政党政治的范围和基础更为广泛;对政府的监督和制约的内外因素大大加强;文官制度更加完善,资产阶级的统治秩序趋于稳定;国家的社会职能大为增强;公民权利普遍扩大,政治参与程度进一步提高。

(3)发达资本主义国家的主流意识形态出现了新的变革。作为资本主义主流意识形态的自由主义,20世纪以来发生了两次深刻的变革。20世纪30年代,"罗斯福新政"开创了资本主义的改革之路,开始了西方主流意识形态的第一次转型。二战后西方各国纷纷采用凯恩斯主义的国家干预经济的政策和措施,确立了政府干预的自由主义的现代化道路。20世纪70年代末、80年代初的"撒切尔主义"、"里根革命",标志着新自由主义意识形态在发达资本主义国家上升为主流经济政策取向。英、美新保守主义政府上台之后,以哈耶克、弗里德曼的学说取代了凯恩斯主义,推动了欧美国家反滞胀的改革,引发了西方世界20余年历久不衰的"新自由主义"浪潮。新自由主义中确有一些反映市场经济发展一般规律的内容,它的一些政策主张对资本主义国家的经济增长与发展起到了重要的促进作用。但从本质上看,它是代表国际垄断资本主义根本利益的意识形态,是为维护资产阶级统治服务的;其基本功能是调节西方社会政治观念,维护西方社会政治制度,欺骗和控制发展中国家。新自由主义在全球的蔓延,是国际垄断资本在全球扩张的理论表现,同时又是资本主义从国家垄断走向国际垄断阶段的思想基础。

参考资料

[1] 张海鹏.近代中国历史进程概说//中国近代通史(第1卷).南京:江苏人民出版社,2009.
[2] 毛泽东.中国革命和中国共产党//毛泽东选集.北京:人民出版社,1964.
[3] 吴承明.中国资本主义的发展述略//中国资本主义与国内市场.北京:中国社会科学出版社,1985.
[4] 杜恂诚.民族资本主义与旧中国政府(1840—1937).上海:社会科学院出版社,1991.
[5] 白吉尔.中国资产阶级的黄金时代(1911—1937).张富强,许世芬,译.上海人民出版社,1994.
[6] 许涤新,吴承明.中国资本主义发展史:第三卷新民主主义时期的中国资本主义.北京:人民出版社,1993.
[7] 毛泽东.新民主主义论//毛泽东选集.北京:人民出版社,1964.
[8] 金冲及.二十世纪中国史纲:第一卷.北京:社会科学文献出版社,2009.
[9] 张海鹏.中国近代通史.南京:江苏人民出版社,2007.

思考讨论题

1. 你如何看待资本主义的产生和发展?西方资本主义的产生和发展中有哪些特别引起你的关注和思考?
2. 西方资本主义产生发展有哪些特质?西方资本主义产生发展尤其是其发展中的殖民掠夺,对我们认识资本主义的特质有何启发?西方资本主义的发展道路是否能够移植于中国?为什么?
3. 分析中国资本主义产生发展的历史背景和条件,以及由此而形成的中国资本主义产生发展的特点。
4. 近代中国为何形成三种不同的资本?它们相互关系如何?它们的形成与国内、国际有什么关系?与西方相比,它们具有什么特点?对中国资本主义的发展有什么意义?
5. 当代资本主义有哪些新变化?你如何看待这些新变化?这些新变化对我们认识资本

主义发展趋势有何帮助？

分析思路和要点

1. 中国资本主义产生发展与西方(某种程度上就是世界)资本主义产生发展的时代差,先发国家形成先发优势与特质,后发国家能否移植与模仿？

2. 中国资本主义产生发展与西方(某种程度上就是世界)资本主义发展的国情差别,中国仁人志士走资本主义道路的愿望的可行性与实际动作情况考察结论。

3. 中国资本主义发展的艰难历程与西方资本—帝国主义对中国殖民侵略,和中国封建制度与生产关系的关系,中国资本主义发展的问题与受到的制约。

4. 中国国情与中国历史发展中人民的选择的必然性。

教学建议

1. 教学准备。提前将案例正文、相关参考和思考讨论题发学生,要求学生做好充分准备。着重于熟悉和分析相关材料,将自己的分析认识进行整理,形成思路。必要时,可督促学生进行小组讨论。学生应该努力扩展相关阅读,结合现实社会历史走向进行分析和认识。

2. 教学环节。为便于研究分析,首先要做好教学布置,指导学生自主或划分小组并进行小组讨论(5～8人为一组),课堂集中讨论交流。

3. 教学时间。共6课时:教学布置1课时,个人学习研究、挖掘资料等2课时,小组讨论1课时,集中交流2课时,含教员点评小结。这6课时主要在课下进行,可酌情占用课内课时,最多2课时,主要用于精彩观点展示与交流和教学点评。

4. 教学成绩。建议将分析提纲和讨论发言各按50%的比例计入本案例教学考核,此成绩再按20%或30%的比例计入相关课程的平时成绩。

本教学案例具综合性,可安排在"中国近现代史纲要"课第三章或第八章、第十章后进行,或专门进行专题研究教学。

苏联模式

教学目的

　　本案例客观叙述了以高度集中为主要特征的苏联模式的形成发展历史，具体描述了苏联模式的主要特点、直接后果及国际影响，综合分析了苏联模式的利弊优劣，目的是为中国特色社会主义改革开放提供借鉴和启示，进一步增强高举中国特色社会主义旗帜的自觉性和主动性，进一步坚定走中国特色社会主义道路的信心和决心，提高对中国特色社会主义理论体系的认识、理解和践行能力。

教学用途

　　本案例主要适用本专科学生的"中国近现代史纲要"和提干班的"人民军队历史与优良传统"等课程的教学，同时也适用于"4＋1"学员及短训班"党史军史国史"等专题教学。

内容提要

　　以高度集中的计划经济体制、高度集权的政治体制、高度划一的思想文化体制和外交上奉行大国强权干涉体制为主要特征的苏联模式，是在20世纪二三十年代苏联特定的社会历史条件和特殊国际背景下诞生并不断发展的。苏联模式在战争年代对于苏联增强综合国力和巩固社会主义制度产生了重要的积极影响，但在和平时期，其固有的独断、僵化弊端却暴露得越来越充分。苏联模式的弊端不仅直接在国内产生了负面效果，而且对其他社会主义国家，尤其是对东欧诸国及中国带来了重大的消极影响。

案例正文

　　苏联模式，又称苏联社会主义模式，或斯大林模式，一度被看成是社会主义的唯一模式。苏联的社会主义模式是指苏联社会主义革命和建设的道路，即以高度集中的政治经济体制，重点发展重工业，带动国家工业化和城市化进程，进而推动轻工业和农业发展为主要特征的苏联社会主义实践。苏联模式实际上有两个阶段：先是列宁领导实施的新经济政策，后是斯大林模式。由于新经济政策模式被斯大林抛弃了，后来的苏联社会主义实践主要是在斯大林领导下进行,而且从斯大林去世到 1985 年 3 月戈尔巴乔夫上台,苏联基本上沿袭了斯大林创建的社会主义基本制度和具体体制,因此,苏联模式又被称为"斯大林模式"。在社会主义建设初期,包括中国在内的其他社会主义国家,基本上都照搬苏联模式搞社会主义建设,结果带来了很多问题。中国实行改革开放,建设有中国特色社会主义,实际上是对苏联模式的否定。

一、苏联模式的形成

(一)苏联模式产生的历史背景

1. 国际环境的影响

在斯大林执政期间,苏联所处的国际环境是相当险恶的,一直都受到资本主义国家的包围和国际反共势力的威胁,苏联模式的形成在很大程度上受到了当时国际环境的影响。在十月革命的鼓舞下,欧洲出现了无产阶级革命的高潮,像芬兰、德国、匈牙利等都取得了一定的胜利,然而,这些革命最终却因为帝国主义的镇压、社会党人的背叛和共产党人的错误而失败,到 1923 年欧洲革命再度陷入低潮,苏联成为当时世界上唯一的社会主义国家。

20 世纪 20 年代到 40 年代的苏联,始终处在世界资本主义的包围之中,始终处于战争与备战状态,始终受到帝国主义的严重威胁。这种持续的反共战争威胁的国际形势,对斯大林思考如何建设苏联社会主义国家产生了不可忽视的影响。斯大林明确指出:"我们不能知道帝国主义者究竟会哪一天进攻苏联,打断我国的建设。他们随时都可以利用我国技术上的弱点来攻击我们,这一点却是不容置疑的。所以,党不得不鞭策国家前进,以免错过时机,而能尽量利用喘息时机,赶快在苏联建立工业化的基础,即苏联富强的基础。党不可能等待和应付,它应当实行最高速度的政策。"[①]在战争阴云十分浓重的形势下,抵御外来侵略,巩固和捍卫社会主义,就成为斯大林及其他苏联领导人最为关注的问题。为了随时准备捍卫和巩固新生的苏维埃政权,苏联不得不把尽快建立工业强国、实现社会主义工业化的任务提到首要地位。苏联社会主义道路的建设和方式,就是在当时特定的国际形势下做出的选择。

2. 工业化和农业集体化发展的要求

苏联从沙俄继承来的经济遗产是十分落后的。斯大林指出:"苏维埃政权不能长久地建立在落后的工业的基础上,只有不仅不逊于而且过一个时候能够超过资本主义各国工业的现代大工业才能成为苏维埃政权的真正的和可靠的基础。"然而苏联实现社会主义大工业的发展道路是十分艰难的:原有的经济基础十分落后,财力、物力匮乏;由社会主义国家本质决定,苏联又不能像英国、美国、德国发展重工业那样,或者靠巨额借款,或者靠掠夺其他国家,或者同时采用这两种办法,苏联只能靠自力更生来实现工业化,显然这是一条"需要有重大的牺牲","应该公开和自觉地忍受这种牺牲"[②]的道路。于是斯大林在具体分析当时苏联的状况,在国民经济得以恢复的基础上,决定有计划地全力推进工业化。苏联高速推进工业化,必须消灭能够产生资本主义分子的个体小农经济,大力推进农业集体化。因为"苏维埃政权不能长久地建立在两个对立的基础上,建立在消灭资本主义分子的社会主义大工业上和产生资本主义分子的个体小农经济上"[③],短短的几年内,在苏联这样复杂的大国实现工业集体化,不能不借助于政府

---

① 斯大林:《列宁主义问题》,人民出版社,1964 年,454 页。
② 斯大林:《列宁主义问题》,446,448 页。
③ 斯大林:《列宁主义问题》,447 页。

强有力的行政命令。这必然对形成高度集权的苏联社会主义模式产生重大的影响。

3. 俄国历史传统的影响

俄国的历史传统中,皇权主义和封建宗法文化不仅根深蒂固,而且影响深远。皇权主义是俄国历史文化传统中一个显著特征。由于俄国国家政权的核心是封建沙皇,因此,俄国国家主义的实质就是皇权主义。在俄国历史当中,没有形成任何独立从事有效活动的社会自治力量,也没有形成任何对国家政权进行监督的社会组织和社会集团,所以,国家是社会生活和社会发展的唯一力量,一切活动皆有至高无上的以沙皇为核心的国家所操纵和决定。因此,斯大林时期苏联社会形成的政治上的集权、经济上的集中和文化上的控制现象,多少体现了俄国皇权主义的残余思想。

封建宗法文化是俄国历史文化传统中的又一个显著特征。在以沙皇为代表的至高无上的国家政权之下,广大农民处在宗法制和半宗法制的控制中。由于商品经济很不发达,十月革命以前的大多数农民所从事的仍是自给自足的小农自然经济,俄国的资本主义发展很不充分。在20世纪20—30年代的工业化高潮中,大批宗法农民涌入了工人行列,虽然改变了农民身份,但其历史传统中的宗法文化心态、价值观念和伦理道德却不会随之而改变,这就形成了所谓的工人阶级"农民化"现象,导致十月革命后俄国工人阶级同农民阶级有着天然的联系。

与资产阶级和无产阶级都不相同,俄国农民长期对商品经济持否定甚至恐惧的心态,倾向于分配领域中的"大锅饭"和平均主义,对社会政治生活中的长官意识、官僚主义和官本位思想有一定的认同,这些封建宗法传统也通过各种渠道在一定程度上影响着苏联社会主义建设的方式方法的执行。

(二) 苏联模式的形成

1. 列宁对社会主义的理解

关于什么是社会主义,列宁曾经结合俄国革命和建设实际,先后概括为3个不同的公式。十月革命前,列宁依照马克思、恩格斯的一般设想,把社会主义的特征归结为:生产资料公有+按劳分配。① 十月革命胜利后,列宁立足于俄国实际,将马克思主义关于社会主义的理论付诸实践,在1918年春的《苏维埃政权的当前任务》大纲中,将社会主义概括为"苏维埃政权+普鲁士的铁路管理制度+美国的技术和托拉斯组织+美国的国民教育+⋯=总和=社会主义"②。这个公式,更加形象、具体地反映了列宁对俄国过渡到社会主义的目标、道路和手段的构想,是一个建设有俄国特色的社会主义的经典公式。1920年,列宁又根据新时代、新实践提出了实现社会主义的新公式:社会主义=苏维埃政权+全国电气化。③

在实践中,十月革命胜利后,列宁等布尔什维克领导人曾致力于在苏俄推行没有商品货币关系、按需分配工农业产品的体制,建立没有商品货币关系的共产主义制度,但遭到了工农群众的否定,使国内战争结束之时的苏维埃政权面临深刻的危机。在这种情况下,布尔什维克被迫改变政策,转而实行新经济政策。列宁后来总结说,"我们犯了错误:决定直接过渡到共产主义的生产和分配。当时我们认定,农民将遵照余粮收集制交出我们所需数量的粮食,我们则把这些粮食分配给各个工厂,这样,我们就是实行共产主义的生产和分配了。""在经济战线上,由

---

① 《列宁全集》(第24卷),人民出版社,1986年。
② 《列宁全集》(第34卷),人民出版社,1986年,520页。
③ 《列宁全集》(第34卷),人民出版社,1986年,364页。

于我们企图过渡到共产主义,到 1921 年春天我们就遭到了严重的失败,这次失败比高尔察克、邓尼金或皮尔苏茨基使我们遭到的任何一次失败都严重得多,重大得多,危险得多。这次失败表现在,我们上层制定的经济政策同下层脱节,它没有促成生产力的提高,而提高生产力本是我们党纲规定的紧迫的基本任务。"[1]新经济政策活跃了商品货币关系,促进了城乡交流,使生产力得到迅速发展,商品很快丰富起来了,列宁满怀信心地认为,施行新经济政策的俄国必将变成社会主义的俄国。

2. 斯大林对社会主义的理解和探索

1924 年 1 月列宁逝世以后,斯大林由于特别注重与资本主义相区别,未能将列宁关于社会主义本质的有益探索发扬光大,反而将社会主义直接简化为"公有制、计划经济和按劳分配",导致在实践中逐渐改变列宁的政策,开始恢复军事共产主义。在斯大林看来,社会主义的经济实质和经济基础不是在人间创造"天堂",使大家心满意足,"建立社会主义的经济基础,就是把农业和社会主义工业结合为一个整体经济,使农业服从社会主义工业的领导,在农产品和工业品交换的基础上调整城乡关系,堵死和消灭阶级首先是资本藉以产生的一切孔道,最后造成直接消灭阶级的生产条件和分配条件"[2]。"社会主义是根据生产资料和生产工具公有化的原则把工业和农业结合起来的经济组织。不把这两个经济部门结合起来,就不可能有社会主义"[3]。斯大林所理解的社会主义正是新经济政策所否定的"军事共产主义",这一社会主义实质上是一个排除货币和市场关系的大合作社。

1929 年以后,斯大林用重工业化(军事工业化)取代了工业的综合发展;用集体农庄取代了个体农民,剥夺了农民自由支配土地和自己劳动成果的权利;用行政命令代替了经济规律的作用。超高速工业化、农业全盘集体化和大清洗是斯大林模式的主要支柱,这三者是相互关联的:斯大林为了推行以重工业为核心的高速工业化,必然要求农业为其提供资金和劳动力,这是个体农民力所不及的,因此必须实行全盘集体化;然而全盘集体化政策不符合经济规律,也侵犯民众的利益,自然遇到了抵制和反抗,斯大林便通过阶级斗争和大清洗为推行自己的政策开路。

1936 年 12 月,苏联制定并颁布新宪法,用法律形式把社会主义社会的基本原则规定下来,标志着苏联模式的形成。在此前后,斯大林滥用苏联社会主义制度的先发优势和共产国际的权威,向其他后起社会主义国家强行推销其僵化的社会主义理念,给国际共产主义事业造成严重的不良后果。

二、苏联模式的基本特征及后果

(一)苏联模式的基本特征

苏联模式的基本特征可以概括为高度集权制,其高度集权思想不仅表现在政治经济领域,还渗透在思想文化、外交等各个方面[4]。也有学者将苏联模式的特征概括为,共产党作为执政党的一党高度集权、指令性的计划经济体制和文化的一元主义,以及在此基础上的发展观念和

---

[1] 《列宁选集》,人民出版社,1995 年,574 页。
[2] 《斯大林全集》,人民出版社,1958 年,21-22 页。
[3] 《斯大林全集》,人民出版社,1958 年,269 页。
[4] 寇玲:《试析苏联社会主义体制的基本特征》,《历史教学》2000 年第 1 期。

发展战略的"八重八轻":重政治轻经济,重工轻农,重重工业、轻轻工业,重军工轻民用,重计划轻市场,重速度轻效益,重积累轻消费,重国家和集体利益、轻个人利益。①

1. 高度集中的计划经济体制

这是一种国家自上而下、高度集中地有计划地管理经济体制。主要表现为:第一,在国家与企业的关系上,国家机关是经济管理的主体,它既是生产资料的所有者,又是直接的经营管理者。第二,在计划与市场的关系上,整个国民经济的运行以及各个企业的经营活动,都靠国家下达指令性计划来指挥,"国家计划就是法律"。第三,在经济管理方面,国家管理经济以行政方法为主,即主要按行政隶属关系,通过行政命令、行政干预来实现对国民经济的管理,忽视各种经济杠杆的作用。

2. 高度集权的政治体制

斯大林时期,苏联政治体制的特征主要表现在个人集权(党、政、军三大权由一个领袖掌握,斯大林是第一个苏共中央总书记兼政府总理和武装部队总司令)、职务终身(党政军领导人是终身制,斯大林带头搞终身制,他从1922年开始担任党的总书记到1953去世,一共任职31年)、指定接班人(斯大林原来选中曾经担任过他的秘书的马林可夫接班,后来嫌他太软弱,想换接班人,但还没来得及换,斯大林就去世了)、控制选举(苏联有民主选举,但由苏共严密控制,实行等额选举,候选人大多是各级党委精心挑选的意中人)、消灭异己(斯大林之所以能掌握大权,是由于他从1925年至1929年清除了党内三个反对派,大部分都被当作敌特处决或长期坐牢)、监控干群制(苏联的情报部门不归国家机关领导,而是由总书记斯大林一个人掌控,可以监控全国所有人,包括高级干部),以及一党专政、以党代政、等级授职、官员特权,等等。到1939年斯大林把所有的异己都清除了以后,苏联的政治体制实际上变成了斯大林一人专政体制。对内,它将权力高度集中于党中央,而党从中央到地方的各级组织,大多数情况下又是由个人意志所操纵的。这就造成了党政不分,共产党领导一切,直接发布政令,管理国家事务,民主集中制有名无实,社会主义法制被忽视甚至遭到践踏。干部由上级委派,领导终身任职,基本上不受群众监督,最后形成个人高度集权,并由此衍生出个人崇拜、官僚主义和形形色色的特权现象,从而严重损害了党和国家的正常民主生活。

3. 高度划一的思想文化体制

苏联没有吸收资本主义文化自由的成果,缺少文化自由。表现为各种文艺作品盛行对领袖的个人崇拜,扼杀了文艺创作和学术研究的自由,极力要求对党和领袖歌功颂德,对人民和对国外进行虚假的、夸张的宣传。苏联实行文化专制主义,强调舆论一律,掩盖了社会深层的矛盾和阴暗面。这不利于社会改革和进步。

搞思想禁锢,用行政方法干预和控制学术问题,领袖人物的言论和看法往往成了判定各种学术问题的最高标准,严肃的科学研究和自由的学术讨论往往被政治运动所冲击,社会科学研究基本上成了对领袖著作的阐释。

4. 外交上奉行大国强权干涉体制

苏联模式集中了严重的官僚主义、主观主义、沙文主义和专制主义,即封建农奴主式的作风于一体的大国强权体制。它不顾别国的国情,以社会主义阵营的领导人自居,到处干涉其他社会主义国家内政,对违反其意志的国家严惩不贷,从舆论声讨、经济制裁直到外交孤立,甚至

---

① 黄宗良:《从苏联模式到中国特色社会主义》,《中国社会科学文摘》2010年第12期。

实行军事干预或占领,无所不用其极。结果造成了社会主义阵营的分裂,削弱了国际共产主义运动的力量。

(二)苏联模式的直接后果

1. 苏联模式长期实行剥夺农民的"贡税"政策,严重侵犯了农业和农民的利益

斯大林认为,"只有一个办法:靠内部积累来发展工业,使国家工业化……在这方面,我国农民的情况是这样:农民不仅向国家缴纳一般的税,即直接税和间接税,而且他们在购买工业品时还要因为价格较高而多付一些钱。这是为了发展为全国(包括农民在内)服务的工业而向农民征收的一种额外税。这是一种类似'贡税'的东西,是一种类似超额税的东西;为了保持并加快工业发展的现有速度,保证工业满足全国的需要,继续提高农村物质生活水平,然后完全取消这种额外税,消除城乡间的'剪刀差',我们不得不暂时征收这种税……如果我们抹杀这个事实,如果我们闭眼不看当前的情况,即我们的工业和我们的国家可惜暂时不得不向农民征收这种额外税,那我们就不成其为布尔什维克了。"①斯大林实际上把剥夺农民的"贡税"政策长期化。斯大林认为集体化政策消灭了农业历来落后的状况。事实并非如此,用侵犯农民的方法难以振兴农业和整个国民经济。据统计,1950年苏联的谷物总产量为6480万吨,1913年沙俄时期为7250万吨;同期苏联肉类年产为490万吨,而沙俄为500万吨;同期的人均谷物和畜产品与1913年沙俄时期相比,分别为447千克:540千克、27千克:31千克。②斯大林时期,苏联至少发生过两次大规模饥荒:一次在1932—1933年集体化时期,另一次在二战后初期,每次饿死的人数都以数百万计。

2. 苏联模式以国家至上为发展原则,忽视了民众的需求

斯大林并没有让人民过上与苏联的强国地位相称的生活。新经济政策时期取消的凭证供给制到1929年又恢复了,一直到1935年才取消。1929年,工人每天得到600克面包,其家庭成员300克,每月200克到1千克植物油、1千克食糖,工人每年得到30~36米印花布。据俄罗斯经济学家巴齐利计算,工人的平均工资1913年可以买333千克黑面包,而在1936年只能买241千克。在新经济政策时期,工人用于吃饭的钱占其工资的50%,1935年则占67.3%。1913年,在人口稠密的城市住房就很紧张,人均7平方米,1928年城市居民平均居住面积为5.8平方米,1932年为4.9平方米,1937年为4.6平方米,1940年为4.5平方米。"一五"计划决定建造住房6250万平方米,实际只建了2350万平方米;"二五"计划决定建造7250万平方米,实际只建了2680万平方米。1952年,英国工人每小时的收入所购买的食品数是苏联工人的3.6倍,美国工人则是苏联工人的5.5倍。在革命后25年,苏联工人的生活仍比西方工人差很多。③

3. 苏联模式排斥社会和民众的参与,严重违背民主集中制

在苏联模式下,国家的政治经济生活都按党的机关的指示行事,干部由党组织层层任命,苏维埃的代表也都是党指定候选人通过等额选举产生,人民的民主权利没有相应的民主形式予以保障。当国家的方针政策与人民的需要发生矛盾时,民众毫无办法。在斯大林时期还建

---

① 《斯大林全集》,人民出版社,1955年,139—140页。
② 周荣坤、郭传玲:《苏联基本统计数字资料手册》,时事出版社,1982年,资料来源:苏联国民经济统计年鉴。
③ (俄)M.格列尔、A.涅克里奇:《俄罗斯史,1917—1995》,1996年,36,34-35页。

立和完善了一套官僚特权制度,如建立内部特供商店、餐厅、医院、免费别墅、在代表大会和代表会议期间赠送贵重礼品和包裹制度,在这一时期,党政干部兼职普遍化,一个人可以身兼数职,拿到几份报酬,党的精英们过上了"共产主义"生活。官僚主义和贪污不仅引起劳动者不满,普通老百姓感觉不到他们才是自己国家的真正主人,因而对周围发生的一切事务的责任感减退了,民众的主动性与创造性很难发挥。而且,领导者本人对人民、对党的责任感也下降了,因为官员的提升不是靠"下层",不是取决于人民的意志和要求,官僚的地位和晋升完全取决于"上层",取决于领导的态度和意见,取决于档案和私人关系。苏共的一些领导干部在政治品德、物质待遇、生活方式上早已脱离了人民群众,他们的所思所想也与广大民众格格不入了。1991年6月,一个美国学者对莫斯科的精英分子进行一项调查,得出结论:其中76.7%的人是资本主义者,12.3%的人是民主社会主义者,9.6%的人是共产主义者或国家主义者,其他占1.4%,在苏联上层几乎没有人支持社会主义。最后,苏联共产党在人们冷漠的注视下让出了政权。

4. 苏联模式不讲法治,领导人的权力大于法律,侵犯人权的事屡见不鲜

斯大林把阶级斗争看成社会主义发展的动力,"我们所有的进展,我们在社会主义建设方面的每一个稍微重大的成就,都是我们国内阶级斗争的表现和结果"。① 1936年苏联宪法明确规定:法律保障苏联公民享有信仰自由、言论自由、出版自由、集会自由、游行及示威自由;规定了苏联公民有人身不受侵犯的保障,任何公民,非经法院决定或检察长批准,不得逮捕;公民住宅不可侵犯及通信秘密,均受法律之保护。遗憾的是这些权利大多停留在纸面上,在苏联,有法不依成为普遍现象,在决定事件发展的过程中,领导人的个人喜好和权力起着决定性的作用;苏联的法律系统也不完备,留有许多空白,法律"治民不治官",随意性强。

没有法律根据地进行"大清洗"是斯大林时期的一大特色。斯大林认为党是靠清洗自己队伍中的机会主义分子而巩固起来的,清洗伴随着整个斯大林时期,高潮是在20世纪30年代。30年代苏联的"大清洗"是从清除党的上层反对斯大林政策的人开始的,地方上按指标和名额进行"清洗",由内务部而不是法院判决。② 1934年参加号称"胜利者代表大会"的党的十七大的代表有1 961人,其中1 108人在"大清洗"中被枪决,在这次大会上选出的139名中央委员和候补中央委员中的98人在"大清洗"被消灭。根据官方提供的资料,1936年内务部记载有1 118人被判处死刑,在1937年有353 074人被判处枪决,1938年有328 618人被处死,1939年有2 552人因反革命和叛国罪被处死,1940年有1 649人,1941年有8 001人。③ 无论如何,党政军中如此多的人被镇压都是国家的灾难,卫国战争初期苏军的失利与此有很大关系。"大清洗"严重动摇了苏共的执政基础,成为苏联社会主义的硬伤。

斯大林认识不到社会主义国家也是整个世界市场的组成部分,强调苏联具备建设社会主义所需的一切,在完成工业化后便开始关起门来搞建设。二战后,他错误地认为:"两个对立阵营的存在所造成的经济结果,就是统一的无所不包的世界市场瓦解了,因而现在就有了两个平行的也是互相对立的世界市场。"④长期的封闭与孤立严重制约了苏联经济的发展。

---

① 《斯大林全集》,人民出版社,1955年,149页。
② 闻一:《回眸苏联》,山东人民出版社,2003年,169－171页。
③ (俄)A.巴尔谢科夫、A.弗多文著:《1938－2002年俄国史》,莫斯科,2003年,27－28页。
④ 《斯大林文集》,人民出版社,620页。

斯大林逝世后，苏联领导人曾试图对苏联模式的弊端进行改革。然而由于苏联的体制模式危机重重、积重难返，历次改革都没能解决问题。1991年苏联剧变、苏联解体，既是苏联模式的终结标志，也是苏联模式最直接最严重的后果。

三、苏联模式的成就及缺陷

（一）苏联模式取得的伟大成就

20世纪20年代至40年代，整个世界资本主义处于大动荡之中，革命与战争连续不断。苏联在一个经济文化相对落后的国家取得社会主义革命胜利后，它的任务是进行社会主义建设，特别是实现国家工业化，以求在被资本主义包围的国际环境中生存下来。在这种历史条件下，以斯大林体制为主要特征的苏联模式，其高度集中性能够确保全国范围内的人力、物力和财力用于最需要的地方，在某些方面适应了当时国际形势的需要，满足了苏联社会发展的要求，因而取得了举世瞩目的历史成就。

（1）政治上，建立和巩固了第一个社会主义国家。在20世纪30—40年代，苏联处在尖锐复杂的国际、国内阶级斗争的历史环境之中。在国际上，资本主义世界在20世纪20年代末至30年代初爆发的经济危机大大加剧了国际关系中的各种矛盾。德、意、日三国的法西斯势力上台，并走上对外扩张的战争道路，在欧洲和远东形成两个战争策源地。在国内，苏联大规模的城乡社会主义改造运动导致了社会关系的巨大变革。总之，当时苏联所处的内外条件都不好。在这种情况下，建立高度集中的体制有利于克服困难，有利于实现目标。20世纪30—40年代的苏联，无论是社会主义改造顺利的时候，还是政策发生失误的时候，无论是战争逼近的时候，还是进行战争的时候，整个社会都还是比较稳定的，多民族组成的党和国家也始终保持着统一。总体上看，苏联这一时期消灭了城市工商业资产阶级和农村富农阶级，建立了全民所有制和集体农庄所有制的社会主义公有制经济基础，增强了工农联盟和各民族人民联盟，社会的阶级结构发生了重大变化。世界第一个无产阶级专政的国家得到了巩固，它同当时动荡不安的国际形势形成了鲜明的对照，从而在极短的时间内，使苏联在政治、经济、文化建设等各个方面取得了巨大的成绩，从一个落后的小农国家发展为强大的工业国，形成了比较齐全的工业体系，基本上实现了以重工业为中心的国家工业化，增强了综合国力。

（2）军事上，取得了卫国战争的伟大胜利。二战中，在其他国家面对气势汹汹的法西斯纷纷败落的情况下，苏联举全国之力抵御了法西斯德国的进攻。斯大林格勒战役成为二战，甚至人类历史的伟大转折点，并且几乎以一己之力攻克了柏林，为全世界人民取得反法西斯战争的胜利做出了巨大的贡献。1941—1945年，苏联用4年的时间和盟军一起共同打败了纳粹德国，成为世界反法西斯战争的主要力量。战前3个五年计划的实现，工业的快速发展，使国家大大增强了实力，为打败德国法西斯奠定了物质技术基础。而且千百万苏联人民大众高昂的保卫社会主义祖国的英雄主义精神也成了战胜法西斯势力取之不尽的力量源泉。不可否认，苏联反法西斯战争的胜利是在斯大林体制的框架下取得的。世界反法西斯战争的胜利有着非常重要的意义，它实际上是一场决定人类走向进步还是倒退的殊死搏斗。不仅如此，这个胜利还使得社会主义苏联的威望空前增长，使得苏联以世界两大强国之一的面目出现在世界舞台上。战后打破帝国主义的封锁，帮助西至中欧，东至朝鲜等十几个国家建设成为社会主义国家，组成华约与以美国为首的资本主义阵营分庭抗礼，将社会主义的火种播撒到全世界的范围内。而且苏联在战后迅速打破了美国的核垄断，形成了两个阵营之间的核恐怖均衡，维持了世界范围内的和平。苏联在与美国长达几十年的军事竞赛中也一度取得了很大的优势。

(3)科技上,苏联先于美国成功发射人造卫星,率先实现了千百年来人类走出地球的梦想,使世界人民认识到社会主义的生产力丝毫不弱于资本主义,坚定了人们的共产主义理想。

(4)经济上,由苏联模式所带来的成功更是史无前例。仅用两个五年计划就使苏联变成工业国。从苏联模式经济制度初步确立到二战前,苏联完整地实现了两个五年计划。"一五"在产值上使苏联变成工业国,在工业增长速度上使苏联赶上先进资本主义国家,为完成农业的集体化打下坚实基础。"二五"在技术上使苏联变成工业国,在工业发展水平上使苏联赶上先进资本主义国家,完成了农业的机械化。"一五"期间,工业产值在工农业总产值中的比例,由1928年51.5%提高到1932年的70.7%,重工业在工业总产值中的比例由1928年的39.5%上升到1932年的53.4%,大工业产值1932年比1928年增长了一倍多;"二五"期间,工业总产值增加了1.2倍,生产资料生产增加了1.4倍,工业产值平均每年增加17.1%,工业产值在国民经济总产值中占77.4%。苏联工业产值跃居欧洲第一位、世界第二位。此外,社会主义苏联模式有利于实行宏观经济控制和管理,改变了苏联的工业布局。到1937年,经过两个五年计划的发展,苏联工业总产值在世界工业产值中的比例由1913年的4%提高到10%,一举超越英、德、法,跃居欧洲第一位、世界第二位,全国基本上完成农业集体化;一度推动社会生产力的发展,使经济高速增长,人民生活水平提高,维护了苏维埃政权的统治。短短十年间,苏联实现了资本主义国家需要几十年甚至上百年才能实现的经济发展目标,在整个人类发展史上都是个奇迹。

另外,战后苏联的恢复速度同样惊人,仅用两年时间就使工业生产达到了战前水平,1950年全国工农业总产值较1940年增长了73%,工农业和交通运输业均达到和超过了战前的最高水平。从20世纪50年代中期开始,苏联经济迎来了一个高速发展的时期。1950—1960年,苏联工业的年平均增长速度达到11.8%,1961—1965年为8.6%,1966—1975年保持在8%左右,其中1971—1975年为7.4%。到1985年,苏联的钢铁、石油以及天然气等重要工业品产量均居世界第一位,其他主要工农业产品的产量也都在世界上位居前列。

除上述成就以外,苏联还在医疗、教育等方面取得了很大的成就。同时世界上许多采取苏联模式的社会主义国家也都在短时间内达到了资本主义国家同时期不可能达到的高度。这一切都表明苏联模式能够极大地调动社会生产力,保存并发展社会主义实力,对世界人民和人类历史的发展做出了巨大的贡献。

(二)苏联模式的缺陷

正如任何事物都具有两面性一样,产生于特定历史背景下的苏联模式,尽管曾经创造了历史辉煌,但它并不是完美的社会主义建设模式,仍然存在种种弊端和缺陷。

第一,苏联模式高度集中的部门管理体制和指令性计划是一面双刃剑。一方面,它有利于实行有效的宏观经济规划和宏观调控,集中有限的人、财、物办大事、要事,推进苏联的社会主义工业化和开展卫国战争;另一方面,它却严重挫伤了地方和企业发展经济的积极性,影响了经济的健康发展。实践证明,二战以后,这种以高度集中和指令性计划为特征的经济模式逐渐成为生产力发展的障碍。

第二,备战型的苏联模式强调重工业和军事工业的发展,对于实现社会主义工业化和确保卫国战争的胜利无疑是非常必要的,但它同时却忽视农业和轻工业的发展,极大地破坏了农业、轻工业和重工业的比例关系,极大地影响了人民群众物质文化生活水平的提高,背离了社会主义的本质。

第三,苏联模式中高度集权的中央官僚体制和党的领导体制,一方面可以保持党中央的绝对领导,保证政令畅通,提高行政效率;另一方面却造成一党独存,党政不分,以党代政,破坏了民主集中制,最终导致独裁和专制,严重影响了人民对无产阶级政党的信任,严重挫伤了人民群众参与国家管理的热情。

第四,苏联模式由于高度集权而又缺乏民主监督,个人崇拜盛行,以人治代替法治,将个人意志凌驾于法律之上,违反和破坏法律的现象经常发生。

第五,由于对苏联社会主义条件下阶级矛盾和阶级斗争问题的错误判断,苏联模式过分强调阶级斗争在社会发展中的推动作用,导致阶级斗争扩大化,制造了一批冤假错案。由于以阶级斗争为中心,一定程度上忽略了生产力的发展。

四、苏联模式的国际影响

在第二次世界大战结束后的世界两大阵营中,苏联曾是社会主义阵营的,其他社会主义国家的革命和建设由于曾经或多或少,或直接或间接地接受过苏联的指导和帮助,特别是由于在社会主义建设方面缺乏经验,因此一度将俄国道路及苏联模式当作唯一途径进行学习模仿甚至照搬,结果导致苏联模式在包括中国在内的其他社会主义国家产生了极其深远的影响。

(一)苏联模式对东欧社会主义国家的影响

苏联模式对东欧剧变的影响主要表现在政治和经济方面,尤其是东欧各国被迫放弃人民民主政治模式,而盲目接受苏联模式。

1. 东欧国家探索人民民主政治模式的尝试

1917年在俄国爆发的十月革命,不仅在俄国建立了社会主义的政治制度,而且为其他国家的社会主义革命创造了条件。东欧革命是十月革命所开创的革命道路的继续,但在许多方面又有别于十月革命,所以东欧革命不是重复十月革命的历史现象,它没有经过俄国从二月革命到十月革命的转变。随着德、意法西斯的溃灭,东欧各国的资产阶级和君主制度也不复存在。这样,在战火中经受了考验的共产党人根据各国的具体情况,采取武装的、和平的或二者兼有的方式完成了夺取政权和建立新的社会制度的任务。

由于二战前东欧国家处于不同的社会经济发展阶段,加上历史文化传统的差异,所以原属西欧文明圈的波兰、匈牙利、捷克斯洛伐克等国,比较容易接受西欧的民主政治体制,而位于东南欧的南斯拉夫、保加利亚、罗马尼亚等国,推行西方式民主制则要困难得多。第二次世界大战中和战后,东欧各国在苏联帮助下获得解放和新生。摆在面前的新课题是如何在饱经战争浩劫、生产力低下、资本主义尚未得到充分发展的国度里建设社会主义。早在二战后期,东欧各国共产党主要领导人季米特洛夫、哥特瓦尔德、哥穆尔卡等立足本国国情提出建立有别于苏维埃制度的新型的人民民主模式,进而通向社会主义道路的主张。这一主张在某种程度上得到了斯大林的首肯和支持,而在东欧各国普遍推广。1944—1947年,东欧各国对人民民主模式的探索开创了社会主义道路的多样性,无论是作为一种理论,还是作为一种实践,无疑都是有益的。

可以说,人民民主制度是东欧人民的选择,符合东欧国家的实际情况。战后东欧国家处在东西方大国的夹缝中,还不具备立即进行社会主义革命的国际、国内条件。就国际条件看,保加利亚、罗马尼亚、匈牙利等国是战败国,境内有英、美、苏等同盟国的管制委员会,西方推行

"遏制政策",不允许在东欧建立"共产主义政权"。同时,苏联也不愿破坏雅尔塔体系和违背同英国达成的划分势力范围的诺言,而得罪西方盟友。从国内条件看,多党制依然存在,政治、经济和文化方面的民主改革刚刚起步,人们的心理准备也难以接受社会主义和无产阶级专政。

战后初期,东欧国家考虑到本国的特殊条件,并没有提出推翻资本主义社会制度和建立社会主义社会的口号,而是选择了人民民主作为从资本主义向社会主义过渡的政权形式。也就是说,确定以人民民主制度作为从资本主义向社会主义过渡的一种社会形态,即先搞新式的民主革命或民族民主革命,然后再进行社会主义革命。这种政权形式实行多党制议会民主,成立联合政府,允许反对派政党存在,坚持各种所有制形式并存。同时,人民民主国家没有照搬苏联国有化、工业化和集体农庄化的经验。人民民主制度既不同于西方的资产阶级民主政治,又有别于苏联的无产阶级专政。

然而,正当东欧国家选择自己发展道路的时候,斯大林改变战后初期对人民民主制度的肯定态度,把苏联建设社会主义的模式作为唯一正确的和万能的模式强加给这些国家。1947年"冷战"开始后,在斯大林的胁迫下,东欧各党对坚持独立自主道路的南斯拉夫进行围攻,苏南关系恶化,"铁托分子"的帽子满天飞,东欧国家制造了一件件骇人听闻的冤假错案,党内造成的内耗和损失长期难以愈合。东欧丰富多彩和生动活泼的政治局面开始消沉,广大人民和党员对新生政权的炽热情感不能充分表达,理想的火花和献身精神慢慢泯没。

1947年以后,东欧国家不得不接受共产党一党执政和议行合一的苏联政治制度模式。东欧政治制度模式的变化首先受到东西方冷战的影响。在以美国为首的西方对社会主义阵营实行冷战遏制政策的形势下,在东欧各国强化共产党执政地位,有利于巩固这些国家的社会主义制度,加强社会主义阵营的团结,应对西方的挑战。同时,东欧国家接受苏联政治制度模式也受到国内政治形势的影响。在当时党派林立、政局不稳的形势下,确立一党执政和议行合一的政治模式,有利于排除党派纷争的干扰和政治稳定,有利于恢复战争创伤、促进国家发展。因此,在东欧各国社会主义制度初创时期,接受苏联政治模式,有符合历史客观需求的一面。但是东欧国家在接受苏联社会主义模式时,不仅吸取了苏联30年以来社会主义建设的正面经验,而且也重犯了它的错误。东欧国家开始强化阶级斗争和无产阶级专政,加快向社会主义过渡的速度,特别是消灭党内外反对派。

战后初期,苏联从道义上和经济上给予东欧各国巨大的支持。苏联的存在,对抵制美国等西方国家的反共叫嚣和扩张,对保障东欧各国建立和巩固人民民主制度并向社会主义过渡起过一定的积极作用,但是僵化的斯大林社会主义模式和理论又给东欧各国尔后40多年的历史发展打下了深刻的烙印,使之付出了沉重的代价。照搬苏联政治模式背离了东欧各国的实际,扭曲了东欧各国的社会发展,损害了社会主义在东欧的声誉,致使东欧各国社会主义建设危机频发,乃至最后走向剧变。

2. 苏联模式对东欧国家经济建设的影响

苏联社会主义模式的最大特点之一是高度集中,在经济上的表现就是整个国家推行高度集中的计划经济,摒弃商品经济和市场贸易,各企业和生产单位无权决定生产什么,也无权处理和分配自己的劳动产品。

战后初期到20世纪50年代中期,东欧国家由于移植苏联模式,照搬苏联发展战略,引发了广泛而深刻的经济危机和社会动荡。捷克斯洛伐克的工农业比例严重失调,1953年农业生产仅为战前的88%,食品与日用消费品供应不足,引起严重的通货膨胀。1953年6月1日,捷政府进行币制改革,损害了群众的利益,引起群众不满,比尔森市的工人走上了街头。1953年6月,东柏林爆发了当时东欧国家中规模最大的工人罢工和群众骚乱事件,反映出东德人民对苏联政治控制和统一社会党某些政策的不满情绪,要求自由、政治权利、改善生活条件。1956年2月,苏共二十大赫鲁晓夫秘密报告给国际共产主义运动带来一场思想混乱,特别是在东欧各国激起了极大的震荡与反响,直接引发了当年的波匈事件。这些事件是东欧人民不满情绪的真实表露,其矛头直接指向不适合本国国情的苏联模式,反映出独立探索社会主义发展道路的根本要求。

3. 东欧国家对苏联模式的挑战及失败

在如何进行社会主义革命和建设的问题上,东欧国家从一开始就同苏联产生了矛盾。从东欧国家方面看,由于其历史文化传统和政治经济制度与苏联不同,需要寻找符合自己国情的道路,而从苏联方面看,则强调同一类型国家发展的"共性"和"普遍规律"。因此,东欧社会主义自始至终是在"民族道路"和"苏联模式"的选择与摩擦中前进的。

20世纪50年代以后的相当长时期内,东欧国家共产党为探求新的发展道路而进行了一次次艰难的改革尝试。这些改革主要集中于经济领域,政治领域的改革动作很小。大体而言,改革经历了三次浪潮。第一次浪潮是在20世纪50年代中期至60年代初,以波兰哥穆尔卡领导的改革为标志;第二次改革浪潮是在20世纪60年代后期至70年代中期,这次改革以匈牙利卡达尔领导的改革和捷克斯洛伐克的"布拉格之春"为标志;第三次改革浪潮是在20世纪80年代中后期,改革范围涉及几乎东欧所有国家。东欧各国几次改革浪潮对于缓解当时国内矛盾的确起了一定的作用,而且无论是改革理论还是改革实践,都有一定的创新和成效。在理论上,突破了传统理论中关于社会主义经济中存在商品货币关系的"外因论"或"异类论",把商品货币关系纳入了社会主义经济的内在规定性之中。同时,从社会主义条件下利益矛盾问题及信息流动问题等方面入手论证了改革的目标就是要将市场机制引入社会主义经济之中。在实践上,逐步打破了计划经济的一统天下,市场机制在调节资源配置方面开始发挥一定作用,经济效益逐步成为衡量企业绩效和收益的重要尺度。然而,这种改革基本上属于"有效市场取向"改革的范畴,存在两大致命弱点:一是始终在"计划——市场"问题上兜圈子,市场只被视作计划的一种"工具";二是未能触及所有制领域的变革,由此也就决定了这些改革不可能从根本上冲破旧体制的约束,而创建一种崭新的经济体制。由于这些改革的成效与人们的期望值相距甚远,因此这一时期东欧国家探索解决社会经济矛盾出路改革尝试或者说对苏联模式的挑战,整体上看是以失败而告终的。

东欧国家几十年改革失败的原因是多方面的,但其中苏联因素是不容忽视的重要方面。二战后东欧地区诞生的社会主义国家,基本上都是在苏联影响下取得独立的,然而,整个冷战时期,东欧各国实际上并没有真正取得独立自主的地位,他们的改革与探索始终受到苏联的制约。东欧各国党的路线、方针、政策几十年的演进,明显与苏联共产党保持着大体一致的状态。苏共政策强硬、僵化,它们也强硬、僵化;苏共新领导上台改变政策,它们也改变政策;苏联搞改革,它们也陆续搞改革;苏联改革的路子是什么,它们改革的路子大体上也是什么;苏联中止改革,它们大体上也受影响。少数东欧国家对突破苏联限制的尝试,都遭到了来自苏联方面强有力的干预。1956年波兰哥穆尔卡上台后,重新提出民族化道路的思想,并着手进行经济改革,但立刻遭到苏联的责难。迫于来自苏联的巨大压力,哥穆尔卡迅速从"十月道路"上撤退,于1959年完全降下了改革大旗。1968年,捷克斯洛伐克杜布切克上台后在政治、经济领域大刀阔斧进行改革，出现"布拉格之春"，然而，这一举动更不为苏联所容忍，苏联联合波兰等国出兵捷克斯洛伐克，用武力镇压了这场改革。捷克斯洛伐克的部分领导人被解除职务，作为囚犯押解至苏联，反对苏军入侵的50万党员被清除出党，200多万人受到程度不同的迫害和牵连。可以说，东欧各国改革探索的失败，在很大程度上是苏联直接干预的结果。

总之，东欧的社会主义国家，由于缺乏可借鉴的经验，大多主动或被动地照搬了苏联的经济、政治体制模式。以高度集中为主要特点的苏联模式，在特定的时期里，比如遭受敌国入侵时，可以举全党乃至全国之人、财、物力办事，往往会产生比较积极的良好效果。可是，在长期的和平的社会主义建设年代里，这种高度集中往往会造成比较消极的负面后果，当这一模式的优点日渐式微，而其弊端不断淤积达到一定程度的时候，东欧剧变的发生也就成为必然。

（二）苏联模式对中国的影响

苏联模式对中国革命要及社会主义建设的影响，可谓是深远而巨大。一方面，中国共产党人和毛泽东在中国革命和社会主义建设道路的探索上曾经有过光辉的思想和独特的创造，如建立根据地、武装夺取政权的道路，新中国成立后由新民主主义阶段发展到社会主义阶段的理论创新等。另一方面，中国共产党人和毛泽东又曾一度丢弃了这种理论创新，而基本"照抄"斯大林体制，采纳了苏联模式，使中国社会主义建设经历了艰难曲折的探索过程。

1. 中国革命以苏为师，既有教训，更有创新和成就

20世纪20年代末到30年代上半期，是苏联模式形成和基本确立时期，联共（布）通过高度集中为原则的共产国际推行布尔什维克化，把苏联的经验和模式强加于中共和中国革命。共产国际、联共（布）、斯大林，在给中国革命以巨大帮助的同时，也使中共党内盛行把马克思主义教条化，把共产国际决议和苏联经验神圣化的错误倾向。正如《关于建国以来党的若干历史问题的决议》所指出的，这"曾使中国革命几乎陷于绝境"。

在中国革命的危机时刻，以毛泽东为代表的中国共产党人把马克思主义与中国革命实践相结合，根据中国领土广大、政治经济发展不平衡的特点，提出了建立农村革命根据地、以农村包围城市、最后夺取全国胜利的革命道路，同时，也对中国革命的历史进程提出了马克思主义的科学论断：中国革命"必须分两步"，"其第一步是民主主义的革命，其第二步是社会主义的革命，这是性质不同的两个革命过程。而所谓民主主义，现在已不是旧范畴的民主主义，已不是旧民主主义，而是新范畴的民主主义，而是新民主主义"。依据这一理论，毛泽东进一步指出，"中国革命的第一阶段"，"其社会性质是新式的资产阶级民主主义的革命"，"要建立以中国无产阶级为首领的中国各个革命阶级联合专政的新民主主义的社会，以完结其第一阶段"，"然后，将使之发展到第二阶段，以建立中国社会主义的社会"。

在写成于1940年1月的《新民主主义论》中，毛泽东深刻地论述了新民主主义的政治、经济和文化，提出了一整套完整的新民主主义社会的建国纲领。毛泽东以此教育全党，中国革命的前途是要建设并经过新民主主义社会，然后进入社会主义社会。中华人民共和国成立时确定的五星国旗图案，就是象征中国共产党领导以及工人阶级、农民阶级、小资产阶级和民族资产阶级的联盟。

在新中国成立初期，我们曾把苏共当成"最好的先生"，全国掀起了深入人心的学习苏联的高潮。但在学习中也出现简单化、绝对化的毛病，有时把苏联的短处也学来了，甚至认为对苏联的经验"不能有丝毫的怀疑"。

但新中国的基本政治体制并不是照搬苏联的。我们的制度与苏联模式在政治方面有显著

不同：一是没有照搬苏联的无产阶级专政，而是建立无产阶级领导的以工农联盟为基础的人民民主专政；二是没有沿用苏维埃的构成形式，而采取了人民代表大会制度；三是没有采用苏联共产党一党独存、一党执政的体制，而形成了中共领导的多党合作和政治协商制度；四是没有搬用苏联的联邦制国家结构形式，而是建立了单一制的国家，在少数民族聚居的地区实行民族区域自治。

2. 大规模建设社会主义时期，我党从以苏为师到以苏为鉴

在20世纪50年代中期，以毛泽东为代表的中国共产党人对苏联模式的态度和认识可以概括为三个特点：

一是把苏联经验一分为二，我们要学习对的，不学错的，不能机械照搬。1956年11月，毛泽东在党的八大二次会议的讲话中，从唯物辩证法的高度，明确表明了对苏联模式的分析态度。他说："有一些同志就是不讲辩证法，不分析，凡是苏联的东西都说是好的，硬搬苏联的一切东西。其实，中国的东西也好，外国的东西也好，都是可以分析的，有好的，有不好的。……形而上学是一点论。现在，一点论在相当一些同志中间还不能改。他们片面地看问题，认为苏联的东西都好，一切照搬，不应当搬的也搬来了不少。那些搬的不对的，不适合我们这块土地的东西，必须改过来。"在《论十大关系》中，毛泽东同样指出了必须有分析地对待苏联的经验："必须有分析有批判地学，不能盲目地学，不能一切照抄，机械搬运。他们的短处、缺点，当然不要学。对于苏联和其他社会主义国家的经验，也应当采取这样的态度。"毛泽东还说过："对苏联经验，一切好的应当接受，不好的应当拒绝。"毛泽东这种对苏联经验采取分析的态度是一贯的。

二是学习苏联经验必须与中国的实际情况相结合。1956年4月，毛泽东就强调："各国应根据自己国家的特点决定方针、政策，把马克思主义同本国特点结合起来。……照抄是很危险的，成功的经验，在这个国家是成功的，但在另一个国家如果不同本国的情况相结合而一模一样地照搬就会导向失败。"同年12月，毛泽东提出："我们信仰马列主义，把马列主义普遍真理同我们中国实际情况相结合，不是硬搬苏联的经验。硬搬苏联经验是错误的。我们对资本主义工商业的改造和农业的合作化是跟苏联不同的。"在1957年2月发表的《关于正确处理人民内部矛盾的问题》一文中，毛泽东指出："主要的还是要学苏联。……学习的时候用脑筋想一下，学那些和我国情况相适合的东西，即吸取对我们有益的经验，我们需要的是这样一种态度。"1958年4月，毛泽东在谈到学习各国的先进经验时，仍然强调这一点："包括苏联的经验在内，是学他们的好经验，学我们用得着的东西。……一个国家总有它的特点，不适合这个特点就行不通。"毛泽东还对苏联驻中国大使尤金直言相告："我们要学习苏联，但首先要考虑到我们自己的经验，以我们自己的经验为主。"实际上，这是毛泽东一贯的立场和态度。1963年9月，毛泽东再次强调这一点："教条主义者说苏联一切都对，不把苏联的经验同中国的实际相结合。马列主义普遍真理与中国具体实践相结合，这个口号就是在延安整风时提出的。"这样的论述在毛泽东的著述里比比皆是。

三是学习苏联的经验必须与发扬独创精神相结合。毛泽东指出："学习苏联及其他国家的长处，这是一个原则。但是学习有两种方法：一种是专门模仿；一种是有独创精神，学习与独创结合。硬搬苏联的规章制度，就是缺乏独创精神。"他还说，"搬，要有分析，不要硬搬，硬搬就是不独立思考，忘记了历史上教条主义的教训。"这些宝贵的思想，在方法论上和实践上为将马克思主义与本国实际相结合指明了一条科学的思想路线，奠定了探索具有本国特点的社会主义

道路的方法论基础。可以说,在分析苏联的经验中得出的这些重要的思想,正是中国特色社会主义的理论起点。

众所周知,"中国特色社会主义"的正式命题是邓小平提出来的。邓小平指出:"中国的社会主义道路与苏联不完全一样,一开始就有区别,中国建国以来就有自己的特点。""我们的现代化建设,必须从中国的实际出发。无论是革命还是建设,都要注意学习和借鉴外国经验。但是,照抄照搬别国经验、别国模式,从来不能得到成功。这方面我们有过不少教训。把马克思主义的普遍真理同我国的具体实际结合起来,走自己的道路,建设有中国特色的社会主义,这就是我们总结长期历史经验得出的基本结论。"

3. 中国特色社会主义是对苏联模式的改革和创新

改革开放以来,中国共产党在社会主义理论方面基本突破了苏联社会主义模式的理论框架,有了很多的创新。

一是改变了教条主义地对待马克思主义关于社会主义发展阶段的做法。我们明确中国社会主义还处于社会主义初级阶段,从而突破了苏联模式长期奉行的计划经济是社会主义的,市场经济是资本主义的观念,把经济体制改革的目标确立为建立社会主义市场经济体制。苏联的经济改革长期在斯大林体制内打转,没有取得实质性的成果,其中一个很重要的原因就是过高估计苏联社会的发展阶段,排斥市场经济,批判所谓"市场社会主义",束缚了自己的手脚。中国共产党人在实践中放弃了苏联的这个教条。1987年2月,邓小平就对几位中央负责人讲:"不要再讲以计划经济为主了","为什么一谈市场就说是资本主义,只有计划才是社会主义呢?计划和市场都是方法嘛。只要对发展生产力有好处,就可以利用。它为社会主义服务,就是社会主义的;为资本主义服务,就是资本主义的。好像一谈计划就是社会主义,这也是不对的,日本就有一个企划厅嘛,美国也有计划嘛。我们以前是学苏联的,搞计划经济。后来又讲计划经济为主,现在不要再讲这个了"。①"讲社会主义,首先就要使生产力发展,这是主要的。只有这样,才能表明社会主义的优越性。社会主义经济政策对不对,归根到底要看生产力是否发展,人民收入是否增加。这是压倒一切的标准。"②

二是中国彻底改变了苏联模式闭关锁国的政策,开始走向世界,实现两个市场、两种资源的有机结合。面对当今世界经济全球化加速发展的趋势,邓小平敏锐地看到,实行对外开放是社会主义立于不败之地的重要保证。"社会主义要赢得与资本主义相比较的优势,就必须大胆吸收和借鉴人类社会创造的一切文明成果,吸收和借鉴当今世界各国包括资本主义发达国家一切反映现代社会化生产规律的先进经营方式、管理方法。"③江泽民也强调:"历史的事实已充分说明,中国的发展离不开世界,关起门来搞建设是不能成功的。实行对外开放,是符合当今时代特征和世界经济技术发展规律要求的、加快我国现代化建设的必然选择,是我们必须长期坚持的一项基本国策。"对外开放已经成为我国的长期基本国策。我们正在完善全方位、多层次、宽领域的对外开放格局,进一步发展开放型经济,以更加积极的姿态参与国际经济技术合作。2001年12月11日,中国正式成为世界贸易组织成员。

三是改变了阶级斗争和无产阶级专政的理论,提出了"人民民主专政"。无产阶级专政与

---

① 《邓小平思想年谱》,375-376页。
② 《邓小平文选》(第二卷),人民出版社,1994年,314页。
③ 《邓小平文选》(第三卷),人民出版社,2001年,373页。

人民民主专政究其阶级内容,有着实质上的区别。前者指的是一个阶级的专政,后者指的是包括全体人民,首先是包括广大农民的专政。新中国建立前,毛泽东著有《新民主主义论》《论人民民主专政》,1949年制定的《中华人民共和国共同纲领》和1954年通过的中华人民共和国第一部宪法都明确指出:我国是工人阶级领导的、以工农联盟为基础的人民民主专政国家。但是,那时我们认为人民民主专政比苏联的无产阶级专政落后了一截,只有无产阶级专政才是真正社会主义的,因而出现了向无产阶级专政过渡的急躁情绪。1978年党的十一届三中全会开始纠正"左"的路线,在理论上拨乱反正,重提"以工农联盟为基础的人民民主专政即无产阶级专政",由此,党的工作重心放在了与广大农民和其他拥护社会主义事业的力量一道进行和平的经济建设上。

在民主与专政的问题上,中国共产党人更强调民主,邓小平指出"没有民主就没有社会主义","我们进行社会主义现代化建设,是要在经济上赶上发达资本主义国家,在政治上创造比资本主义更高更切实的民主,并且造就比这些国家更多更优秀的人才"。① 他强调,"我们要创造民主的条件,要重申'三不主义':不抓辫子,不扣帽子,不打棍子。在党内和人民内部的政治生活中,只能采取民主手段,不能采取压制、打击的手段。宪法和党章规定的公民权利、党员权利、党委委员的权利,必须坚决保障,任何人不得侵犯"。② 党的十八大提出:"人民民主是我们党始终高扬的光辉旗帜。改革开放以来,我们总结发展社会主义民主正反两方面经验,强调人民民主是社会主义的生命,坚持国家一切权力属于人民,不断推进政治体制改革,社会主义民主政治建设取得重大进展,成功开辟和坚持了中国特色社会主义政治发展道路,为实现最广泛的人民民主确立了正确方向。"在专政的问题上也不再搞急风暴雨式的斗争,强调依法治国,完善社会主义法制,用法律手段去惩治坏人,党的十五大把依法治国作为党领导人民治理国家的基本方略。

四是提出"以人为本"的理念。苏联模式的社会主义只有"国",强国目标高于一切,没有考虑人,人只是建设社会主义大厦的砖,社会主义大机器上的螺丝钉。中国的改革开放一开始便着眼于"富民",让人民过上好日子,鼓励一部分人先富起来,最终实现共同富裕。"我们坚持走社会主义道路,根本目标是实现共同富裕。"③ 2003年以胡锦涛同志为核心的新一届领导集体更让普通百姓切身感受到党中央、国务院"亲民、务实、科学、法治"的新风格,明确提出"以人为本"的治国理念,以实现好、维护好、发展好最广大人民群众的根本利益为本,强调发展是为了人民,发展要依靠人民,发展的成果要由全体人民共享。

中国共产党提出立党为公、执政为民,坚持权为民所用、情为民所系、利为民所谋,不断满足人民的物质的、政治的、文化和精神的需要,努力为群众办实事、办好事。

五是提出科学发展观和建立和谐社会。科学社会主义的创始人认为,未来理想社会是生产力高度发达的社会,是每个人自由而全面发展的社会,社会和谐是社会主义题中应有之义,但是,斯大林强调的却是对立、斗争,苏联社会主义失败,社会不和谐,特别是党群、干群关系不和谐是重要原因。中国共产党人遵循马克思主义基本原理,吸取了苏联的历史教训。胡锦涛提出的以科学发展观为指导,建设社会主义和谐社会,是对马克思主义的新发展。党的十六届

---

① 《邓小平文选》(第二卷),人民出版社,1994年,322页。
② 《邓小平文选》(第二卷)人民出版社,1994年,144页。
③ 《邓小平文选》(第三卷),人民出版社,2001年,155页。

六中全会《决议》指出,"社会要和谐,首先要发展,必须坚持用发展的办法解决前进中的问题。大力发展社会生产力,不断为社会和谐创造雄厚的物质基础,同时更加注重发展社会事业,推动经济社会协调发展。社会公平正义是社会和谐的基本条件,制度是社会公平正义的根本保证。"提出"社会和谐是中国特色社会主义的本质属性,是国家富强、民族振兴、人民幸福的重要保证。"同时认为,"社会主义和谐社会是一个不断化解社会矛盾的持续过程"。

参考资料

[1] 马龙闪. 苏联模式与中国社会主义道路的探索. 中国特色社会主义研究,2007(1).
[2] 斯大林全集. 北京:人民出版社,1953.
[3] 马细谱. 东欧执政党和苏联模式之辨析. 中国特色社会主义研究,2007(1).

思考讨论题

1. 如何认识苏联模式的基本特点?
2. 如何看待苏联模式对中国的影响?

分析思路和要点

1. 按照马克思主义的科学社会主义原则认识和分析苏联模式的特点。
2. 根据苏联经济社会发展情况分析苏联模式的利弊得失。
3. 依据苏联模式对于其他社会主义国家革命和建设的示范效应和苏联关于其他社会主义国家探索各自革命和建设道路的政策和态度,客观评价苏联模式的作用和影响。

教学建议

1. 教学准备。教师提前准备案例正文及相关参考资料,学生提前了解案例提供的思考讨论题,然后带着问题熟悉案例正文。
2. 教学环节。一是课前熟悉资料,二是课堂分组讨论,三是课堂交流,四是教师点评总结。
3. 教学时间。共4课时。
4. 本案例可安排在"中国近现代史纲要"课第八章后进行教学,或用作专题研究教学。

第五部分
改革开放是决定当代中国命运的关键抉择

戈尔巴乔夫改革与苏联解体

教学目的

通过学习和分析案例，了解戈尔巴乔夫改革的背景、经过、各项措施及影响，了解戈尔巴乔夫改革与苏联解体的内在关系。同时引导学生思考，中国作为社会主义大国，同样在搞改革，苏联改革的失败给中国的社会主义改革有哪些启示。通过对比戈尔巴乔夫改革失败与中国改革开放成功，使学生牢记苏联解体的教训，警惕和平演变的危险。同时进一步坚定对中国特色社会主义道路、理论和制度的自信，并深刻认识到改革开放是决定当代中国命运的关键。

教学用途

主要用于本科生"中国近现代史纲要"课程教学，也适用于马克思主义理论专业硕士研究生了解更加真实的近代中国的国史国情，可用于学生课下拓展学习。

内容提要

苏联作为第一个社会主义国家，在政治、经济、科技、文化等各个方面取得巨大成就的同时，也逐步形成了以高度中央集权制和计划经济为主要特征的社会主义政治经济体制，致使各种矛盾越积越多，严重影响了生产力的发展。

戈尔巴乔夫成为苏联最高领导人后，在苏联政治、经济等多个领域开展改革。戈尔巴乔夫的"改革与新思维"试图从根本上重建社会主义的价值观念和政治体制，彻底摈弃斯大林主义留下的政治体制遗产，建立人道的、民主的社会主义。但骤然放开的舆论氛围使公众茫然不知所措，容易被极端思潮所俘获。在这种背景下，以叶利钦为代表的苏联各加盟共和国势力，试图把改革引向对自己有利的方向，因此极力促成了苏联解体。戈尔巴乔夫的各项改革措施不但没有挽救苏联，反而最终埋葬了苏联。

1991年12月25日，克里姆林宫上空飘扬了68年的红旗悄然降落，代表俄罗斯的三色旗重新升起，这标志着列宁创立的世界上第一个社会主义国家——苏联，在政治舞台上消失了。

回顾戈尔巴乔夫改革的失败和苏联解体的这段历史，我们要认真、科学地总结教训。苏联共产党和国家政权看起来那么强大而牢固，实际却矛盾重重；戈尔巴乔夫改革看起来符合苏联人民的要求，但却在苏联内部造成了更大的分裂。

案例正文

1982年11月7日,勃列日涅夫在两名助手的搀扶下登上列宁墓,参加了他一生中最后一次十月革命庆祝活动。在寒风中,勃列日涅夫伫立了3个多小时,只是偶尔向游行的人群挥动一下手臂。3天之后的一个早晨,刚刚起床的勃列日涅夫突然昏倒在地,再也没有抢救过来。长达18年的勃列日涅夫时代画上句号,谁将成为苏联这艘巨轮未来的舵手?他将把苏联引向何方?人们怀着希望,也充满疑虑和不安。

一、"盛世"隐忧

希望来自于勃列日涅夫时代缔造的"盛世"。

在勃列日涅夫时代,苏联与美国的差距缩短,基本达到了与美国平起平坐的目的,在某些武器装备上苏联甚至还处于一定的优势地位。这一时期苏联社会稳定,没有出现大的动乱,很多苏联人在这段时间内搬进了属于自己的住房,到1980年有1亿人改善了居住条件,购买了像样的家具、服装甚至汽车。

然而,情况并不像表面上看起来那么乐观。苏联机器制造业的全部产品中,有60%以上用在军事领域,耐用消费品的比例仅占5%~6%。苏联拥有比美国更多的洲际弹道导弹,却几乎不能生产音响设备、录像机等家用电器,而即便是能生产的产品也质量低劣。当时很多苏联老百姓家里的电视机发生爆炸,有人开玩笑说,苏联的电视机应该送给敌人。1973年石油危机后,世界石油价格提高了19倍,苏联靠出卖原料获取了巨额收入,在国民经济中原材料工业占的比例高达40%,彻底沦为一个原料出口国。苏联拥有大片肥沃的土地,但粮食一直不能自给。

更令人担忧的是,勃列日涅夫认为苏联非常完美,与苏共观点不同的人都是精神病,不同政见者要么失踪,要么被送进精神病院。他上任后实行领导职务终身制,这导致新鲜血液难以进入苏共高层,老人政治严重。1981年3月苏共二十六大上选出的政治局14名正式委员中,平均年龄为75岁,其中年龄最大的谢尔佩83岁;8名政治局候补委员平均年龄也接近70岁,其中年龄最大的库兹涅佐夫81岁。

同时,苏联权贵阶层的地位和利益也逐渐稳固,勃列日涅夫本人就沉浸在授勋、送礼之中,他在扎维多沃的猎场花费了数百万卢布的国防开支,在莫斯科郊外至少还有6栋别墅。阿塞拜疆共和国第一书记曾赠送给勃列日涅夫一枚硕大的钻石戒指,勃列日涅夫爱不释手,常常在几百万电视观众面前堂而皇之地摆弄这枚心爱的戒指。他的亲信再腐败无能也能得到庇护。乌兹别克斯坦第一书记拉希多夫长期敛聚财富,将该共和国的棉花收入据为己有,苏共中央收到了数以万计的举报信,而勃列日涅夫却把这些信件送还拉希多夫,并且先后授予拉希多夫多达12枚的勋章,以表彰他的工作。

所有的一切都到了非变不可的时候了。

当时的苏联领导人中,也不是没有对形势洞若观火的人,执掌克格勃15年的安德罗波夫就意识到不改革只有死路一条。勃列日涅夫死后安德罗波夫担任苏共总书记,采取了一系列的改革措施,最重要的就是收拾勃列日涅夫遗留下来的贪官污吏。前克格勃头子干起这个可毫不手软,从1982年11月到1983年底,仅党中央、政府部长和州党委第一书记以上的高级干部，因贪污受贿或渎职而被撤换的达 90 多人，包括内务部部长和内务部第一副部长、勃列日涅夫的女婿。安德罗波夫甚至枪毙了勃列日涅夫的好友、工业技术出口局局长，以及专门为勃列日涅夫一家和其他权贵提供短缺食品的莫斯科第一食品商场美食部经理。

然而，安德罗波夫从 20 世纪 70 年代起就重病缠身，据解密医疗档案显示，他先后患有高血压、糖尿病、动脉硬化、结肠炎、痛风、心肌梗死以及肾衰竭等疾病。由于他的两个肾都坏死，从 1983 年 4 月起就难以执政。1984 年 2 月 9 日，70 岁的安德罗波夫去世，尽管他生前对政治局中唯一 60 岁以下的委员戈尔巴乔夫更为属意，但按照苏共政治局一条根深蒂固的陈规——领导人中的第二把手几乎自动获得一把手的位置，于是，契尔年科继任为总书记，戈尔巴乔夫则成为二号人物。

二、戈尔巴乔夫上台

1931 年 3 月 2 日，戈尔巴乔夫出生在苏联高加索的普列沃尔诺伊村的一个农民家庭。在上学前，他大部分时间都跟外公、外婆住在一起。他的外公对于十月革命是完全接受的，在 1928 年入了党，并当上集体农庄的主席。没想到祸从天降，1937 年的一天夜晚，"大清洗"波及到戈尔巴乔夫一家，外公被逮捕，罪名是和托派勾结，破坏集体农庄经济实力。从此，邻居们像躲避瘟疫一样躲他们，小朋友们也疏远戈尔巴乔夫。好在 14 个月后，外公被释放了，原因是他在诸如用门夹手之类的酷刑之下都没有屈打成招。而戈尔巴乔夫的爷爷因为没有种子，未完成播种计划而遭逮捕，在劳改营砍了两年木头才被释放。这是戈尔巴乔夫平生第一次感到震惊并终生难忘的事件，也是他对斯大林集权体制怀疑的起点。

1945 年以后，戈尔巴乔夫每年都到当地的农机站当临时工或在联合收割机上当助手。由于工作勤恳，他曾被授予劳动红旗勋章，这有助于他在 1950 年被国立莫斯科大学法律系录取。

1953 年斯大林去世，赫鲁晓夫上台。1956 年苏共二十大上，赫鲁晓夫做了谴责斯大林的秘密报告，当时已在共青团斯塔夫罗波尔边疆区委工作的戈尔巴乔夫看到了中央的通报信，当众表明自己支持中央的立场，还下乡向青年宣讲二十大会议精神。后来戈尔巴乔夫对赫鲁晓夫评价颇高，认为自己是苏共二十大的孩子，而赫鲁晓夫的改革是向苏联集权体制的第一次冲击，是苏联社会向民主化迈进的第一次尝试。

此后，戈尔巴乔夫成了有名的"农业经济学家"，平步青云，地区党委书记、农业部长、中央委员一路干上去。1980 年，49 岁的戈尔巴乔夫成为最年轻的苏共中央政治局委员，并成为主管苏联农业的书记。在安德罗波夫时代，戈尔巴乔夫一跃而成为控制整个苏联经济的实权派，为自己成为苏共最高领导者铺平了道路。

在苏共党内，有识之士都认为改革不可避免，但怎么改、朝哪个方向改却有不同的思路。现在看来，1984 年的意大利之行对戈尔巴乔夫的选择影响深远。

1984 年 6 月，意大利共产党领袖贝林格去世，戈尔巴乔夫代表苏共参加贝林格的葬礼。这次葬礼可谓举国哀悼，有 10 万群众自发参加，整个意大利所有政治组织的领导人都向贝林格最后诀别，总统佩尔蒂尼代表全国在这位反对党领袖的灵柩前鞠躬。所有这些，都是戈尔巴乔夫所不习惯的另一种思维方式和政治素养。戈尔巴乔夫站在意大利共产党中央大厦的阳台上，列队而过的人群中传来了向苏共致意的喊声。有人问他作何感想，戈尔巴乔夫无言以对，意共在西方政党政治中获得的拥护使他陷入了深深的反思。

1984 年 12 月，戈尔巴乔夫访英，正是在这次访问中，他第一次阐述了他的"新思维"。"新思维"最初只是一种缓和与西方矛盾的外交思维,后来才扩充到其他领域。

在英国议员们面前,戈尔巴乔夫表示:"苏联随时准备通过谈判来限制和削减军备,首先是核军备,西方对手走到哪一步,我们就奉陪到哪一步。"这让西方大感意外而又颇有好感。戈尔巴乔夫宣称:"无论是什么将我们分隔开来,地球却只有一个。欧洲是我们共同的家园,是家园,而不是战区。"这句话被许多媒体引用,一家英国报纸说他"几乎像一位自由主义政治家"。

在与撒切尔夫人会谈时,一开始"铁娘子"咄咄逼人,两人越谈越尖锐,戈尔巴乔夫说:"我必须声明,我并没有奉政治局之命来游说您加入共产党。"撒切尔夫人开怀大笑,谈话不知不觉中由语带讽刺转化为开诚布公。这句玩笑话也在不经意中透露出一个前所未闻的信息:苏共二把手无意向全球推行苏联模式。

在会谈裁军问题时,一开始两人都按事先准备好的笔记照本宣科,谈判成了各说各话的走过场。戈尔巴乔夫首先打破僵局,把笔记搁置在一旁,撒切尔夫人见状也把稿子塞进了手提包。接着戈尔巴乔夫在英国首相面前摊开一幅大地图,图上以千作等份标出了世界全部核武器贮存量。戈尔巴乔夫对铁娘子说,这些小方格中任何一格都足以灭绝世界上所有的生物,冷战双方现有的核储备可以将全部生物毁灭1 000次!

这种关注全球核安全、主动思考核裁军的态度和此前苏共领导人拼命增加核武器、动辄向西方叫板的姿态完全不同。撒切尔夫人发现戈尔巴乔夫和赫鲁晓夫、勃列日涅夫迥然有别,她评价说:"我喜欢戈尔巴乔夫,我们可以在一起共事。"

在国际上以温和面貌出现的戈尔巴乔夫,在国内政治斗争中却毫不手软。在当时的苏联政坛,戈尔巴乔夫并不是没有竞争者,莫斯科党组织第一书记作为契尔年科的亲信一直想取而代之,他背后的支持者是总理。

然而,戈尔巴乔夫在各方面都显示出他超过对手的政治智慧。他的盟友利加乔夫是中央委员会中负责人事的书记,这位掌握干部任免大权的高层领导有计划地安排戈尔巴乔夫的潜在支持者担任全国各地的州级党委书记。如果政治局在选择继承人的问题上发生分歧,这些人在中央委员会的票就是决定性的。

1985年3月10日,只当政了13个月、期间大部分时间都在病中的契尔年科去世。作为第二把手,戈尔巴乔夫头一个得知了契尔年科去世的消息。他立即召集了政治局会议,坚持应毫不拖延地做出决定。他不让政治局委员们离开房间,直到得到了他所希望的东西:由他担任治丧委员会主席(按惯例由明确的继承人担任)。苏共内部许多人都认为,病夫执政不能再继续下去了,苏联必须有一个较为年轻的领导人,各州的书记们也打电话向政治局施压,希望戈尔巴乔夫继任。

1985年3月11日下午,戈尔巴乔夫顺利当上苏共总书记。对于当前的局势,戈尔巴乔夫有他自己的看法。他认为,当时的苏联社会处于危机前的状态,几十年的历史并没有完全发挥出社会主义制度的"优越性和极大潜力";生产粗放式经营、高消耗、浪费严重,生产成本远高于美、日;对自然资源的毁灭性开采与挥霍,不计后果,不顾环境;经济结构畸形、轻工产品等日用消费品严重短缺。

当时苏联社会危机主要表现为以下几方面:

第一,资金、外汇大量损失、得不偿失,民风进一步涣散,出现信用危机。

第二,20世纪80年代中期,石油价格大跌,1986—1987年,石油外汇收入减少1/3,政府黄金储备从1985年的2 500吨,降至1991年的240吨。

第三，重大事故连接不断：列宁那坎市大地震；"纳希莫夫海军上将号"沉没，200多名旅客丧生；核潜艇沉没，全体官兵遇难；1986年4月，"切尔诺贝利"核电站重大事故，殃及乌克兰、白俄罗斯、俄罗斯、波兰等，危害人口达10万之众，直接、间接损失达1 000亿美元。

第四，国库空虚、大发纸币、预算出现黑洞、隐性通膨严重、官方统计虚伪，1985年苏财政赤字已达170亿～180亿卢布。1986年，形势更加恶化，预算已无法完成，赤字已超过500亿卢布。然而社会上却游荡着巨额卢布，构成"雪崩"之兆。

针对上述问题，戈尔巴乔夫启动了他的改革。

三、出师不利

戈尔巴乔夫改革初期并没有进行大胆尝试，而是从社会经济、生活方面入手。他上台伊始就搞了个"反酗酒运动"。俄国人嗜酒如命，俗话说："可以没有老婆，但决不能没有伏特加。"因此，酒业税收是苏联政府收入的一个重要来源，占每年财政收入18%左右。勃列日涅夫时代因为需要巨额资金进行军备竞赛，对酗酒问题不加任何节制，18年内酒精消费量上涨3倍。酗酒引发的死亡率上升、人均寿命下降、犯罪、旷工、致伤致残、婴儿畸形等社会问题非常严重。到20世纪80年代初，苏联每天都有几千万成年人处于酩酊大醉的状态，仅首都莫斯科，每个冬天有上百人因醉酒而冻死在街头。戈尔巴乔夫决定逐年减少烈性酒生产，打算至1988年完全停止生产以水果为原料的酒类，商店限量供应酒类。党员干部喝酒的处以党纪政纪处分。他对这一社会痼疾采取措施整治的初衷是正确的，却收到了意想不到的负面后果。

由于酒类产品在苏联的消费领域占有极其重要的地位，因此反酗酒运动首先严重地影响到国家税收。据估计，3年内国家因此少收入670亿卢布（约合1 000亿美元），再加上"加速发展战略"不成功、切尔诺贝利核泄漏造成的经济损失等因素，国家第一次出现了巨额财政赤字。酒精饮料的大幅减少，让许多人对改革产生了怨愤情绪。即便是早先支持此项改革的家庭主妇们也纷纷改变了主意，因为他们的丈夫在无法获得必需的酒精饮料以后，已转而喝科隆香水，吃牙膏甚至是鞋油这样的刺激性物品。当时的苏共中央收到了成千上万封抗议信，要求增加伏特加酒的供应量。老百姓给戈尔巴乔夫起了个外号——矿泉水书记。

政府收入减少，戈尔巴乔夫威信降低，"反酗酒运动"最终以失败而告终。原苏联部长会议主席雷日科夫认为："反酗酒运动犯了最严重的政治错误，也给改革造成了最沉重的打击。"

但是，一个意外发生的事件，给了戈尔巴乔夫和他的改革以喘息之机。

1987年，西德业余飞行爱好者马蒂亚斯·鲁斯特，驾驶租用的一架塞斯纳C－172飞机经过长途飞行在苏联红场降落，制造了举世震惊的红场事件。鲁斯特仅有约40个小时的飞行记录，却突破了当时世界上顶尖大国的防空网，因此事件苏方有国防部长至防空部长等多名高官下台。

1986年的切尔诺贝利核电站泄漏事件，让戈尔巴乔夫从中吸取教训，形成了"全人类利益高于一切"的思想，开始主动采取措施进行裁军。军方当然不会轻易就范。这个意外事件的发生，正好给了戈尔巴乔夫降服军方的机会。

1987年5月28日，来自西德汉堡市的19岁飞行爱好者马蒂亚斯·鲁斯特驾驶一架螺旋桨式飞机闯入苏联国境，飞过800千米苏联领空降落在莫斯科红场。飞行途中未遇到任何阻拦。鲁斯特甚至驾机在克里姆林宫上空盘旋了几圈，差点撞上列宁墓。着陆后，他为好奇围观的路人签名留念，几分钟后苏联警察才出面逮捕他。苏联领空与西方连接的区域被吹嘘是最安全的,苏联在这里布置了1 300架拦截机,约10 000枚的防空导弹,7000部雷达装置和传感器装置。有人推测,可能是鲁斯特采用超低空飞行,雷达无法发现,或飞行速度慢,未引起注意。

事件发生后,苏联国内舆论大哗,军方颜面丢尽。两天后,苏联国防部长谢尔盖·索科洛夫因"指挥军队时犯有严重过失"而被撤职。继任者是迪米特里·亚索夫将军,他原负责军队人事问题,在国防副部长中排名最末。戈尔巴乔夫在任命新国防部长时"跳过"一些军界领导人,其中包括了4名元帅。这是苏联领导者有意惩罚军队领导的象征性做法。同时,戈尔巴乔夫也要利用机会巩固他在军队中的领袖地位。

1987年12月,戈尔巴乔夫访问华盛顿,与美国总统里根签署了历史上第一个《核裁军条约》,标志着"新思维"外交政策的启动与走出"冷战"的开端。

由于经济改革出师不利,戈尔巴乔夫把政治领域的改革提上日程。政治民主化的起点是提出"公开性"的口号,放开了舆论环境,自由言论纷纷出台。

四、"公开性"

戈尔巴乔夫的政治改革是以公开性拉开帷幕的。他强调,政治改革就是全面发扬民主,扩大社会生活各个领域的公开性,充分揭示社会制度各方面的人道主义性质。戈尔巴乔夫说:"苏联社会的进一步民主化,是党在政治体制改革中的中心任务";"苏联共产党坚决让党和人民知道一切,公开性原则是社会主义民主的实质所决定的";苏联社会主义的本质就是"一切为了人,为了人的幸福"。戈尔巴乔夫大声疾呼:人们有权"了解有关过去的全部真相。必须废除关于档案的禁令,使任何文献都成为公开性的财富,如实地恢复我们所经历过的一切的本来面目"。

新闻出版自由、思想言论自由等是民主社会的重要标志,但被苏共政权"压制和禁锢折磨得奄奄一息"。戈尔巴乔夫回忆中说:"从莫斯科直到最遥远的边疆,无论是党报还是工会、共青团、作家协会的报纸,甚至连渔民、猎人、老战士组织的报纸在内,不管是什么人办的,反正是宣传部凌驾于所有报纸之上。那时候全体编辑都相信党的规定是正确的。每月一次或两次在党中央宣传部举行与总编们的碰头会,有时部长会议副主席和一些部长也前来参加。会上对报刊发表的文章提出表扬或批评,指示应该写些什么和怎么写。凡有关报刊的刊期、印数、栏目等事项的任何变动,均须经党中央书记处批准。中央委员会机关日常'追踪'发表了些什么文章,督导员向领导报告自己的观察结果和评价,驯服听话的人得到鼓励,爱挑刺儿的人受到严惩。"

公开性像一阵狂飙首先在思想文化界刮起。"原来被出版检查打入冷宫的作品纷纷出笼",一批揭露斯大林体制的影视作品、文学作品、历史著作,以及一大批遭到迫害流亡国外的思想家的著作得到开禁。在面对这些被强行尘封的思想与智慧时,戈尔巴乔夫回忆录写道:"当时我脑子里首先想到的是,真可惜,大学时代竟然没能读到这一切!是的,我们这一代人缺少精神营养,只准许吃一份单纯意识形态的可怜口粮,却被剥夺了亲自去比较、对照不同流派的哲学思想并做出自己选择的机会。"到1988年底,数千部以前被称为特殊作品的著作(包括托洛茨基、李可夫、克伦斯基、邓尼金等的著作)同读者见面。

戈尔巴乔夫进而提出"取消意识形态垄断"。他认为,把马克思主义作为指导思想是精神垄断。他强调意识形态要多元化,他甚至公开说:共产主义并不理想,一个多世纪以来,国际共产主义运动的"主航道"是错误的。

公开性的实行，使苏联人民第一次有可能了解自己国家的真实历史，苏联原本多年沉寂的思想领域忽然间风潮激荡，电闪雷鸣，各种思想破土而出、交相争鸣，抒发多年积藏内心的压抑。随着舆论的公开化，苏共的众多历史问题得到揭露。如农业集体化时期对"富农"阶级的流放和屠杀，大清洗时期对党员、知识分子、军人和其他无辜者的屠杀，二战前夕《苏德互不侵犯条约》的秘密议定书，集体处决波兰军官的卡廷事件，苏英划分东欧势力范围的百分比协定，等等。历史学家阿法纳西耶夫指出，重新考察苏联历史犹如从一场持久的神话般的梦里觉醒过来。对许多苏联人来说，事情很清楚，没有一个民族和国家的历史像苏联历史那样被篡改。对真实历史的了解，使苏联人民进一步加深了对苏联的认识。

除了这些苏联官方讳莫如深的历史事实，人们还知道了当前苏联军国主义化的真相。"原来，军费开支所占国家预算的比例并非16%，而是40%！军事工业系统的产值占社会生产总值的比例也不是6%，而是20%。250个亿的科研总经费中，将近200个亿都用于军事设备的研制。"

实行公开性的结果，解除了舆论统制和舆论一律，在苏联历史上出现了从未有过的言论自由和社会舆论。拿破仑说过，世界上有两种力量最大，一是剑，一是思想。而思想力量更大。言论自由引发了苏联历史上又一场可与文艺复兴运动相媲美的真正思想解放运动，苏联社会的政治禁锢由此被打破。但是，"公开性"也对苏联人民造成了极大的思想冲击，并加深了苏联内部各民族的不满情绪。

五、政治体制改革启动

戈尔巴乔夫回忆说："从1988年春到1990年初"，"我们在创纪录的短时间内进行了自由选举，建立了议会，实行了多党制，使组织反对派成为可能。一句话，使社会有了政治自由"。

1988年6月，戈尔巴乔夫在苏共中央第19次代表会议上指出，十月革命后建立的政治体制不久就发生了"严重的变形"，从而导致斯大林的独裁，形成了高度集中的行政命令体制，"我们现在所遇到的许多困难，其根源也都在于这一体制"。他指出，现行的政治体制"口头上宣布实行民主原则，行动上搞的却是独断专行，在讲坛上颂扬人民政权，而在实践中搞的却是唯意志论和主观主义"。他强调解决苏联问题的关键就是改革我们的政治体制。会议决定，把政治体制改革放在首位。

在这次会上，戈尔巴乔夫首次提出了"人道的民主的社会主义"概念，实质内容是建立"真正的人民政权制度"，实现社会公正。进而，戈尔巴乔夫提出"党的地位不应当依靠宪法来强行合法化"，"苏共要严格限制在民主程序范围内"去争取执政地位。

"人道的民主的社会主义"思想很快付诸实践。1989年春天苏联第一次实行了人民代表大会代表的部分差额直选。由电视和无线电现场直播，出现了助选的刊物、集会和电视辩论等新事物。通过民主选举，20%的非党人士获得了胜利，引人注目的是在党内受排挤的叶利钦和著名持不同政见者萨哈罗夫都成功当选；而苏共一些领导人则在没有竞争对手的情况下落选（没有获得50%以上的选票）。一位评论家说：尽管存在着不公正、作弊、非民主的结构和幕后操纵，但是这次选举将作为苏联人民在整个共产主义统治时期所见到过的最民主的选举而载入历史。1989年5—6月，苏联人民代表大会选出新的最高苏维埃，由于反对派人士的当选，新的最高苏维埃已不再是从前的橡皮图章，他们对总理雷日科夫所提名的8名部长表示了反对意见,初步显示了苏联议会的作用。戈尔巴乔夫回忆说:"经过人民代表大会和最高苏维埃会议的激烈辩论,在报刊、电视上,在俱乐部里,市场、公民社会、法治国家、自由选举、政治多元化、多党制、全人类价值、世界一体化等一系列诸如此类的观念,已经变成了一种准则,在民意中扎下了根。"

由于公开性和民主化,苏联社会出现了许多非正式组织和团体,从 1988 年到 1989 年,非正式组织从 3 万个猛增到 6 万个。许多非正式组织提出了自己的政治纲领并且开始按照政党形式活动。

1990 年 3 月苏联人民代表大会通过决议,正式废除了宪法第六条关于"苏联共产党是苏联社会的领导力量和指导力量,是苏联社会政治制度以及国家和社会组织的核心"等规定,苏共不再有法定的领导地位。戈尔巴乔夫在会上说,宪法的这一修改……开创了我们社会民主发展的新阶段。从 19 世纪起,苏共将同其他政治组织平等行动,参加选举,用民主手段争取组成联盟和共和国政府以及地方政权机关的权力。1990 年 7 月苏共二十八大以后,苏联正式宣布"结束政治垄断",实行多党制。

鉴于斯大林时期无法无天地镇压暴行,戈尔巴乔夫还提出了改革司法治度和建立法治国家的任务。在 1986 年 2 月苏共二十七大上,他指出:"公正审判和公民在法律面前一律平等的民主原则,保护国家与每个公民利益的其他保障等,应当得到最严格的遵循。"1988 年 6 月,他在苏共第 19 次代表会议上又说:"法治国家的主要标志是要切实保证法律的至高无上的地位。无论是国家机关公职人员、劳动集体、党组织或社会组织,还是个人,都必须服从法律。公民对自己的全民国家负责,同样,国家政权也要对公民负责。公民的权力应当得到切实的保护,不受政权及其代表的专横行为的侵犯。他还提出司法工作要严格遵守"当事人的辩论原则和平等原则,公开性、排除成见起诉的倾向性,坚决实行无罪推定的原则"。在法制和无罪推定原则指导下,1987 年 9 月苏共中央政治局建立了一个委员会重审历史案件。在一年半的时间里,委员会为约 100 万公民平反。其中意义深远的是,斯大林的政治反对派(布哈林、季诺维也夫、加米涅夫和托洛茨基等人)的几十年沉冤得到了平反昭雪。赫鲁晓夫也得到了部分平反,1989 年首次发表了赫鲁晓夫在二十大上所作的"秘密报告"。一些在勃列日涅夫时期被剥夺了苏联国籍的持不同政见者和人权活动分子被恢复了国籍,著名物理学家萨哈罗夫从流放地回到了莫斯科。

六、"国际政治新思维"

戈尔巴乔夫成为苏联最高领导人后,除了对内开展以"公开性"为核心的政治改革,对外还向西方打开了大门。戈尔巴乔夫倡导"国际政治新思维",宣扬"人类的生存高于一切""全人类的利益高于一切",说苏美两国"除了领悟共同生存这一伟大真谛以外,别无其他选择"。西方国家从戈尔巴乔夫的言论中感到了有利时机,对苏联全面展开"和平演变攻势"。

苏共二十七大以后,戈尔巴乔夫的新领导班子逐步改变了过去几十年苏联一直坚持的理论,推出了对外关系新的政治思维,即新思维运动。苏联新领导认为,苏联过去的对外政策"有教条主义和主观主义的痕迹","新思维"为改革这些政策奠定了理论基础。戈尔巴乔夫说,由于对外政策是直接为国内改革服务的,因此,"如果没有以'新思维'为基础的对外改革,就不会有改革的成果"。它作为苏联新领导"处理国际事务的方法论",被广泛地运用于苏联的外交活动中,并对苏联的剧变和解体起到了重要的影响。

新思维首先更改了对当代世界和资本主义的基本看法。戈尔巴乔夫说:"生活纠正了我们关于向社会主义过渡的规律和速度的认识,纠正了对社会主义在世界范围内所起作用的理解"。他承认,资本主义并没有像过去预料的那样迅速走向死亡,相反,它还有其生存的理由和能力,因此,应该坚决抛弃过去一直宣讲的"资本主义总危机"的理论,因为它"不能用于政治预测"。新思维还认为,两大体系之间是一种辩证的统一和矛盾的关系。这两个体系生存在"属于一个整体的世界上,而且这个世界的特点是越来越相互依存,相互联系和统一"。戈尔巴乔夫据此得出结论:"在资本主义社会和社会主义社会有着就其内容来说十分相似的进程"。

新思维还对苏联传统的战争观进行了革命性的变革,认为在现代条件下的战争不可能使任何人从中获利,只会导致人类文明的毁灭。过去坚持的社会主义将在新的世界大战中取得决定性胜利,和各国人民将通过战争埋葬帝国主义的论点已经不符合核时代的现实。戈尔巴乔夫说:"我们只能一道生存下去,或者一道死亡","除了和平共处之外,没有其他出路"。

根据这两个对世界和资本主义的新判断,新思维提出了"全人类价值高于一切"的论点,并以此作为"新思维"的灵魂和逻辑起点。戈尔巴乔夫说:"新思维的核心是承认全人类的价值高于一切,更确切地说,是确认人类的生存高于一切"。既然两种制度今天在逐渐接近,既然人类面临着共同的生存和发展问题,那么就要求"排除现代两大社会体系的对抗性,抽象的形而上学的对立",要从政策上、从意识形态中清除"敌人形象",也就产生了高于阶级、民族利益之上的全人类的共同利益。戈尔巴乔夫甚至断定:"全人类利益将是进步的基础。"指出,由于人类文明构成了不同社会制度中共同的东西,因此人类整体利益高于任何单个群体(阶级、民族、国家)利益。为了全人类的价值,应当跨越阶级和民族的利益差别,达到利益的平衡。

把新思维的这个理论运用到欧洲,戈尔巴乔夫又在外交政策上形成了建设统一的欧洲大厦的设想。他认为,欧洲比其他各大洲相互依赖程度更高,需要共同解决的问题更迫切。因此,欧洲各国应该结束因对抗而相互隔离的局面,把全人类的利益、欧洲人的利益放在首位,携手共建统一的新欧洲。在这样一个过程中,"任何人都不能允许自己借口社会制度和国家现有的差别而忽视他们所有的人均属于一个现代化的文明"。拆除"铁幕"成为实现欧洲统一,苏联重返"欧洲文明"的前提。

七、民族问题爆发

戈尔巴乔夫在以新思维为指导的政治改革的路上大踏步迈进的时候,一个被历届苏共领导人所忽视的问题在民主化和公开化的形势下逐渐难以掩饰和压制,那就是民族问题。

沙俄本来就是一个靠武力征服其他民族而逐渐扩大地盘的国家,历史上一再对外扩张,征服了一系列其他民族。用列宁的话说是"各族人民的牢狱"。

沙俄长期没有解决的多民族间的历史性积怨问题也遗留给了苏联。俄国十月革命后,一度承认各民族有自决权,但苏联(1922年成立,前身苏俄)后来仍采取对外扩张的路线,从1919年至1944年,先后吞并了独立的希瓦汗国、布哈拉汗国、乌克兰、阿塞拜疆、格鲁吉亚、爱沙尼亚、拉脱维亚、立陶宛、图瓦人民共和国等国家,并通过对外侵略和武力威胁兼并了包括罗马尼亚人、芬兰人等民族的大片土地。

苏联时期推行俄罗斯化政策,民族主义被视为苏维埃和社会主义的对立面而受到打压,各民族的政治、文化、经济精英多被处决,民族语言文化和民族意识遭到摧残。在第二次世界大战中和战后,苏联还对境内的波兰人、芬兰人、爱沙尼亚人、拉脱维亚人、立陶宛人、伏尔加德意志人、克里米亚鞑靼人、卡尔梅克人、车臣人、印古什人、远东朝鲜人等少数民族实行了残酷的种族清洗和种族迁移。苏联名为联邦制,但民族共和国在经济、政治、社会文化发展等方面必须听命联盟中央的指挥,实际上成为中央集权的单一制国家。民族共和国甚至连修建200张病床以上的医院或投资400万卢布以上项目的权力都没有。1958年,苏联又规定,在各民族学校里,少数民族语言课为选修课,俄罗斯语言课为必修课,目的就是让少数民族俄罗斯化。

1986年,担任哈萨克斯坦总书记30多年的哈萨克人库纳耶夫被苏共中央解职,代替其位置的是一个叫科尔宾的俄罗斯人。对此,哈萨克人强烈不满。当年12月16日,哈萨克青年学生聚集在阿拉木图的中心广场上抗议,苏联调动了包括克格勃在内的强力部门进行了镇压,武装到牙齿的警察和安全部队对手无寸铁的示威学生和群众大打出手,其中最令人发指的是对女青年进行猥亵甚至强暴。整个事件中有2人被打死,200多人受伤。这就是举世闻名的"阿拉木图事件",这是戈尔巴乔夫执政后发生的首起严重的民族抗议活动。此后,亚美尼亚、阿塞拜疆、立陶宛、拉脱维亚、爱沙尼亚、乌兹别克、格鲁吉亚、哈萨克、摩尔多瓦、乌克兰等共和国的民族独立运动和民族冲突事件接连爆发——按下葫芦浮起瓢。

面对接踵而来的民族问题,戈尔巴乔夫在苏共二十八大的报告中承认,"当严重的民族问题到来时,我们对发生的一切毫无准备"。他没有采取果断措施加以制止,反而幻想通过新联盟条约巩固各民族关系。他先后三次提出新联盟条约草案,让步一次比一次多,在国名中删去了"社会主义"和"苏维埃",突出了各共和国的"主权"。

八、东欧"变色"

众所周知,东欧的社会主义是在苏军的占领下得以推行。当苏联因固守旧有模式导致经济溃败,继而引发社会动荡时,东欧也危机重重。戈尔巴乔夫把他的"新思维"也运用在了同东欧的关系上。1988年苏共19次代表大会上,戈尔巴乔夫清楚地表明了他反对军事干预东欧事务的立场。在当年底的联合国大会上他声称在1990年底之前,除继续履行有关的裁军协定之外,准备将苏联军队、军备及设施撤出其保守了40多年的东欧势力范围。苏联外交部发言人用美国歌星弗拉克·辛纳屈的一首歌——《我走我自己的路》——来说明苏联的态度,因此,这种新的对东欧不干涉的理念被戏称为"辛纳屈主义"。

1989年初,剧变从波兰开始。波兰的反对派团结工会成立于1980年,曾被政府取缔,领袖瓦文萨也被逮捕。然而,波兰国内形势愈发恶化,大小工潮不断,经济也到了崩溃边缘。在执政党波兰统一工人党第一书记雅鲁泽尔斯基的力主下,当局决定召开"圆桌会议",坐下来和团结工会谈判。会议开了两个月,双方达成妥协,政府同意恢复团结工会的合法地位,恢复战前的两院制,提前举行议会选举。按约定,众议院的席位只有35%可以由反对派竞选,参议院则全部放开,雅鲁泽尔斯基将成为下届总统。1989年6月4日开始的大选,反对派不仅获得众议院自由竞选161席的160席,还囊括了参议院100个席位的99席。统一工人党知名领导人全部落选。雅鲁泽尔斯基虽当了总统,但他不得不同意由团结工会提名的人选担任总理并组阁。

连锁反应接着传到匈牙利,1987年6月13日,匈共同意与各反对党及社会团体举行"圆桌会议",就和平地从一党制向多党制过渡协调彼此立场。经过近三个月的谈判,双方最终达成协议,将在自由竞争的基础上举行大选。由于匈牙利开放了同奥地利的边界,数以万计的东德人经此逃往西方,东德政局随之变得紧张起来。随后就是柏林墙倒塌,两德合并。11月10

日,保加利亚共产党总书记日夫科夫辞职,开始了剧变的过程。在短短十几天内,捷克斯洛伐克首都布拉格的示威人群从几万人发展到几十万人。11月26日,政府与反对派开始坐下来谈判,达成了改组政府并修改宪法的协议。由于没有发生流血,这场革命有一个浪漫的名字——"天鹅绒革命"。

罗马尼亚没有捷克那么"浪漫"。1989年12月16日,一位神父被强迫迁居的事件引发群众示威,军队赶来镇压,造成数百人死伤。事件发生后,罗马尼亚政府在首都布加勒斯特的共和国广场组织群众大会。当罗马尼亚领导人齐奥塞斯库开始讲话时,下面的群众不再像往常那样热烈鼓掌,而是发出嘘声,电视转播为之中断。会后,群众的示威游行愈演愈烈,而国防部的军队却开始倒戈。22日,忠于齐奥塞斯库的安全部队与国防部军队激烈交火。齐奥塞斯库夫妇乘直升机仓皇逃亡。同日,由部分老党员、知识分子、军队领导人组成的"救国阵线"宣告成立并迅速接管了政权。三天后,逃跑未遂的齐奥塞斯库夫妇被军事法庭秘密审判处死刑。

此前,东欧也掀起过数次民主化运动,最后都被苏军镇压下去。这一次,"辛纳屈主义"和戈尔巴乔夫对军方的打压发挥作用,苏军保持了沉默。与此同时,戈尔巴乔夫决定继续走下去。1990年3月,苏联人民代表大会通过决议,正式废除了宪法第六条关于"苏联共产党是苏联社会的领导力量和指导力量,是苏联社会政治制度以及国家和社会组织的核心"等规定,苏联共产党不再有法定的领导地位。在同时举行的大选中,戈尔巴乔夫当选苏联第一任总统,而苏联这块欧洲社会主义最后一块多米诺骨牌也行将倒下。

九、叶利钦与"八一九事件"

此时,苏共党内也不再是铁板一块,激进派嫌戈尔巴乔夫改革步子太小,保守派却觉得迈得太大。首先跳起来向戈尔巴乔夫发难的是他曾经的支持者叶利钦。

叶利钦留给20世纪历史的最深烙印,是他在苏共垮台和苏联解体进程中所扮演的独特角色。在这个过程中,他和苏共中央总书记戈尔巴乔夫是特殊的一对搭档,尽管他们之间已视同陌路。

戈尔巴乔夫在1985年出任苏共中央总书记以后,为了推行改革的政策,在全国范围物色人才。于是时任苏联共产党斯维尔德洛夫斯克第一书记的叶利钦被选中并调往莫斯科,担任苏共中央政治局候补委员、莫斯科市委第一书记。然而,戈尔巴乔夫和叶利钦在苏联改革速度和方式等方面产生了很深的矛盾。叶利钦在1987年的苏共中央全会上公开抨击戈尔巴乔夫及其滞后的改革,之后,戈尔巴乔夫接受了叶利钦的辞呈,但没有把他送回原籍。在过去的政治环境中,这几乎就意味着叶利钦政治生命的结束。

可是,戈尔巴乔夫从1988年起逐步把苏联改革推向议会制、多党制,这给已经决定和整个官僚体制决裂的叶利钦东山再起的机会。叶利钦以反对派代表人物的面貌出现,在民间获得了很高的支持率。叶利钦在戈尔巴乔夫用来对付党内保守派而重提"一切权力归苏维埃"的口号声中卷土重来,1989年,他在苏联人民代表大会和最高苏维埃获得了席位。因为与戈尔巴乔夫所谓的中派立场有重大分歧,1990年他退出了苏联共产党,并凭借当时民众对他的支持,于1991年6月赢得了俄罗斯第一次直接、普遍的总统选举。俄罗斯取得事实上的独立。

叶利钦上台不久,即颁布关于俄联邦国家机关"非党化"的命令,将基层党组织和党委赶出俄联邦国家机关,使苏共失去对苏联的实际控制,为取消苏共铺平道路。苏联领导层中的强硬派曾试图阻止去苏联化趋势的进一步强化,于1991年8月份发动了一次失败的政变。但叶利钦正好借此机会,把戈尔巴乔夫及莫斯科的局势和资源完全控制在了自己手中,并在之后不久彻底埋葬了苏联。

1991年8月19日,以副总统亚纳耶夫为首的十几位苏共党政领导组成"国家紧急委员会"发起对叶、戈"反党亡苏阴谋"的反击,企图对叶、戈进行制裁。正在乌克兰南部海滨小城福罗斯度假的戈尔巴乔夫遭到软禁。同日,苏联副总统亚纳耶夫发布命令,宣布戈尔巴乔夫因健康状况已不能履行总统职务;国家紧急状态委员会在告苏联人民书中说,戈尔巴乔夫倡导的改革政策已进入死胡同。

但在这生死关头,这些政变领导者没有得到广大群众(包括1 500万党员)的支持和响应。1991年,叶利钦等人在乡间别墅休假,本可轻易就范,但派去逮捕叶利钦的克格勃最精锐的"阿尔法"分队,除组长一人外,全体成员拒绝执行命令,听任叶利钦率军队进入俄罗斯议会大厦(白宫),从容组织反击。机场没有关闭,议会大厦对外电话畅通,使叶利钦可自由与西方各国首脑通话,争取援助。紧急委员会派去攻打议会大厦的军队,按兵不动,发生倒戈,许多坦克调转炮口,叶利钦竟登上坦克向欢呼的人群发表演说。亚纳耶夫的命令,无人执行,莫斯科、列宁格勒的很多人都选择了支持退党反共的叶利钦和自由派、民主派,使亚纳耶夫等人的国家紧急委员会试图夺权的最后努力归于失败。他们反被叶利钦逮捕。1991年戈尔巴乔夫发表声明,强调他已完全控制了局势,并恢复了曾一度中断的与全国的联系,继续履行总统职务。

"八一九"政变失败了,戈尔巴乔夫像被劫持的皇帝,从克里米亚回到莫斯科。叶利钦成了"救国英雄",成了戈尔巴乔夫的"救命恩人","救主有功",从此大权独揽,成了可以"挟天子以令诸侯"的"无冕之王"。戈尔巴乔夫已完全丧权,被彻底架空。

1991年"八一九事件"后,叶利钦签署命令全面终止苏共活动,同时迫使饱受屈辱的恩人戈尔巴乔夫宣布辞去总书记职务,苏共就此被迫解散,并失去苏共党务系统的固定资产,它被叶利钦号令充公。

十、苏联解体

"八一九事件"后,苏联加速走向解体。1991年10月初,除波罗的海三国外,苏联的12个加盟共和国领导人在阿拉木图共商经济协议。经过紧张激烈的讨价还价,1991年,苏联总统和8个加盟共和国领导人在莫斯科签署了主权共和国经济合作条约,阿塞拜疆、格鲁吉亚、摩尔多瓦和乌克兰没有参加签约,条约规定要保留卢布作为统一货币系统的共同货币的作用,参加国要履行苏联所有的对外经济义务并奉行协调一致的经济政策。但由于条约缺乏政治约束力,很快就成为一纸空文。

1991年,俄罗斯领导人叶利钦宣布了10项总统令,接管了包括贵重金属生产部门在内的一系列属于中央财政金融部门的权力,剥夺了联盟的重要财源,并停止向中央约80个部提供资金。稍后,叶利钦又宣布由俄罗斯中央银行接管苏联国家银行和对外经济银行,掌握了联盟的货币大权。

进入12月,围绕着苏联命运的斗争进一步加剧。西方国家看到戈尔巴乔夫大势已去,开始把原来对共和国与中央一视同仁的"双轨政策"逐步过渡到支持各共和国独立的"一边倒"政策。全民公决,美国在投票前放风说,如果乌克兰投票的结果表明要独立于联盟,则美国会尽快地予以承认。美国这一立场变化对乌克兰的投票起了很大作用,结果99.85%的选民赞成独立。原乌克兰最高苏维埃主席克拉夫丘克当选为首任乌克兰总统。克拉夫丘克在就职讲话中明确表示,乌克兰将不参加戈尔巴乔夫倡议的主权国家联盟。人口近5 200万,国民生产总值占全苏25%的乌克兰的独立,对于戈尔巴乔夫组建新联盟的计划是一次致命的打击。

1991年,俄罗斯、乌克兰和白俄罗斯三国领导人背着戈尔巴乔夫在白俄罗斯首都明斯克会晤。会晤后三方发表的公报称,三国已共同签署了由3个国家组成的"独立国家联合体"的协议。其中宣称,"苏联作为国际法的一个主体和一种地缘政治现实已不复存在",苏联的法律和一切准则在三国已不再适用。

这3个斯拉夫国家的总人口、总面积和经济实力在联盟中占绝对优势。三国的决定使戈尔巴乔夫签订新联盟条约的努力最终成为泡影。

1991年12月21日,在阿拉木图,原苏联中亚5个国家——哈萨克斯坦、乌兹别克斯坦、吉尔吉斯斯坦、塔吉克斯坦和土库曼斯坦的领导人于12月13日发表声明,表示愿意成为独立国家联合体的平等创建国。

1991年,叶利钦来到克里姆林宫,同戈尔巴乔夫进行了8小时的会谈,要他交出武装力量的最高指挥权、发射2.7万个核弹头的"核按钮"、克里姆林宫总统府等。戈尔巴乔夫还把一批珍贵的档案材料交给叶利钦。叶利钦保证戈尔巴乔夫辞职后享有包括国家别墅、汽车、警卫人员在内的优厚待遇。

1991年,戈尔巴乔夫同他的工作人员,包括雅科夫列夫、谢瓦尔德纳泽等人举行了告别会,大家依依惜别。

1991年,戈尔巴乔夫签署了他的最后一道总统令:辞去武装力量最高统帅职务,将武装部队和"核按钮"的控制权移交给叶利钦。

1991年12月25日19时,西方沉浸在圣诞节的欢乐之中,戈尔巴乔夫在总统办公室,面对着摄像机向全国和全世界发表了辞去苏联总统职务的讲话。他说:"鉴于独立国家联合体成立后形成的局势,我停止自己作为苏联总统职务的活动。做出这一决定是出于原则性考虑。""我坚决主张各族人民的独立自主,主张共和国拥有主权;同时主张保留联盟国家,保持国家的完整性。但是,事态却是沿着另一条道路发展的,肢解和分裂国家的方针占了上风,对此我是不能同意的。""我还对我国人民失去一个大国的国籍感到不安,它会给所有的人带来十分沉重的后果。"电视中,戈尔巴乔夫神色黯然,语音悲切,苏共创业时的辉煌与此时谢幕的凄凉形成举世难忘的对比。但表情严肃的他以乐观的预言结束了演说:"我相信,我们的共同努力迟早会结出硕果,我们的人民将生活在繁荣昌盛和民主的社会中。"

19时20分,戈尔巴乔夫把"核按钮"通过"独联体"武装力量临时总司令沙波什尼科夫交给了俄罗斯总统叶利钦。

19时38分,在苏维埃社会主义共和国联盟成立69周年即将来临之际,在克里姆林宫顶上飘扬的苏联镰刀和锤子国旗徐徐下降;19时45分,一面俄罗斯的红、蓝、白三色旗升上克里姆林宫。从此,苏维埃社会主义共和国联盟的历史宣告终结。

12月26日,苏联最高苏维埃共和国院举行最后一次会议,以履行苏联终止存在的法律手续。不足百人的会场十分冷清,主席台上只有共和国院主席阿利姆扎诺夫一人就座。惯用的电子表决器也不用开动,连到会人数的登记亦未进行。

大会代表以表决方式通过一项宣言。宣言说:"苏联最高苏维埃共和国院确认,随着独立国家联合体的建立,苏联作为一个国家和国际法的主体即将停止其存在。"但是必须指出,并不是所有的代表都赞同此宣言。有的认为它毫无意义,因为苏联解体已成既定事实;有的认为由共和国院宣布苏联停止存在不合法律,这类决定只能由苏联人民代表大会来决定。

宣言通过之后,阿利姆扎诺夫对代表们说:"共和国院坚持到了最后。我们完成了自己的公民和代表职责,没有辜负主权共和国的信任。""既然苏联总统已经向全体人民宣布辞职,既然苏联国旗已经降下,我们今天有完全的权利以宪法途径平静地完成我们的工作——举行最后一次会议。"在此之前,苏联最高苏维埃联盟院已于1991年底做出决定,联盟院不再举行任何会议。于是,阿利姆扎诺夫宣布苏联议会从此解散,代表们互相告别,各奔东西。一个昔日的超级大国——苏联——已经成为历史。

参考资料

[1] 左凤荣,沈志华. 俄国现代化的曲折历程. 北京:社会科学文献出版社,2012.
[2] 格拉乔夫. 戈尔巴乔夫之谜. 北京:中央编译出版社,2005.
[3] 马麦德维杰夫. 苏联的最后一年. 北京:社会科学文献出版社,2009.
[4] 多德尔,布兰森. 戈尔巴乔夫:克里姆林宫的异教徒. 北京:新华出版社,1991.
[5] 陈之弊,等. 苏联兴亡史纲. 北京:中国社会科学出版社,2006
[6] 江流,陈之畔. 苏联演变的历史思考. 北京:中国社会科学出版社,1994.
[7] 谭索. 戈尔巴乔夫的改革与苏联的毁灭. 北京:社会科学文献出版社,2006.

思考讨论题

1. 戈尔巴乔夫为什么要开始改革?在他上台前,苏联存在哪些严重问题和矛盾?
2. 从戈尔巴乔夫改革的具体措施中,我们可以发现什么问题?
3. 比较戈尔巴乔夫改革与中国改革开放的相似背景与不同进程,及最后的截然相反的结果。
4. 戈尔巴乔夫的改革激化了苏联国内的哪些矛盾?这些矛盾与苏联解体之间有什么关系?
5. 思考戈尔巴乔夫改革失败的经验教训,思考应该如何正确处理好改革、发展和稳定的关系。

分析思路和要点

通过案例学习,指导学员搜集相关资料,并运用所学历史知识和政治理论,分析戈尔巴乔夫改革失败的原因。

首先,在改革思想上用"人道的民主的社会主义"取代列宁主义。

戈尔巴乔夫上台后,曾被称为"具有全新的改革素质的政治活动家",但实际上他对改革的指导思想并不是很清楚,只是在改革进行了两年之后,才在《改革与新思维》一书中称:向列宁求教是"改革的思想源泉"。但是戈尔巴乔夫并没有真正把握列宁主义的丰富内涵,只是打着列宁的旗号,贯彻自己的思想。他持有的不是科学社会主义观而是另外一种社会主义——人道的民主的社会主义。他认为,社会主义就是这样一些伦理性的价值观念,即"人道主义和全人类价值原则、民主和自由原则、社会公正原则等"。

基于这样的指导思想,在改革实践中,他全盘否定苏联的社会主义实践,否定"斯大林模式",要"根本改造整个的社会主义大厦"。在戈尔巴乔夫看来,苏联建立的社会主义制度是一种"极权的""官僚专制的"制度,解决这种制度所引发的"严重的社会政治危机"只有采取"革命性措施"——从上到下,从经济基础、所有制关系到上层建筑的整个社会,都要采取新的革命性的措施。而最终的事实证明,这种全新的革命性措施使舆论界出现了反对马克思列宁主义,否定苏联共产党和主张分裂苏联的逆流。

其次,政治体制改革出现严重失误。

在经济改革的同时,适时进行政治体制改革是必要的,也是正确的。但戈尔巴乔夫却把执政党机关作为改革的对立面、绊脚石,又是"改"又是"革"。1991年8月政变之后戈尔巴乔夫复出。这时他没有从自身找原因,反而主观地认为:"八月阴谋的策划者们破坏了用把苏维埃联盟改造成为主权国家联盟的保存联盟的现实可能性"。后来,他又主动辞去了苏共中央总书记的职务,自行解散中央委员会,让各个党组织和广大党员决定自己以后的活动。这样做的结果,一是使党派间的利益争斗日渐"白热",二是让普通百姓对改革愈加灰心,改革至此在背离其初衷的道路上越走越远。

第三,"公开性"扰乱了人们的思想。

"公开性"作为民主的一个极其重要且不可或缺的特征,实行它是必然的和不可避免的。但事实证明,公开性在社会上会像一把双刃剑,用途初衷和使用方法的不同可以使它取得两种截然相反的结果。在戈尔巴乔夫改革的过程中"公开性"给社会生活带来了巨大的变化,很大程度上甚至摧毁了官方的意识形态。戈尔巴乔夫开始时并不愿意让报刊获得完全独立和自由,他在各种讲话中经常试图对此加以引导。他的本意是要通过公开性让人民自觉地支持他发起的改革事业。1987年年中,他明确要求公开性必须"为社会主义利益服务"。1989年10月,戈尔巴乔夫曾愤怒地抨击报刊破坏他的改革努力。"公开性"没有像预期的那样成为激发群众积极性的动力,而是变成了破坏的武器,被反社会主义势力所利用。

第四,外交思想方面对西方的有意干预失去了必要的警惕性,指导思想混乱。

为处理内外交困的局面戈尔巴乔夫不得不进行外交上的转变,应该说,他所倡导的"国际政治新思维"取得了一些成效。但他的"国际政治新思维"中的一些论点,诸如突出全人类的利益而忽视阶级利益,将国家关系超越意识形态分歧混同于国家间关系非意识形态化等,不可避免地造成了外交指导思想的混乱。

为了谋求与美国的伙伴合作关系并促进全欧大厦的进程,在处理一些重大问题上,包括解决国内政治、经济和民族问题时,戈尔巴乔夫都要反复掂量西方的反应。而对于包括美国在内的西方国家干预其国内改革、通过外交压力迫使国内事态朝着西方价值观念演变的种种图谋却失去了警惕性,更谈不上强有力的抵制与斗争了。同时对于东欧国家剧变的估计也脱离实际,反复强调东欧各国变革的必然性和积极性,以致东欧剧变所产生的连锁反应波及苏联。

第五,没有正确的社会主义观。

戈尔巴乔夫出身于农民家庭,父亲是二战时反法西斯的战士。他毕业于莫斯科大学法律专业,曾长期搞共青团工作,当过斯塔夫罗波尔边疆区书记,后来当上总书记。戈尔巴乔夫的经历和条件,使他能够成为一个优秀的政治家。但后来的实践证明,他并不是一个真正的马克思主义者。戈尔巴乔夫眼中的社会主义,就是"这种制度能够最大限度地保证社会公正,保障公民的政治自由和社会权利,人人都有可能表现自己的才干、能力和事业进取心,与此同时国家关心居民中社会弱势群体能够过上体面的生活"。这种社会主义观表面看来完美无缺,却没有具体的措施和制度做保障。为了实现这些目标,他提出:"要深刻革新国家生活的各个方面,使社会主义具有最现代化的社会组织形式,最充分显示我们的制度在其经济、政治、道德方面的人道主义性质。"事实证明,用抽象的人道主义来建立理想的社会主义,最后只能是把社会主义搞垮。

教学建议

1. 教学准备。提前将案例正文、相关参考和思考讨论题发学生,要求学生做好充分准备。着重于熟悉和分析相关材料,将自己的分析认识进行整理,形成思路。必要时,可督促学生进行小组讨论。要求学生自主查阅更多相关资料,特别注意收集国内外对戈尔巴乔夫改革与苏联解体的各种文献资料,然后进行对比分析和思考,从而得出自己的结论。

若作为专题研究问题和作业进行,在教学准备阶段需要学生课下进行有相当广度和深度的自主学习。最好能够形成学生要求下的教师帮助、引导和开发、启发。

2. 教学环节。为便于研究分析,首先要做好教学布置,指导学员自主或划分小组并进行小组讨论(5~8人为一组),课堂集中讨论交流。

3. 教学时间。共6课时:教学布置1课时,个人学习研究、挖掘资料等2课时,小组讨论1课时,集中交流2课时,含教员点评小结。这6课时主要在课下进行,可酌情占用课内课时,最多2课时,主要用于精彩观点展示与交流和教学点评。

4. 教学成绩。建议将分析提纲和讨论发言各按50%的比例计入本案例教学考核,此成绩再按20%或30%的比例计入相关课程的平时成绩。

本教学案例具综合性,可安排在"中国近现代史纲要"课第十章之前或之后进行,或专门进行专题研究教学。